Erfolgreiche Karrierestrategie

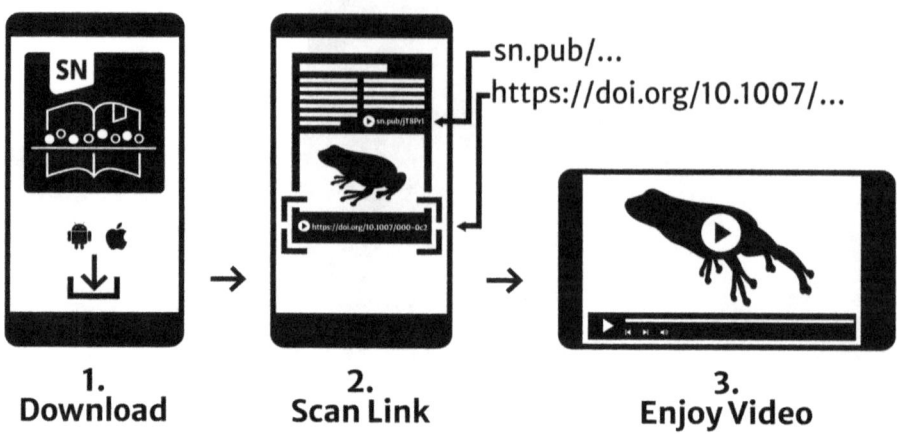

Sven Sommerlatte

Erfolgreiche Karrierestrategie

Der Weg zum Traumjob

Sven Sommerlatte
Bad Kreuznach, Deutschland

Die Online-Version des Buches enthält digitales Zusatzmaterial, das durch ein Play-Symbol gekennzeichnet ist. Die Dateien können von Lesern des gedruckten Buches mittels der kostenlosen Springer Nature „More Media" App angesehen werden. Die App ist in den relevanten App-Stores erhältlich und ermöglicht es, das entsprechend gekennzeichnete Zusatzmaterial mit einem mobilen Endgerät zu öffnen.

ISBN 978-3-662-64842-1   ISBN 978-3-662-64843-8 (eBook)
https://doi.org/10.1007/978-3-662-64843-8

Die Deutsche Nationalbibliothek verzeichnet diese Publikation in der Deutschen Nationalbibliografie; detaillierte bibliografische Daten sind im Internet über http://dnb.d-nb.de abrufbar.

Springer
© Der/die Herausgeber bzw. der/die Autor(en), exklusiv lizenziert an Springer-Verlag GmbH, DE, ein Teil von Springer Nature 2022
Das Werk einschließlich aller seiner Teile ist urheberrechtlich geschützt. Jede Verwertung, die nicht ausdrücklich vom Urheberrechtsgesetz zugelassen ist, bedarf der vorherigen Zustimmung des Verlags. Das gilt insbesondere für Vervielfältigungen, Bearbeitungen, Übersetzungen, Mikroverfilmungen und die Einspeicherung und Verarbeitung in elektronischen Systemen.
Die Wiedergabe von allgemein beschreibenden Bezeichnungen, Marken, Unternehmensnamen etc. in diesem Werk bedeutet nicht, dass diese frei durch jedermann benutzt werden dürfen. Die Berechtigung zur Benutzung unterliegt, auch ohne gesonderten Hinweis hierzu, den Regeln des Markenrechts. Die Rechte des jeweiligen Zeicheninhabers sind zu beachten.
Der Verlag, die Autoren und die Herausgeber gehen davon aus, dass die Angaben und Informationen in diesem Werk zum Zeitpunkt der Veröffentlichung vollständig und korrekt sind. Weder der Verlag, noch die Autoren oder die Herausgeber übernehmen, ausdrücklich oder implizit, Gewähr für den Inhalt des Werkes, etwaige Fehler oder Äußerungen. Der Verlag bleibt im Hinblick auf geografische Zuordnungen und Gebietsbezeichnungen in veröffentlichten Karten und Institutionsadressen neutral.

Fotonachweis Umschlag: © WavebreakmediaMicro/stock.adobe.com, ID: 43098441
Umschlaggestaltung: deblik, Berlin

Lektorat/Planung: Christine Sheppard
Springer ist ein Imprint der eingetragenen Gesellschaft Springer-Verlag GmbH, DE und ist ein Teil von Springer Nature.
Die Anschrift der Gesellschaft ist: Heidelberger Platz 3, 14197 Berlin, Germany

Vorwort

Lieber Leser, liebe Leserin,

Ihre Entscheidung, dieses Buch zur Hand zu nehmen, ist sicher mit dem Wunsch verbunden, Ihrer beruflichen Entwicklung einen gut durchdachten Karriereplan zugrunde zu legen. Das ist ein sehr lobenswerter Schritt, denn damit verschaffen Sie sich bereits einen erheblichen Vorteil. Meine langjährige Erfahrung in der Personalentwicklung hat mir gezeigt, dass erstaunlich wenige Leute über eine Karrierestrategie verfügen. Das ist umso überraschender, als viele meiner Gesprächspartner Verantwortung für die strategische Orientierung eines Unternehmens oder eines Geschäftsbereichs tragen.

Viele Menschen unterschätzen einfach, dass auch auf individueller Ebene eine strategische Überlegung erforderlich ist. Vom sozialen Umfeld vorgeprägte Laufbahnen werden oft nicht hinterfragt, und es besteht die implizite Annahme, dass „es schon gut laufen wird, wenn ich mich nur richtig einsetze". Aber das führt häufig dazu, dass Menschen zu spät erkennen, welche beruflichen Ziele ihren Bedürfnissen eigentlich entsprochen hätten, oder zu spät den großen Wurf wagen, weil sie zu kurzfristig gedacht haben. Machen Sie die Bestimmung und Umsetzung Ihrer Karrierestrategie zur Chefsache und nutzen Sie dafür die praktischen Methoden aus diesem Buch, um ihren Traumjob zu erreichen!

Dieses Buch speist sich aus meiner jahrelangen Erfahrung als Personalleiter, in der ich mich stark mit dem Thema der Personalentwicklung und der Karriereplanung beschäftigt habe. Aus meinen vielen Interaktionen mit Studenten, Berufseinsteigern und Führungskräften konnte ich im Laufe der Zeit ein tieferes Verständnis für die Fragen gewinnen, die Menschen sich stellen, wenn sie über ihre berufliche Entwicklung nachdenken. Fast immer suchen sie nach Methoden und Vorgehensweisen, um ihre Karriereentscheidungen zu treffen. Über soziale Medien habe ich in den vergangenen Jahren Feedback von Tausenden von Menschen zum Thema „Karrieremanagement" sammeln können. Sowohl mein YouTube-Kanal als auch meine LinkedIn-Veröffentlichungen und mein Blog haben große Resonanz gefunden, die es mir ermöglicht hat, meine Palette an Empfehlungen zu Karrierefragen weiter zu bereichern, um Menschen mit den unterschiedlichsten beruflichen Herausforderungen adäquat beraten zu können. Darüber hinaus weiß ich um die strategischen Entscheidungen, die Unternehmen im Hinblick auf Personalentwicklung treffen müssen. Als Chief HR Officer eines internationalen Unternehmens arbeite ich fortlaufend an der Verbesserung unserer Ansätze zur Akquisition, Bindung und Entwicklung von Mitarbeitern. Diese strategische Unternehmensperspektive ergänzt sich mit meinen Beratungen auf individueller Ebene. Ich hoffe, Ihnen diese Erfahrungen und Einblicke mit diesem Buch bestmöglich zur Verfügung stellen zu können.

In diesem Buch werden Sie erfahren, welche Struktur Sie Ihrer Karrierestrategie zugrunde legen sollten. Sie werden darüber hinaus vielerlei Werkzeuge und Methoden für die Analyse ganz bestimmter Fragen und die Vorbereitung wichtiger Entscheidungen finden. Sie werden ebenfalls eine Vielzahl von Beispielen finden, anhand derer meine Ausführungen für Sie hoffentlich besonders anschaulich werden. Die Beispiele sind selbstverständlich anonymisiert, aber sie entspringen alle meiner langjährigen Tätigkeit im Bereich der Karriereberatung. Ich habe meine Verantwortung als Personalchef immer so verstanden, dass ich viel Zeit mit Führungskräften und Mitarbeitern im Unternehmen verbracht habe, um ihre Berufswünsche gut zu verstehen, bestimmten Fragestellungen, die sie beschäftigten, auf den Grund zu gehen und ihnen konkrete und praxisnahe Ratschläge zu bieten. All diese Erfahrung ist in diesem Buch zusammengefasst.

Ich hoffe, dass meine Ausführungen für Sie von Nutzen sein werden, unabhängig davon, wo Sie heute in Ihrer Karriereentwicklung stehen:

- Vielleicht stehen Sie noch ganz am Anfang Ihrer beruflichen Laufbahn und stellen sich Fragen nach dem richtigen Arbeitgeber für Ihren Karriereeinstieg oder nach den Karrierepfaden, die sich Ihnen eröffnen könnten. Das neunte Kapitel ist speziell diesen Fragen des Berufseinstiegs gewidmet.
- Andere von Ihnen befinden sich vielleicht voll im Aufschwung ihrer Karriere und stehen vor weichenstellenden Entscheidungen zwischen unterschiedlichen beruflichen Optionen, die sich Ihnen eröffnen.
- Wieder andere stellen sich möglicherweise recht grundlegende Fragen über den Sinn ihrer beruflichen Entwicklung und über Möglichkeiten, ganz alternative Wege einzuschlagen.

- Und dann gibt es bestimmt auch jene unter Ihnen, die sich Gedanken darüber machen, wie sie anderen Menschen am besten mit Rat und Tat in ihrer Karriereplanung zur Seite stehen können. Dazu gehören Führungskräfte, die ihrer Verantwortung besser gerecht werden wollen, ihren Teammitgliedern als Gesprächspartner und Ratgeber weiterzuhelfen. Vielleicht haben Sie aber auch Menschen in Ihrem familiären Umfeld, denen Sie mit Rat zur Seite stehen wollen.

Die Kap. 1, 2, 3, 4, 5, 6 und 7 bieten Ihnen eine strukturierte Vorgehensweise für die Erstellung Ihrer Karrierestrategie. Doch nach der erstmaligen Erarbeitung Ihrer Karrierestrategie sollte dieses Thema unter keinen Umständen ad acta gelegt werden. Der ehemalige US-amerikanische Präsident und Oberbefehlshaber der alliierten Truppen, D. Eisenhower, sagte „a plan is nothing, planning is everything". Die Weisheit, die hinter diesem Zitat steht, ist, dass ein strategischer Plan regelmäßig überarbeitet werden muss. Idealerweise sollte die Auseinandersetzung mit Ihrer Karrierestrategie sogar ein fortlaufender Prozess sein. Neue Informationen über die Entwicklung in Ihrem Sektor sollten beispielsweise berücksichtigt werden. Auch Erfahrungen, die Sie ansammeln konnten, sollten einfließen, sodass Ihr Plan regelmäßig auf den neuesten Stand gebracht wird. Schließlich werden wir sehen, dass Sie die Unterstützung eines Karrierebeirats nutzen sollten. Die jährliche Einberufung dieses Beirats ist ebenfalls eine gute Gelegenheit, neue Aspekte in Ihrer Karriereplanung zu berücksichtigen, die Einschätzungen anderer einzubauen und sicherzustellen, dass die Ausrichtung Ihrer Karriere weiterhin die richtige ist.

Die Arbeit an Ihrer Karrierestrategie ist also ein iterativer Prozess. Dabei können bestimmte Methoden und Ansätze in bestimmten Entscheidungssituationen gezielt zurate gezogen werden. Legen Sie das Buch also nicht weg, nachdem Sie Ihre Karrierestrategie erstmalig erstellt haben, sondern halten Sie es griffbereit. Ich würde auch dazu raten, dieses Buch mit den Mitgliedern Ihres Karrierebeirats zu teilen, sodass Sie ein gemeinsames Verständnis der Arbeitsweise und der Zielrichtung haben, bevor Sie mit der Arbeit beginnen. Stellen Sie nur sicher, dass das Buch am Ende tatsächlich auch zu Ihnen zurückkommt!

Lassen Sie sich auf die Entwicklung Ihrer Karrierestrategie spielerisch ein. Verbissenheit und übertriebene Ambitionen würden Ihnen nur im Weg stehen. Lernbereitschaft heißt zunächst erhöhte Aufmerksamkeit. Diese sollte in allererster Linie auf sich selbst gerichtet sein, um die eigenen Wünsche und Bedürfnisse gut zu erfassen. Machen Sie darüber hinaus jede neue berufliche Erfahrung zu einem Schlüssel, um Zugang zu tieferen Einsichten über Ihre

Stärken und Entwicklungsmöglichkeiten zu gewinnen. Nutzen Sie die Ansätze, die in diesem Buch beschrieben werden, um aus allen beruflichen Situationen zu lernen und sich ganz bewusst in die Zukunft zu projizieren.

Ich wünsche Ihnen dabei viel Spaß und viel Erfolg!

Aus Gründen der besseren Lesbarkeit wird in diesem Buch überwiegend das generische Maskulinum verwendet. Dies impliziert immer beide Formen, schließt also die weibliche Form mit ein.

Bad Kreuznach, Deutschland   Sven Sommerlatte

Inhaltsverzeichnis

1 **Einführung** 1

2 **Definieren Sie Ihre Karrierewünsche** 5
2.1 „Leidenschaft" versus „Ehrgeiz" 8
2.2 Finden Sie Ihre echte Leidenschaft 10
    2.2.1 Warum es manchmal so schwierig ist, unseren tiefen Wunsch ausfindig zu machen 11
    2.2.2 Wege zu unserem tiefen Wunsch 12
    2.2.3 Die Bedeutung des tiefen Wunsches für Ihre persönliche Karrierestrategie 13

3 **Karrierestrategie – Ein Fünf-Stufen-Plan** 15
3.1 Definieren Sie Ihr berufliches Wunschziel 20
    3.1.1 Lebensstil 21
    3.1.2 Die Art der Tätigkeit 23
    3.1.3 Ihre persönliche und berufliche Entwicklung 25
3.2 Erweitern Sie Ihre Erfahrungsbasis! 26
    3.2.1 Wie Sie Ihre Erfahrungsbasis erweitern 27
3.3 Analysieren Sie Ihre Erfahrungs- und Kompetenzlücken 30
3.4 Seien Sie wachsam, welche neuen Möglichkeiten sich bieten 31
3.5 Seien Sie mutig! 32

4	**Karrieremöglichkeiten bewerten**	**35**
4.1	Sechs Schritte zur Bewertung eines Stellenangebots	37
4.2	Wie kann der Stellenwert einer Position bestimmt werden?	41
	4.2.1 Struktur der Organisation	42
	4.2.2 Entscheidungsgremien und Delegation von Autorität	43
	4.2.3 Prozesse	43
4.3	Was ist das richtige Gehalt?	44
4.4	Wie viele Änderungen (Unternehmen, Funktion, Land) kommen für Sie infrage?	45
4.5	Priorisierung von Karriereoptionen	47
	4.5.1 Priorisierungsmatrix	47
	4.5.2 Abbildung von Karriereoptionen in der Matrix	50
4.6	Stakeholder-Plan	51
	4.6.1 Erstellen Sie eine Liste der Stakeholder	52
	4.6.2 Die Perspektive der Stakeholder einnehmen	53
	4.6.3 Persönliche Aspekte	56
	4.6.4 Beziehen Sie die Stakeholder mit ein	57
4.7	Ein einfaches Werkzeug, um bessere Karriereentscheidungen zu treffen	57
5	**Treiben Sie Ihre berufliche Entwicklung voran**	**63**
5.1	Seien Sie der CEO Ihrer Karriere	65
5.2	Richten Sie Ihren persönlichen Karriere-Beirat ein!	65
5.3	Chancen des Learnings-on-the-job	68
5.4	Umgekehrte Nachfolgeplanung	72
	5.4.1 Grenzen der traditionellen Nachfolgeplanung	73
	5.4.2 Gespräch mit Rolf Pfeiffer	75
5.5	Das „Diamantprinzip" des Karrieremanagements	78
	5.5.1 Zwei Karrierephasen	78
5.6	Die ersten 100 Tage im neuen Job	80
	5.6.1 Die handlungsorientierte Schule	80
	5.6.2 Die lernorientierte Schule	81
	5.6.3 Wer hat recht – die handlungs- oder die lernorientierte Schule?	82
	5.6.4 Es hängt von Ihnen ab!	82
	5.6.5 Es kommt auch auf die Situation an	83
	5.6.6 Fazit	84
5.7	Schreiben Sie Ihren Wunsch-Lebenslauf	84
5.8	Denken Sie groß! Die Baby-Elefanten-Geschichte	85

6 Unternehmenskultur bewerten — 89
- 6.1 Die ungeschriebenen Spielregeln — 94
  - 6.1.1 Der sichtbare und der unsichtbare Teil des Eisbergs — 94
  - 6.1.2 Wie kann man mehr über diese ungeschriebenen Regeln erfahren? — 96
- 6.2 Interner Wettbewerb — 100
- 6.3 Durchbrechen der Entmündigungsspirale — 102
  - 6.3.1 Was blockiert Empowerment? — 102
  - 6.3.2 Die Teufelsspirale — 102
  - 6.3.3 Die Spirale durchbrechen — 104
  - 6.3.4 Ändern Sie die Perspektive! — 104
- 6.4 Vertrauensmanagement – wie Sie das Vertrauen in Ihrer Organisation stärken können — 104

7 Vertiefung der Selbstwahrnehmung — 109
- 7.1 Wie können Sie mehr über sich selbst erfahren? — 112
  - 7.1.1 Wer bin ich? — 112
  - 7.1.2 Welche Quellen kann ich nutzen, um mehr über mich zu erfahren? — 113
  - 7.1.3 Führung ist eine lebenslange Lernreise — 114
- 7.2 Seien Sie narzisstisch und lieben Sie Ihre Schwächen — 116
- 7.3 Nutzen Sie Feedback für Ihre berufliche Entwicklung — 118
  - 7.3.1 Barrieren für Feedback — 118
  - 7.3.2 Empfehlungen — 119
- 7.4 Nutzen Sie die Werkzeuge zur Personenbewertung — 120
  - 7.4.1 Bin ich ein High Potential? — 120
  - 7.4.2 Sollten Mitarbeiter über ihr Potenzial informiert werden? — 123
  - 7.4.3 Leadership Assessment: Pro & kontra — 125
- 7.5 Was Kunst für Ihre berufliche Entwicklung bedeuten kann — 130
  - 7.5.1 Interview mit Prof. Dr. Tom Sommerlatte — 130
- 7.6 Management der eigenen Energie — 132
  - 7.6.1 Passen Sie gut auf sich auf! — 133
  - 7.6.2 Wie man ein „Corporate Athlete" wird — 133
  - 7.6.3 Wir sind verantwortlich für unsere „Maschine" (Körper und Geist) — 134

8 Als Führungskraft wachsen — 137
- 8.1 Dienende Führung: Betrachten Sie Führung als einen Dienst für Ihr Team! — 139
  - 8.1.1 Traditionelle Sichtweise — 139
  - 8.1.2 Führung als Dienstleistung — 139
  - 8.1.3 Führung ist eine lebenslange Lernreise — 141
  - 8.1.4 Fragen Sie Ihr Team nach dem Servicelevel Ihrer Führung — 141
- 8.2 Warum wir die Macht der Führungskräfte reduzieren müssen — 142
  - 8.2.1 Neues Führungsverhalten ist erforderlich — 142
  - 8.2.2 Befähigung der Teams — 145
- 8.3 Welche Führung brauchen selbstorganisierte Teams? — 145
  - 8.3.1 Transformation der Führung — 145
  - 8.3.2 Führungsprofile — 146
  - 8.3.3 Influencing Skills — 147
- 8.4 Millennial-Führungskräfte: Was wir von ihnen lernen können — 147

9 Einen gelungenen Karrierestart hinlegen — 149
- 9.1 Berufseinstieg – Wie wählen Sie Ihren ersten Arbeitgeber? — 151
- 9.2 Wie Sie schon früh in Ihrer Karriere internationale Erfahrungen sammeln können — 153
  - 9.2.1 Internationale Erfahrung ist ein Wettbewerbsvorteil — 154
  - 9.2.2 Entwickeln Sie Ihre interkulturelle Sensibilität — 154
  - 9.2.3 Wie sammelt man internationale Arbeitserfahrung? — 154
  - 9.2.4 Wie man die internationale Jobsuche vorbereitet — 156
- 9.3 Sind interne Beratungsabteilungen eine smarte Karriereoption? — 157
  - 9.3.1 Interne Beratung/Projektmanagementbüro — 158
  - 9.3.2 Groß angelegte Reorganisationsprojekte — 158
  - 9.3.3 Kleinere Organisationsprojekte — 159
  - 9.3.4 Was sind die wichtigsten Erfolgsfaktoren eines solchen Teams? — 159
  - 9.3.5 Könnte dies ein guter Karriereschritt für Sie sein? — 160
- 9.4 Nutzen Sie die sozialen Medien, um Ihr Profil auf dem Arbeitsmarkt zu stärken — 161
- 9.5 Vier Schritte zum Drehen Ihres Video-Lebenslaufs — 162
  - 9.5.1 Die Arbeit am Inhalt kommt zuerst! — 163
  - 9.5.2 Technische Ausrüstung für die Aufnahme — 164

9.5.3	Aufnahme des Lebenslauf-Videos	165
9.5.4	Nachbearbeitung	166
9.5.5	Veröffentlichung	166

10 Resümee 167
 10.1 Karriereplanung ist ein kontinuierlicher Lernprozess 167
 10.2 Verlieren Sie keine Zeit 169

Literatur 173

1

Einführung

Karriereberatung ist meine Leidenschaft. Menschen dabei zu helfen, ihren wahren Berufswunsch zu entdecken, das erfüllt mich in meinem Job als Personalchef; hierin liegt für mich der tiefere Sinn meiner Tätigkeit (Abb. 1.1).

Als HR-Führungskraft komme ich häufig mit Menschen zusammen, die in verschiedenen Phasen ihrer Karriereentwicklung Rat suchen:

- Berufseinsteiger, die wissen möchten, wie sie ihre Karriere am besten starten
- Menschen, die zwischen mehreren attraktiven Stellenangeboten wählen müssen und sichergehen wollen, die richtige Entscheidung zu treffen
- Menschen, die aufgrund von Veränderungen in ihrem persönlichen Umfeld oder wegen Umstrukturierungsentscheidungen auf Unternehmensseite vor schwierigen Karriereentscheidungen stehen
- Und nicht zuletzt die, die erkannt haben, dass der von ihnen gewählte Weg womöglich längerfristig nicht der richtige ist, und deshalb ihrer Karriere eine völlig neue Ausrichtung geben wollen

Auf meinen Geschäftsreisen versuche ich immer auch, mir Zeit freizuhalten, um mich in kleineren Gruppen mit aufstrebenden Mitarbeitern meiner Firma über das Thema „Karrieremanagement" auszutauschen.

Ergänzende Information Die elektronische Version dieses Kapitels enthält Zusatzmaterial, auf das über folgenden Link zugegriffen werden kann [https://doi.org/10.1007/978-3-662-64843-8_1]. Die Videos lassen sich durch Anklicken des DOI Links in der Legende einer entsprechenden Abbildung abspielen, oder indem Sie diesen Link mit der SN More Media App scannen.

© Der/die Autor(en), exklusiv lizenziert an Springer-Verlag GmbH, DE, ein Teil von Springer Nature 2022
S. Sommerlatte, *Erfolgreiche Karrierestrategie*, https://doi.org/10.1007/978-3-662-64843-8_1

Abb. 1.1 Einführungsvideo Kap. 1 (▶ https://doi.org/10.1007/000-6dv)

Wann immer es möglich ist, verbringe ich Zeit an Universitäten und Wirtschaftshochschulen, um mich mit Studenten zu treffen, die einen Einblick in die Unternehmenswelt suchen und die wissen wollen, wie man sich in ihr am besten zurechtfindet. Diese Diskussionen sind stets lehrreich und anregend. Sie haben mir dabei geholfen, die Erwartungen, die die neue Generation an ihr Berufsleben und ihren zukünftigen Arbeitgeber stellt, noch besser zu verstehen. Das Selbstvertrauen, mit dem diese Erwartungen zum Ausdruck gebracht werden, hat mich oftmals positiv überrascht.

„Ich erwarte flexibles Arbeiten und eine Balance zwischen Leben und Arbeit. Dies sind für mich Bedingungen." – Das ist ein Satz, den ich in diesem Zusammenhang immer häufiger höre. Und diese Erwartung finde ich nicht etwa überzogen, sondern in ihrer Klarheit erfrischend und völlig richtig.

Die Bedeutung einer klar definierten Karrierestrategie
Sich über seine Erwartungen an das Berufsleben im Klaren zu sein, ist von entscheidender Bedeutung. Das Selbstbewusstsein, mit dem einige Berufseinsteiger dies immer häufiger zum Ausdruck bringen (übrigens nicht nur in Industrie-, sondern gerade auch in Schwellenländern), finde ich großartig. Klarheit über die eigenen Bedürfnisse sollte der Ausgangspunkt auch Ihrer Karrierestrategie sein: Machen Sie sich bewusst, was Sie *wirklich* wollen und wo Ihre Leidenschaft und Ihre Stärken liegen!

Oft entscheiden sich Menschen jedoch nach anderen Kriterien, etwa weil sie den Erwartungen der Familie oder des sozialen Umfelds entsprechen wollen. Das führt nicht selten dazu, dass sie irgendwann zurückblicken und ihre ersten Berufsentscheidungen bereuen. Ihnen wird klar: Die wesentlichen Entscheidungen haben sie gar nicht bewusst getroffen, denn sie hatten keinen eigenen Plan. Oder sie haben bei Karriereperspektiven, die sich boten, ausschließlich darauf geachtet, ob es auf der Karriereleiter eine weitere Stufe höher geht, nicht aber, ob sie mit den eigenen tieferen Erwartungen tatsächlich im Einklang stehen.

Eine klar definierte Karrierestrategie ermöglicht Ihnen, Karriereentscheidungen bewusst und nach einem längerfristigen Plan zu treffen, statt sich blindlings auf vordefinierte Karrierepfade zu begeben.

Um Ihre Karrierestrategie zu entwerfen, müssen Sie natürlich wissen, wie Sie das anstellen können. Genau dieses „Wie" bietet Ihnen dieses Buch. Dabei handelt es sich um eine erstaunlich unkomplizierte, dennoch aber höchst effiziente Methode. Zusätzlich zu den methodischen Anleitungen finden Sie in diesem Buch zahlreiche Tipps für deren Umsetzung sowie Anregungen, wie Sie auf Ratschläge Ihres Umfelds gezielt zugreifen können, um Ihre Karrierestrategie erfolgreich umzusetzen.

Schließlich werden Ihnen in diesem Buch zahlreiche Fallbeispiele erläutert, die das Karrieremanagement in lebhafter und praxisnaher Weise veranschaulichen.

In den letzten Jahren habe ich die Erkenntnisse aus vielen Gesprächen zum Thema „Karriere" in einer Reihe von Videos festgehalten, die ich auf meinem YouTube-Kanal und in anderen sozialen Medien veröffentlicht habe. Das breite Feedback hat mir geholfen, die Fragen der Menschen zu diesem Thema noch besser zu verstehen und meine Ansätze zur Karrierestrategie weiter auszuarbeiten. Das Ergebnis liegt mit diesem Buch vor, und ich hoffe, dass damit auch Ihre Fragen zu Ihrer Karriereplanung beantwortet werden.

Alles, was Sie hier lesen, ist keine bloße theoretische Abhandlung, sondern beruht auf meinen Erfahrungen als HR-Praktiker. Was ich hier erläutere, habe ich in vielen Gesprächen diskutiert, die meine methodischen Ansätze absichern und erhärten. Aber es gibt natürlich auch andere Vorgehensweisen für eine Karriereplanung.

Legen wir los!
Zu Beginn möchte ich Ihnen zwei einfache Fragen stellen:

- Wie viel Zeit haben Sie in den letzten zwei Jahren dafür verwendet, über Ihre Karrierestrategie nachzudenken?
- Wie viel Zeit haben Sie damit verbracht, an der Strategie des Unternehmens, für das Sie tätig sind, und an deren Umsetzung mitzuarbeiten?

Viele von Ihnen waren wahrscheinlich intensiv mit der Geschäftsstrategie ihres Unternehmens beschäftigt, haben aber nur wenig oder womöglich gar keine Zeit ihrer individuellen Karrierestrategie gewidmet.

Wenn das auch auf Sie zutrifft – wie kommt das? Wahrscheinlich liegt es daran, dass Sie nicht wirklich wissen, wie Sie Ihre persönliche Karrierestrategie entwickeln sollen. Vielleicht glauben Sie auch, dass sich Karrieremöglichkeiten schon irgendwie „von selbst" ergeben und dass die eigene Karriere nicht wirklich etwas ist, das man planen oder vorhersehen kann. Das aber ist ganz falsch!

Genau wie ein Unternehmen müssen Sie auch selbst eine strategische Richtung für die eigene berufliche Entwicklung festlegen. Dazu ist es wichtig, nicht nur das berufliche Umfeld gut zu kennen, sondern auch sich selbst! Die Kritik von Menschen zu nutzen, die Ihnen wichtig sind, ist dabei sehr hilfreich. Kurz gesagt: Sie selbst sind der Kapitän Ihrer beruflichen Entwicklung.

Dieses Buch gibt Ihnen praktische Tipps und Instrumente an die Hand, die Ihnen bei der Entwicklung und Umsetzung Ihrer persönlichen Karrierestrategie helfen werden.

2

Definieren Sie Ihre Karrierewünsche

Vermutlich erwarten Sie von diesem Buch zu erfahren, wie Sie Ihre Karriere noch schneller voranbringen können. Bevor Sie jedoch Ihre Karrierebeschleunigung starten, sollten Sie zunächst darüber nachdenken, was genau Sie anstreben. Klarheit darüber, was Sie wirklich wollen und welche Richtung Sie Ihrer Karriereentwicklung geben möchten, sind die Voraussetzungen, um eine Strategie für die eigene Karriere zu entwerfen (Abb. 2.1).

Bitte nehmen Sie sich einen Moment Zeit, um über die folgenden fünf Fragen nachzudenken:

1) Sind Sie sich über Ihr berufliches Streben tatsächlich im Klaren? Halten Sie Ihre Ziele am besten schriftlich fest.
2) Sind Sie bei Ihren Karriereentscheidungen der traditionellen vertikalen Karriereentwicklung gefolgt, die darauf fixiert ist, immer die nächsthöhere Stufe der Hierarchieleiter zu erklimmen? Wenn ja: Lag es womöglich daran, dass andere das von Ihnen erwartet haben?
3) Sind Sie sich Ihrer Talente und persönlichen Vorlieben bewusst? Welche sind das?
4) Spielen Ihre Karriereambitionen tatsächlich Ihre Stärken aus? Und schöpfen Sie selbst diese Stärken auch wirklich voll aus?

Ergänzende Information Die elektronische Version dieses Kapitels enthält Zusatzmaterial, auf das über folgenden Link zugegriffen werden kann [https://doi.org/10.1007/978-3-662-64843-8_2]. Die Videos lassen sich durch Anklicken des DOI Links in der Legende einer entsprechenden Abbildung abspielen, oder indem Sie diesen Link mit der SN More Media App scannen.

Abb. 2.1 Einführungsvideo Kap. 2 (▶ https://doi.org/10.1007/000-6dw)

5) Können Sie sich in Ihrem Beruf derzeit als Person wirklich voll einbringen oder lassen Sie womöglich Ihre wahren Talente weitgehend unberücksichtigt?

Tatsache ist: Erst wenn Sie wissen, was Sie können und was Sie wollen, ist eine Karrierestrategie wirklich sinnvoll. Der erste Abschnitt dieses Buches soll Sie in diesem Denkprozess unterstützen.

> **Beispiel: Eugene**
>
> Ich möchte Ihnen im Folgenden die Geschichte von Eugene erzählen, weil sie verdeutlicht, auf welchen Wegen man zu der Erkenntnis kommen kann, was man wirklich will und wo seine Leidenschaft liegt.
> Eugene war mit einem klaren Plan nach Paris gekommen: Er wollte eine hoch angesehene private Handelsschule (HEC) abschließen und eine Finanzkarriere in einem großen Unternehmen einschlagen. Genau dies erwartete wohl auch seine Familie, vor allem die Eltern, die gewisse Opfer gebracht hatte, um sein Studium und ein internationales Auslandssemester zu finanzieren. Eugene schloss sein Studium mit einem MBA ab und machte einen vielversprechenden Karrierestart in einem namhaften französischen Unternehmen. Er stieg anfangs recht problemlos auf und sein Job machte ihm Spaß.
> Finanzen waren zwar nicht wirklich seine Leidenschaft, aber er war gut in Mathematik und er lernte schnell. Mit seinen Kollegen verstand er sich gut. Was er aber eigentlich liebte, waren die Natur und der Weinberg seiner Familie. In den Ferien fuhr er deshalb regelmäßig in seinen Heimatort zurück, um bei der Verwaltung des Familienbetriebs zu helfen. Im Laufe der Zeit war dies zu seiner

echten Leidenschaft geworden. Seinen Job in Paris betrachtete er als reine Einkommensquelle, sein Herz aber hing an der ländlichen Gegend, in der er aufgewachsen war.

Dann gab es einen Knick in seiner Karriere: Eine Aufstiegsmöglichkeit, mit der er gerechnet hatte, hatte sich letztlich doch nicht ergeben. Es war das erste Mal, dass es, anders als geplant, nicht eine weitere Stufe höher auf der Karriereleiter ging. Eugene wusste, dass sich irgendwann auch wieder andere Möglichkeiten ergeben würden. Auch sein Vorgesetzter bestätigte ihm, wie sehr man sein Talent und seinen Einsatz schätzte und dass das Unternehmen seine berufliche Entwicklung weiterhin nach Kräften unterstützen würde. Aber diese Situation gab ihm zu denken und setzte etwas in ihm in Gang ...

Eugene begann, seine berufliche Entwicklung, den aktuellen Status quo und seine Erwartungen und Aussichten an seine weitere Karriere zu hinterfragen. Er erinnerte sich daran, wie aufregend es gewesen war, die Finanzwelt kennenzulernen, und dachte daran zurück, wie er sich damals diese Art von Arbeit und Leben vorgestellt hatte. Aber es waren nicht mehr als Vorstellungen und Wünsche gewesen, die in vielerlei Hinsicht nicht seinen tatsächlichen Erfahrungen entsprachen. Je länger er darüber nachdachte, desto klarer wurde ihm, dass er im Grunde seines Herzens ernüchtert darüber war, wie sich sein Leben und seine berufliche Laufbahn entwickelt hatten. Aber hatte er es nicht stets als selbstverständlich hingenommen, diese Karriere zu machen, ohne jemals groß darüber nachzudenken?

Schließlich kamen wir in Kontakt und er bat mich um eine Karriereberatung. In meinen Gesprächen mit Eugene wurde mir klar, dass das eigentliche Problem ziemlich wenig mit dem verpassten Karriereschritt zu tun hatte. Dieser „Misserfolg" (zumindest betrachtete er es zunächst so) hatte allerdings dazu geführt, dass er innehielt und nachzudenken begann: Was wollte er wirklich in seinem Leben tun? Seine tiefe Verbundenheit mit dem Weingut seiner Familie wurde ihm immer deutlicher, aber es dauerte eine Weile, bis er sich eingestehen konnte, dass genau hier seine Leidenschaft lag – bei der Arbeit im Familienunternehmen seiner Eltern, dem Weingut. Er hatte es sich nie erlaubt, den Karriereweg, den ihm seine Eltern angeboten hatten, infrage zu stellen, zumal sie, wie erwähnt, gewisse finanzielle Opfer gebracht hatten. Ein offenes Gespräch mit seiner Familie brachte schließlich Klarheit: Seine Fähigkeiten konnte er auch bestens einsetzen, um das Familienunternehmen zu führen, und alle waren erfreut, ihn wiederzuhaben. Sein Plan war es, die Leitung der Firma zu übernehmen, wenn sein Vater in den Ruhestand gehen würde.

Im Fall von Eugene löste ein äußeres Ereignis (Stichwort: „Karriereknick") eine weitergehende tiefere Überlegung aus. Zu seinem Glück kam dieses Ereignis, der vermeintliche „Karriereknick", genau zum richtigen Zeitpunkt.

Lassen Sie es nicht so weit kommen, dass auch Ihnen erst ein ähnliches Ereignis die Augen öffnet und Ihnen verdeutlicht, dass der eingeschlagene Weg gar nicht der richtige ist und Ihre Leidenschaft eigentlich ganz woanders liegt! Vergessen Sie nicht: Sie haben nur ein Leben. Fragen Sie sich, ob Ihre berufliche Tätigkeit tatsächlich dem entspricht, was Sie wirklich können und wollen.

Darum geht es im folgenden Kapitel.

2.1 „Leidenschaft" versus „Ehrgeiz"

Eine gut durchdachte Karrierestrategie erlaubt es, die Berufsziele zu verfolgen, die Ihnen echte Erfüllung und Zufriedenheit zu bringen versprechen. Es mag überraschen, aber für viele von uns ist es nicht so selbstverständlich, die richtigen Prioritäten zu setzen. Manchmal weiß man vor lauter Ehrgeiz gar nicht mehr, was man eigentlich wirklich will. Man ist ganz darauf fokussiert, schneller aufzusteigen und finanziell besser aufgestellt zu sein. Dabei tritt das, was man eigentlich will, das, was einem tiefere Erfüllung bringt, in den Hintergrund. Man hat so sehr das ewige „Höher, Schneller, Weiter" im Blick, dass das echte innere Streben, der ureigene Antrieb, die echte Leidenschaft mitunter völlig überdeckt wird im Kampf um den „Tagessieg".

Sehen wir uns zunächst an, was die beiden Begriffe „Leidenschaft" und „Ehrgeiz" gemeinsam haben.

Auf den ersten Blick liegen beide Wörter ziemlich nahe beieinander. Beide Begriffe bezeichnen den Willen, etwas zu erreichen, einen Zustand, den man als erstrebenswert ansieht. Hierbei kann es sich um eine körperliche Leistung im Sport, um materielle oder auch berufliche Ziele handeln. Auf den ersten Blick sind beide Begriffe – „Ehrgeiz" und „Leidenschaft" – positiv besetzt.

So viel zu den Gemeinsamkeiten. Wo aber liegt der Unterschied zwischen „Leidenschaft" und „Ehrgeiz"?

Ich glaube, dass der grundlegende Unterschied darin liegt, wo der eigentliche Antrieb, die Motivation, zu finden ist. Denn Leidenschaft und Ehrgeiz speisen sich sozusagen aus unterschiedlichen „Energiequellen".

Leidenschaft basiert auf einem tiefen Wunsch. In gewissen Fällen kann man sogar von „Berufung" sprechen. Es ist wie eine innere Kraft, die einen dazu bringt, höhere Ziele anzustreben. Sie ist tiefer mit dem verbunden, was man ist, woher man kommt, wofür sozusagen „das Herz schlägt" (z. B. für die Natur und die Weinberge, und eben nicht das Finanzmanagement, wie im Beispiel von Eugene verdeutlicht). Das Erreichen dieser höheren Ziele bringt Erfüllung, Sinn und tiefe Befriedigung und ermöglicht es, gewissermaßen die „beste Version von sich selbst" zu werden. Je näher man dem Zustand kommt, den man anstrebt, desto mehr kann man seine Talente und Stärken ausspielen.

All dies könnte einen letztlich dem näherbringen, was die Griechen als „Ataraxie" bezeichnet haben, nämlich dem Zustand der echten Erfüllung, wo keine innere Spannung mehr nötig ist, wo man gelassen und großzügig geworden ist. So viel zur „Leidenschaft".

Dem Phänomen „Ehrgeiz" hingegen liegt in den meisten Fällen ein Wettbewerbsgedanke zugrunde. Es geht darum, andere zu übertreffen und besser zu sein als sie. Das ist der Antrieb, die Motivation, die Energiequelle. Diese Motivation wird häufig durch eine spezifische Situation oder einen bestimmten Kontext ausgelöst, z. B. im Zuge der Markteinführung eines neuen Produkts oder im Sport, wo man gegeneinander antritt und siegen will. Sehr oft können bestimmte externe Faktoren diesen „Siegeswillen" noch verstärken, etwa dann, wenn es ein Publikum gibt, das zuschaut (z. B. in einem Sportstadion). Ehrgeiz ist weitgehend eine Leistung für die Augen anderer, und der Erfolg ist klar erkennbar: Das eingeführte Produkt ist erfolgreicher als das der Mitbewerber, der Sportler ist schneller als seine Konkurrenten. Genau darin liegt einer der entscheidenden Unterschiede zwischen der Leidenschaft und dem reinen Ehrgeiz: Die Leidenschaft erfüllt meine ganz persönlichen und tiefen Bedürfnisse, während der Ehrgeiz immer mit einem Bezug auf die anderen verbunden ist. Mit anderen Worten: Der Ehrgeiz hat eine verstärkt extrinsische Motivationsquelle, während die Leidenschaft oder die Berufung einem inneren Antrieb folgt. Mein Streben kann Erfüllung finden, ohne dass andere es direkt bemerken. Sie werden es höchstens an einer größeren Ausgeglichenheit und Freude festmachen können, nicht aber unbedingt daran, dass bestimmte Erfolge erzielt wurden.

Wie beeinflussen Ehrgeiz und Leidenschaft Ihre Karriere?
Gegen Ehrgeiz ist natürlich nichts einzuwenden. Im Sport zum Beispiel ist Ehrgeiz eine wichtige Voraussetzung, um erfolgreich zu sein. Aber wenn Ihre Karriere prinzipiell Ehrgeiz als Motivationsquelle hat, stoßen Sie über kurz oder lang an gewisse Grenzen. Ich habe dabei zwei interessante Phänomene beobachten können:

- Ehrgeiz verlangt nach immer mehr. Kaum ist ein Ziel erreicht oder ein Rekord geschlagen, will man schon wieder mehr. Früher oder später sind Menschen, die ganz durch einen hohen Ehrgeiz angetrieben werden, einfach erschöpft. Sobald aber dieser ursprüngliche Ehrgeiz verloren geht, fallen die Menschen geradezu in ein Loch und sehen keinen Sinn mehr in ihrer Tätigkeit.
- In anderen Fällen ist der Ehrgeiz ganz auf ein bestimmtes Ziel ausgerichtet. Sobald dieses Ziel erreicht ist, verschwindet der ursprüngliche Antrieb. Ich bin vielen Menschen begegnet, die mit voller Energie auf ein bestimmtes Karriereziel hingearbeitet haben, aber darüber hinaus nicht an ihren längerfristigen beruflichen Werdegang gedacht haben.

> **Beispiel: Fabien**
>
> *Fabien wollte schon immer Pilot werden. Nach einer langen Ausbildung und gnadenlosen Auslese der Bewerber hatte er schließlich sein Ziel erreicht. Einige Jahre lang konnte er von diesem Erfolg zehren und stieg in der Hierarchie der Fluggesellschaft weiter auf, etwa indem er auf größere Maschinen geschult wurde. Aber tief im Innern war Fabien schon längst klar, dass er sein Ziel erreicht hatte und dass jetzt keine tiefere Motivation für ihn mehr bestand. Er verlor deshalb mehr und mehr das Interesse an seiner Arbeit und suchte Erfüllung bei seinem Talent als Koch; zunächst kam nur sein Freundeskreis in den Genuss seiner Fähigkeiten, bis er schließlich beschloss, daraus seinen neuen Beruf zu machen. Das Ersparte wurde in den Kauf eines Restaurants investiert, und der Erfolg krönte bald seine mutige Entscheidung. Fabien war kaum wiederzuerkennen. Der häufig etwas launisch Gewordene fand seine sympathische, menschenliebende und gesellige Natur wieder und blühte darin geradezu auf. Er hatte sein tieferes Bestreben gefunden, das ihm langfristig Erfüllung bereiten konnte.*

Eine gesunde Portion Ehrgeiz schadet freilich nicht und ist zweifellos wichtig. Aber wir sollten uns davor hüten, uns in unserem Ehrgeiz zu verfangen und unser wahres Streben aus den Augen zu verlieren. Es erfordert gegebenenfalls Mut und einige Anstrengungen, um zu dem zurückzukehren, was wir *wirklich* wollen.

Die Arbeit an Ihrer persönlichen Karrierestrategie ist eine gute Gelegenheit, wieder Anschluss an das zu finden, was Sie mit echter Leidenschaft anstreben.

2.2 Finden Sie Ihre echte Leidenschaft

Wie in der Einleitung angesprochen, sollte unser tiefer Wunsch das prägende Merkmal unserer Karrierestrategie sein. Aber genau davon sind wir oftmals abgekoppelt.

In diesem Abschnitt werde ich skizzieren, warum es bisweilen schwierig ist, uns über diesen tiefen Wunsch vollends klar zu werden. Auch werde ich einige einfache Wege beschreiben, wie wir wieder Anschluss an unser tieferes Bestreben, an unsere echte Leidenschaft (oder gar an unsere eigentliche Berufung) finden können.

Zunächst möchte ich anhand eines weiteren Beispiels erläutern, was ich unter einem „tiefen Wunsch" verstehe.

> **Beispiel: Magdalena**
>
> *Magdalena trieb als Teenager und während ihres Studiums auf Bundesligaebene mit großer Leidenschaft Sport. Wettbewerb, Leistung und Kameradschaft – das war es, was sie daran schätzte. Auch als sie ihre berufliche Laufbahn im Personalmanagement eines internationalen Unternehmens aufbaute, blieb sie in enger Verbindung zu ihrem Sportverein. Der Job erlaubte es ihr zwar nicht, weiterhin Sport auf Spitzenniveau zu betreiben, aber sie spezialisierte sich auf das Gebiet der Personalentwicklung und wurde zu einer zertifizierten Trainerin. Sie erkannte gewisse Parallelen zwischen dem Profisport und den Anforderungen auf Führungsebene: Ähnlich wie sich Hochleistungssportler körperlich und geistig auf einen Wettbewerb einstellen müssen, um auf ihr Bestniveau zu kommen, müssen auch Manager sich ganz bewusst auf herausfordernde Situationen einstellen. Die jährliche Aktionärsversammlung beispielsweise erfordert vom Vorstandsvorsitzenden volle Präsenz und Schlagfertigkeit. Guter Schlaf, geistige Ausgeglichenheit und körperliche Fitness spielen dabei vielleicht eine noch wichtigere Rolle als eine inhaltlich perfekte Vorbereitung. Ganz ähnlich wie der Sportler muss auch der/die Manager(in) wissen, wie Stresssituationen bewältigt werden können, um die eigenen Fähigkeiten in vollem Umfang abzurufen.*
>
> *Nach 14 Jahren Tätigkeit in verschiedenen Großunternehmen wurde Magdalenas Wunsch immer größer, zu ihrer ersten Liebe zurückzukehren: dem Profisport. Deshalb stellte sie ihrem Verein ihr Fachwissen als Trainerin zur Verfügung und stellte dabei fest, dass sie ihre Coaching-Erfahrungen aus der Geschäftswelt zu einem großen Teil in den Sport übertragen konnte. Zwei Jahre später bot ihr eine Umstrukturierung die Möglichkeit, mit einer Abfindung auszusteigen. Sie etablierte sich als freiberufliche Trainerin mit dem Schwerpunkt auf Hochleistungssport. Heute ist sie sehr erfolgreich.*
>
> *Noch immer ist sie erstaunt darüber, dass es ihr gelungen ist, ihre Leidenschaft für den Sport mit ihrer beruflichen Tätigkeit zu verbinden. Manchmal fragt sie sich, ob sie ihrem tiefen Wunsch nicht schon früher mehr Aufmerksamkeit hätte schenken sollen und ob sie diesen Schritt zurück in die Welt des Profisports vielleicht noch früher hätte gehen können.*

2.2.1 Warum es manchmal so schwierig ist, unseren tiefen Wunsch ausfindig zu machen

Warum ist es manchmal derart schwierig, Zugang zu unserem eigenen tiefen Wunsch zu finden, wenn er für uns und unser Leben doch so wichtig ist?

Zunächst einmal kommt er aus unserem tiefsten Innern, er ist nicht greifbar und nicht ohne Weiteres klar erkennbar; er schlummert sozusagen im Verborgenen. Wir müssen einen Weg finden, ihn zu entdecken. Das erfordert Selbstbeobachtung und Selbsterkenntnis, die wir mitunter erst entwickeln müssen.

Darüber hinaus haben wir sozusagen eine „erlernte Barriere", die uns diesen Zugang erschwert. Das Konzept der „erlernten Inkompetenz" wurde von Chris Argyris (1923–2013), einem Professor an der Harvard Universität und Mitbegründer der Organisationsentwicklung, (*On organizational learning*, 1993), entwickelt. Auf unser Thema übertragen könnte man sagen: Wir sind so gut im täglichen Problemlösen geworden, dass wir bis zu einem gewissen Grad „inkompetent" geworden sind, wenn es um die Fähigkeit geht, unseren eigenen tiefen Wunsch zu finden. Wenn wir morgens aufwachen, haben wir die Tagesplanung im Kopf, unsere To-do-Liste. Wir konzentrieren uns auf das, was wir alles erledigen müssen. Dieser Aktionismus aber macht uns blind für unser tiefer verwurzeltes Streben.

2.2.2 Wege zu unserem tiefen Wunsch

Ich möchte im Folgenden einige einfache Wege aufzeichnen, um wieder an den tiefen Wunsch in uns anzuknüpfen.

Introspektion
Wir können die Freizeit zum Nachdenken und zur Selbstbeobachtung nutzen. Im Lateinischen wird dies als „Otium" bezeichnet, als „Muße", „freie Zeit", und ist mithin das Gegenteil von „Negotium", der Tätigkeit des Handelns. Es gibt viele Momente am Tag (wenn wir Sport treiben, unter der Dusche stehen oder uns entspannen), in denen wir diese Tagträume haben. Sie weisen in die Richtung unseres tiefen Verlangens. Schenken Sie ihnen Ihre Aufmerksamkeit! In den meisten Fällen nämlich tun wir das nicht, sondern vergessen unsere Träume gleich wieder.

Werden Sie sich dieser Tagträume bewusst! Gehen Sie ihnen auf den Grund, denken Sie einmal nach, was sich hinter diesen Träumen verbirgt, erforschen Sie, was diese Tagträume für Sie ganz persönlich bedeuten. Dann werden Sie sehen, dass Sie sich dadurch einen Zugang zu Ihrem tiefen Wunsch verschaffen.

Worin sind Sie gut?
Denken Sie einmal über folgende Fragen nach:

- Was können Sie gut? Was sind Ihre Stärken?
- Was kostet Sie nicht viel Mühe, weil es etwas ist, wofür Sie ein natürliches Talent haben?

- Was macht Ihnen am meisten Spaß?
- Was macht Ihnen Freude, wenn Sie Ihre Batterien wieder auffüllen müssen?
- Denken Sie zurück: Was haben Sie schon immer besser gemacht als Ihre Freunde und Klassenkameraden?

Hilfreich ist es, diese Überlegungen nicht etwa im Sinne eines Wettbewerbs anzustellen („Was kann ich besser als die anderen?"), sondern im Sinne der Entdeckung der eigenen Stärken und der womöglich verborgenen und bislang unerkannten Fähigkeiten.

Wonach habe ich als Kind gestrebt?
Vielleicht ist Ihnen aufgefallen, dass Kinder sich manchmal überraschend klar darüber sind, was sie in ihrem Leben wollen. Sie sagen meist mit großer Überzeugung, welchen Beruf sie später ausüben wollen, welches Leben sie anstreben, wen sie bewundern und wer ihr Vorbild ist.

Es lohnt sich, sich an die Träume zu erinnern, die Sie als Kind hatten, denn sie könnten Sie in die Richtung des eigenen tiefen Wunsches lenken.

2.2.3 Die Bedeutung des tiefen Wunsches für Ihre persönliche Karrierestrategie

Selbstbeobachtung ist für Ihre Karrierestrategie sehr wichtig, denn Ihr tiefer Wunsch ist die Grundlage für die Vision Ihrer beruflichen Entwicklung, und ich empfehle, diesen tiefen inneren Wunsch in den Mittelpunkt Ihrer Karrierestrategie zu stellen. Dies wird Ihnen nicht nur dabei helfen zu definieren, wohin Sie gehen und was Sie erreichen wollen, sondern es wird Ihnen wahrscheinlich auch ein klareres Verständnis dafür eröffnen, wie Sie dorthin gelangen können.

Bitte beachten Sie, dass die Überlegungen hinsichtlich Ihres tieferen Wunsches von einem traditionellen Karriereverlauf abweichen können. Dieser traditionelle Weg ist derjenige, dem wir normalerweise folgen, ohne aber wirklich mit unserem tieferen Wunsch verbunden zu sein. Es ist der vorgegebene Weg, dem wir allzu oft blind folgen, ohne ihn infrage zu stellen (siehe dazu das Beispiel von Eugene). Unsere Aufmerksamkeit ist voll und ganz auf das Erreichen des nächsten Karriereschritts gerichtet. Aber entspricht das wirklich dem, was wir uns tief im Inneren wünschen? Spielt es wirklich unsere Stärken aus? Sehr oft stellt man sich diese Fragen gar nicht – oder aber man stellt sie sich zu spät.

Sobald Sie wieder mit Ihrem tiefen Wunsch verbunden sind, sobald Sie diesen wieder in den Mittelpunkt Ihrer Überlegungen gestellt haben, eröffnen sich neue Möglichkeiten: Verborgenes kreatives Potenzial und Talente aus der Kindheit könnten freigesetzt werden; vielleicht finden Sie Wege, um Alternativen zu einem vordefinierten Karriereweg zu entdecken; vielleicht wird aus Ihrem Ehrgeiz echte Leidenschaft.

Welche Richtung Sie auch immer einschlagen – die Verbindung mit Ihrem tiefen Wunsch wird Ihnen helfen, eine klarere Karrierestrategie zu verfolgen.

Das folgende Kapitel umreißt die fünf Schritte zur Definition dieser Strategie.

3

Karrierestrategie – Ein Fünf-Stufen-Plan

Der Weg zu Ihrer neuen Karrierestrategie ist einfach. Er wird durch die Fragen bestimmt, wo Sie heute stehen, wohin Sie gehen möchten und wie Sie dorthin gelangen können. Die fünf Schritte, die ich in diesem Kapitel skizziere, bilden das Rückgrat zur Beantwortung dieser Fragen (Abb. 3.1):

1. Definieren Sie Ihren Karrierewunsch
2. Bauen Sie Ihre Erfahrungsgrundlage gezielt aus
3. Schätzen Sie Ihre Erfahrungs- und Kompetenzlücken ein, um sie bei Bedarf zielstrebig schließen zu können
4. Seien Sie wachsam, um Gelegenheiten für Ihre berufliche Weiterentwicklung frühzeitig zu erkennen
5. Seien Sie mutig!

In den anschließenden Kapiteln finden Sie praktische Hilfsmittel, die Ihnen bei der Durchführung der fünf Schritte nützlich sein werden. So bietet Ihnen Kap. 3 eine Reihe von Entscheidungshilfen für Karriereentscheidungen, die Sie im Laufe Ihrer beruflichen Entwicklung zu treffen haben können. Kap. 4 geht auf die Fragen ein, wie man den Stellenwert einer Position bewertet und wie man zwischen mehreren Karriereoptionen die richtige Wahl trifft.

Ergänzende Information Die elektronische Version dieses Kapitels enthält Zusatzmaterial, auf das über folgenden Link zugegriffen werden kann [https://doi.org/10.1007/978-3-662-64843-8_3]. Die Videos lassen sich durch Anklicken des DOI Links in der Legende einer entsprechenden Abbildung abspielen, oder indem Sie diesen Link mit der SN More Media App scannen.

Abb. 3.1 Einführungsvideo Kap. 3 (▶ https://doi.org/10.1007/000-6dx)

Seit ich den Fünf-Stufen-Ansatz in meinem YouTube-Kanal geteilt habe, kommen immer mehr Menschen, die eine Karriereberatung suchen, mit einem Entwurf eines Karriereplans zu mir, der auf diesen fünf Schritten basiert. Viele von ihnen teilen mir mit, dass ihnen diese einfache Herangehensweise sehr geholfen habe, über ihre Karrierestrategie nachzudenken; nie zuvor hätten sie dies auf so strukturierte Weise tun können.

Wichtig ist: Nehmen Sie sich dafür Zeit. Wie in der Einführung erwähnt, investieren etliche von Ihnen vermutlich jedes Jahr Tage und Wochen für die Bearbeitung der Strategie des Unternehmens, für das sie arbeiten. Es lohnt sich sicherlich, dass Sie ein paar Tage investieren, um auch Ihre *eigene* Karrierestrategie einmal gründlich zu definieren.

Nachdem dies geschehen ist, sollten Sie in gewissen Abständen die zugrunde liegenden Annahmen überprüfen und sich fragen, ob diese für Sie immer noch relevant sind. Möglicherweise sind auf Ihrer Seite, in der Organisation, für die Sie arbeiten, oder im Marktumfeld Veränderungen eingetreten, die sich in einer aktualisierten Version Ihrer Karrierestrategie widerspiegeln müssen. Oder Sie haben vielleicht den nächsten Karriereschritt, den Sie geplant haben, erfolgreich vollzogen, was ebenfalls eine Aktualisierung Ihres Karriereplans erfordern könnte. Ihr persönlicher Karriere-Beirat (siehe Abschn. 5.2) kann Sie dabei unterstützen und somit Ihre berufliche Entwicklung steuern helfen.

3 Karrierestrategie – Ein Fünf-Stufen-Plan

Beispiel: Florian

Ich möchte die fünf Schritte der Entwicklung einer Karrierestrategie am Beispiel von Florian erläutern. Die Grafiken veranschaulichen die Vorgehensweise Schritt für Schritt.

Florian ist auf der Suche nach seinem nächsten Karriereschritt. Wie Sie in Abb. 3.2 sehen, hat er bisher drei Karriereschritte gemacht. Diese Schritte sind durch die miteinander verbundenen Linien gekennzeichnet. Der graue Punkt zeigt seine aktuelle Position an. Florians Karrierewunsch ist durch einen Stern gekennzeichnet.

Es ergeben sich mehrere Karrieremöglichkeiten, die in Abb. 3.3 mit Pfeilen dargestellt sind. Aber keine dieser Optionen ist für Florian erreichbar, weil sie alle zu weit von seiner gegenwärtigen Erfahrungsbasis entfernt sind, als dass Florian sie ergreifen könnte.

Die in Abb. 3.4 links mit einem gestrichelten Pfeil dargestellte Karrieremöglichkeit wäre erreichbar, aber sie geht nicht wirklich in die Richtung von Florians definiertem Karrierewunsch (der mit dem Stern gekennzeichnet). Die rechts durch einen durchgezogenen Pfeil angezeigte Karrieremöglichkeit wäre deutlich besser, da sie sich dem Karrierewunsch nähert.

Ich bin mir aber dennoch nicht sicher, ob sie die optimale Wahl darstellen würde, da wir auch Florians berufliche Erfahrungen berücksichtigen müssen (siehe Dreieck in der Abb. 3.5). Wie wir sehen, ist seine Erfahrungsbasis noch begrenzt, was normal ist, schließlich steht er noch am Beginn seiner Karriere. Das Dreieck verdeutlicht, dass seine Erfahrungsbasis nicht breit genug ist, um es Florian zu erlauben, seinen Karrierewunsch zu realisieren.

Ein lateraler Karriereschritt, wie er mit dem Pfeil in der Abb. 3.6 angedeutet ist, würde eine deutliche Erweiterung seiner Erfahrungsbasis bieten. Hierbei würde Florian sich auf derselben hierarchischen Ebene bewegen, aber eine Position einnehmen, in der er neue, und für seine weitere berufliche Entwicklung erforderliche, Kenntnisse erwerben kann.

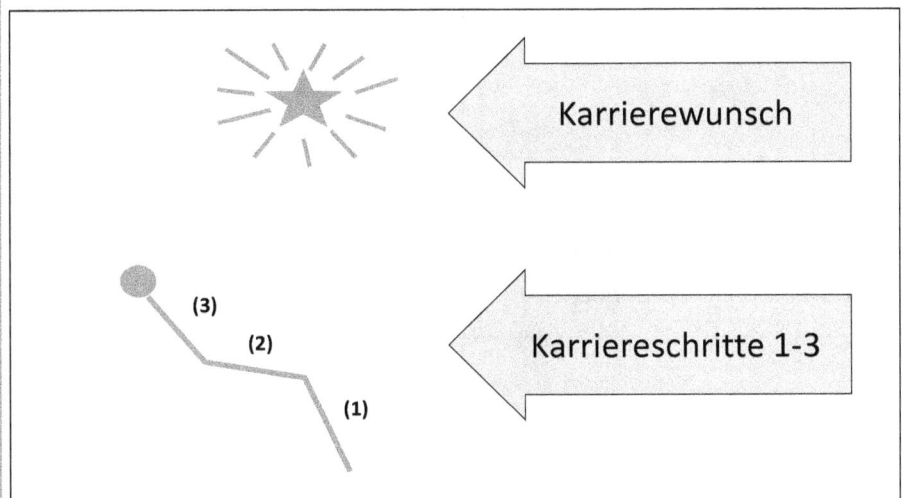

Abb. 3.2 Karrierewunsch

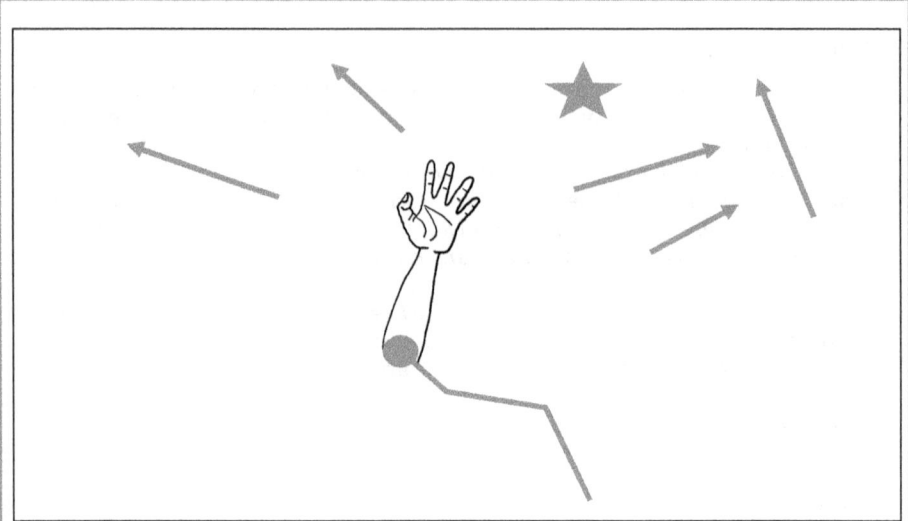

Abb. 3.3 Karrieremöglichkeiten

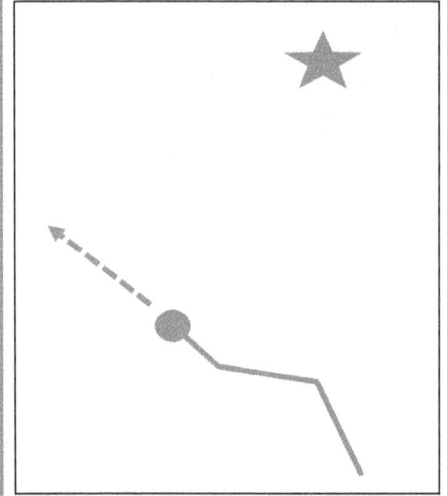 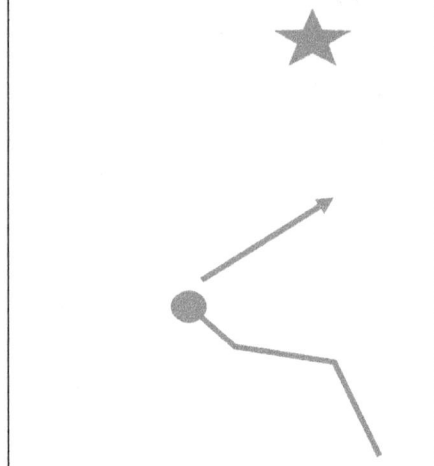

Abb. 3.4 Zwei Karriereoptionen

3 Karrierestrategie – Ein Fünf-Stufen-Plan

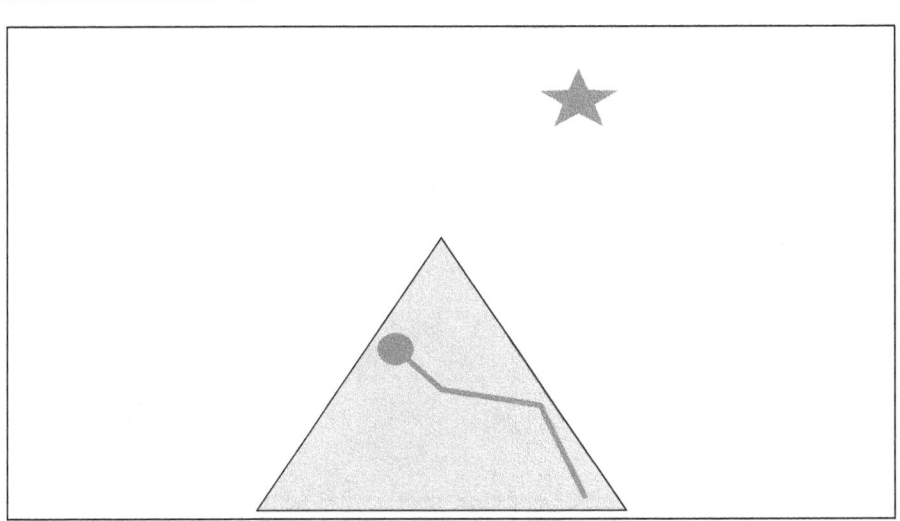

Abb. 3.5 Gegenwärtige Erfahrungsbasis

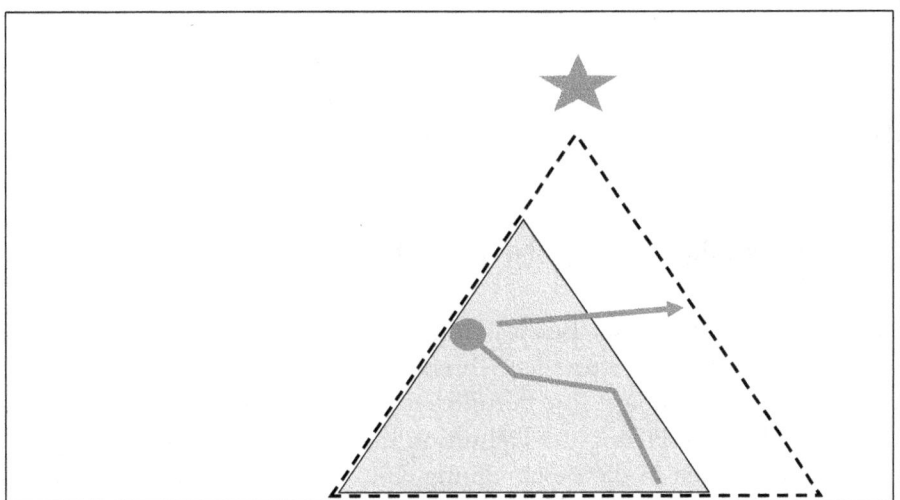

Abb. 3.6 Erweiterung der Erfahrungsbasis

Ein solcher lateraler Karriereschritt könnte es Florian beispielsweise ermöglichen, einen neuen Geschäftsbereich kennenzulernen, strategische Projekterfahrung zu erwerben oder etwa eine Auslandserfahrung zu machen.

Wie es Abb. 3.7 zeigt, könnte diese Erweiterung seiner Erfahrungsbasis es Florian dann erlauben, seinen Karrierewunsch in zwei weiteren Karriereschritten zu erreichen.

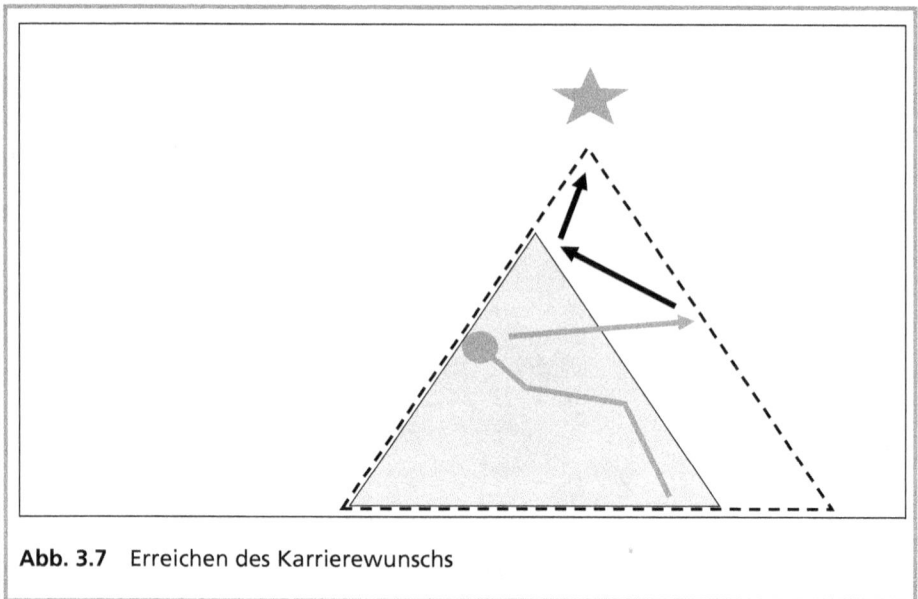

Abb. 3.7 Erreichen des Karrierewunschs

Lassen Sie uns also die fünf Schlüsselschritte genauer untersuchen und dabei Florians Beispiel im Auge behalten.

3.1 Definieren Sie Ihr berufliches Wunschziel

Im zweiten Kapitel dieses Buches ging es darum, eine Verbindung zu Ihrer echten Leidenschaft herzustellen, Ihren wahren Berufswunsch zu erkennen und auf dieser Grundlage Ihre beruflichen Ziele zu definieren. Dies ist genau der erste Schritt im Prozess der Definition Ihrer Karrierestrategie. Jetzt geht es darum, Ihr Streben in die Beschreibung eines konkreten Karriereziels umzusetzen – Ihr ultimativer Karrierewunsch.

Je genauer Sie Ihr Karriereziel beschreiben, desto besser. Denken Sie daran, dass Ihnen dieses Karriereziel helfen wird, Ihre Karriereentwicklung zu steuern. Es wird Ihnen helfen, die richtige Entscheidung auf dem Weg zu diesem Ziel zu treffen. Je präziser dieses Ziel ist, desto klarer wird Ihr Karriereplan sein.

Meine Erfahrung zeigt, dass es vielen Menschen schwerfällt, sich im Hinblick auf die berufliche Position, die sie erreichen möchten, über mehr als zehn Jahre im Voraus konkrete Gedanken zu machen. Dabei ist dies von entscheidender Bedeutung. Es geht nicht nur darum, den Traumjob selbst möglichst klar zu erkennen, sondern es ist auch sehr wichtig, sich ein klares Bild des Lebensstils zu machen, der mit der betreffenden beruflichen Laufbahn verbunden ist.

Die folgenden Fragen können helfen, dies zu konkretisieren.

3.1.1 Lebensstil

- Wie viel Stress und Druck sind Sie bereit, in Kauf zu nehmen? Diese Frage ist nicht leicht zu beantworten, da das Stressniveau nicht ohne Weiteres gemessen werden kann. Aber eine gewisse Selbstbeobachtung sollte Ihnen helfen, die Antwort zu finden. Versuchen Sie, an Stresssituationen zurückzudenken: Wie haben Sie reagiert? Sind Sie ruhig geblieben, als andere in Panik gerieten? Sind Sie jemand, der hohen Druck über längere Zeit gut aushalten kann? Denken Sie einmal an die Prüfungsphase in Ihrem Studium zurück: Wie haben Sie im Vergleich zu anderen auf diese Situation reagiert?
- Sind Sie bereit, viel Zeit auf Geschäftsreisen zu verbringen? Bestimmte Arbeitsplätze erfordern bis zu 50 % Reisezeit (und mitunter sogar mehr). Wo würden Sie hier die Grenze setzen? Die Antworten hierauf ändern sich bisweilen im Laufe der Zeit – manchmal aufgrund familiärer Zwänge, manchmal, weil sich Ihre Einstellung zu Geschäftsreisen ändert und Sie immer weniger Lust haben, unterwegs zu sein. Sie können Ihre Antwort entsprechend revidieren.
- Können Sie es sich vorstellen, bei Bedarf Ihren Wohnort zu verlagern? Wenn ja, unter welchen Bedingungen?
- Wären Sie bereit, im Ausland zu wohnen? Hätten Sie dabei bestimmte geografische Präferenzen oder Beschränkungen? Gäbe es beispielsweise bestimmte Länder, die Sie ausschließen würden (etwa aus Sicherheitsgründen oder aufgrund ihrer Entfernung)?
- Würden Sie mit Ihrem Partner/Ihrer Partnerin/Ihrer Familie umziehen? Was sind hierfür die Voraussetzungen (z. B. was die Schule angeht)?
- Sollte Ihre Familie im Heimatland bleiben, wären Sie dann bereit zu pendeln (etwa am Wochenende), falls die Entfernung zwischen den beiden Standorten es erlaubt?

Bitte überdenken Sie diese Frage der geografischen Mobilität auch mit Blick auf die Zukunft. Welche Bedürfnisse bzw. Beschränkungen (z. B. familiärer Art) könnten Sie etwa in fünf, zehn oder 15 Jahren haben, die jetzt schon in

Betracht gezogen werden können? Ich weiß, dass es häufig schwerfällt, sich so weit in die Zukunft zu projizieren. Es ist auch klar, dass nicht alles planbar ist und im Laufe Ihrer Entwicklung daher Anpassungen Ihrer Karrierestrategie an neue Gegebenheiten erforderlich sein werden. Nichtsdestotrotz ist eine frühzeitige Auseinandersetzung mit diesen Fragen nötig, um heute schon die bestmöglichen Karriereentscheidungen im Hinblick auf Ihre längerfristige Entwicklung treffen zu können.

Man vergisst leicht, dass die Arbeit einen sehr unmittelbaren und großen Einfluss auf den eigenen Lebensstil haben kann und dass dieser durch die beruflichen Entscheidungen, die man trifft, unmittelbar beeinflusst wird. Seien Sie sich dessen bewusst! Versuchen Sie, sich selbst und Ihren Partner/Ihre Partnerin/Ihre Familie in Ihre beruflichen Überlegungen einzubeziehen, und versuchen Sie, sich darüber klar zu werden, was für Sie funktionieren würde und was nicht. Ich betone das deswegen, weil ich zahlreiche Situationen beobachten konnte, in denen Menschen ihre Entscheidungen am Ende bereut haben. Ein häufiger Grund dafür sind Probleme in der Familie. Andere Nachteile können sich aus interkulturellen Herausforderungen infolge eines Umzugs in ein anderes Land ergeben. Jeder vorzeitige Abbruch Ihrer Tätigkeit im Ausland ist für Sie persönlich, aber auch für Ihre Karriere höchst unangenehm und störend. Möglicherweise haben Sie durch diesen Umzug andere Job-Gelegenheiten im Heimatland verpasst. Das könnten Sie später bereuen.

Karrierebrüche, die durch eine bessere Antizipation hätten vermieden werden können, sind beispielsweise folgende:

- Im internationalen Kontext häufig auf Englisch zu kommunizieren, mag für die einen eine willkommene Abwechslung sein, für andere, die weniger sprachgewandt sind, kann das längerfristig zu einer echten Hürde werden.
- Für einige mag es kein Problem sein, in einer überfüllten Hauptstadt der Dritten Welt zu leben, während es für andere nach einer gewissen Zeit unerträglich ist und eine echte Belastung darstellt.
- Bestimmte Jobs erfordern, dass Sie auf einen Teil Ihrer Freizeit verzichten. Manche haben damit kein Problem, andere mögen es auf lange Sicht unerträglich finden, weil sie ihre Batterien mittels Freizeit wieder aufladen müssen.
- Mitunter belasten lange Arbeitszeiten oder häufiges Reisen, die bestimmte Jobs erfordern. Vergewissern Sie sich, dass Sie damit auf lange Sicht zurechtkommen, bevor Sie sich auf solche Karrieren einlassen!
- Der Wechsel in eine Position, in der man verstärkt im Fokus der Öffentlichkeit steht, könnte bei einer introvertierteren Person schnell anstrengend werden.

- Ein stark wettbewerbsorientiertes Umfeld mag für manche, die sich davon anregen lassen und spielerisch damit umgehen können, geeignet sein, für andere wiederum kann das nervenaufreibend sein.

Dies sind nur einige der Herausforderungen, denen Sie sich im Laufe Ihrer Karriere womöglich stellen müssen. Die Liste lässt sich noch weiter fortsetzen. Die einfache Schlussfolgerung lautet: Versuchen Sie sich klarzumachen, was für Sie aus persönlicher und familiärer Sicht passend ist. Gehen Sie keine Kompromisse bei einem Aspekt ein, der Ihnen wichtig ist!

Es versteht sich von selbst, dass diese Fragen des Lebensstils mit der Familie besprochen werden müssen. Die Bedürfnisse, Wünsche und „No-Gos" Ihres Partners und Ihrer Kinder müssen berücksichtigt werden, sonst wird es nicht funktionieren. Familien können infolge von Konflikten zwischen den beruflichen und privaten Anforderungen zerbrechen. Oftmals aber hätten diese Situationen durch offenen Dialog und bessere Antizipation vermieden werden können.

3.1.2 Die Art der Tätigkeit

Wie schon beim Thema „Lebensstil" sollten Sie versuchen, auch die Art der Arbeit und das Arbeitsumfeld, die Sie bevorzugen, so klar und präzise wie möglich zu beschreiben. Es macht einen großen Unterschied, ob Sie in einem großen multinationalen Unternehmen oder in einer kleineren Firma arbeiten. Manche mögen es, jeden Tag mit anderen Menschen zu arbeiten, mit Kollegen auf der ganzen Welt verbunden zu sein und häufig das Team zu wechseln, andere hingegen bevorzugen eine stabilere, familienähnliche Umgebung. Wie sieht *Ihre* Präferenz aus?

Sie sollten sich auch konkret mit den alltäglichen Anforderungen der Stelle, die Sie anstreben, auseinandersetzen. Nehmen wir ein Beispiel: Viele Berufseinsteiger haben den Wunsch, möglichst schnell Führungsverantwortung übernehmen zu können. Sie müssen sich jedoch der Tatsache bewusst sein, dass eine solche Führungsrolle mit vielen schwierigen Personalentscheidungen einhergeht, die getroffen werden müssen, wenn Sie eine große Gruppe leiten:

- So müssen Sie gegebenenfalls mangelnde Leistung von Teammitgliedern ansprechen und managen, was nicht jedermanns Sache ist.
- Sie müssen verfügbar sein, um den Anliegen und Problemen der Menschen zuzuhören.
- Sie werden mit Konfliktsituationen konfrontiert und es kann manchmal chaotisch werden. Einige sind gut im Umgang mit dieser Art von Stress, andere haben damit zu kämpfen.

Ich glaube, dass es recht einfach ist, die eigenen Präferenzen zu beurteilen, indem man auf ähnliche Situationen zurückblickt. Meine Empfehlung ist, aufmerksam auf die eigenen Bedürfnisse zu achten. Es hat keinen Sinn, ein Karriereziel anzustreben, wenn Sie wissen, dass die alltäglichen Anforderungen im Grunde genommen gar nicht zu Ihnen passen. Prüfen Sie daher kritisch, welche Art von Arbeitskontext Ihren Wünschen entspricht!

Ein weiterer wichtiger Punkt, der mir in Karriereberatungen häufig begegnet, ist der Aspekt der Kreativität. Allzu oft kommen Menschen im späteren Berufsleben zu dem Schluss, dass die administrativen Anforderungen ihrer Arbeit für sie zu einer Belastung werden. Sie beginnen, nach Karrieremöglichkeiten zu suchen, bei denen sie ihre Kreativität besser entfalten können.

Seien wir ehrlich: Managementjobs in großen Unternehmen enthalten einen erheblichen Teil an Bürokratie. Das liegt an den komplexen Prozessen, die in den großen Unternehmen existieren, an den Entscheidungswegen, die häufig langsam und hierarchisch sein können, an den Anforderungen der Berichterstattung, die in solchen Organisationen bestehen. Auch das Alltägliche kann Menschen mit größerem Freiheitsbestreben in die Quere kommen. Dazu gehören zum Beispiel die vielfältigen Genehmigungen, die die Mitarbeiter einfordern müssen, etwa für die Planung von Geschäftsreisen oder von Einkäufen, das Spesenmanagement und die anderen sogenannten Workflows. Wenn dies Zwänge sind, die Sie nicht bereit sind in Kauf zu nehmen, dann sollten Sie solche großen Organisationen von vornherein vermeiden. Es gibt viele andere Bereiche, in denen Sie sich mehr Zeit für kreative Aktivitäten nehmen können und in denen die administrativen Zwänge weniger ausgeprägt sind.

Einige Arbeitsplätze erlauben flexibles Arbeiten, andere vielleicht nicht. Ist diese Flexibilität etwas, das für Sie wichtig ist? Wie sieht es mit anderen berufsbezogenen Anforderungen aus, wie etwa der Anforderung, die in bestimmten Berufssparten existiert, auch außerhalb der Geschäftszeiten bereitzustehen, falls dringend erforderlich? Seien Sie sich im Vorfeld über diese Aspekte im Klaren.

Eine nützliche Übung, um sämtliche Facetten eines Jobs zu erkunden, besteht darin, sich einen typischen Arbeitstag vorzustellen: Gehen Sie diesen hypothetischen Tag Stunde für Stunde durch und überlegen Sie, ob er tatsächlich dem, was Sie sich wünschen und erhoffen, entspricht. Nehmen Sie Kontakt zu Menschen in Ihrem Umfeld oder über soziale Medien auf, die diesen Job ausüben, und erkundigen Sie sich entsprechend. Sie werden überrascht sein, wie offen Ihre Fragen beantwortet werden.

> **Anekdote eines Vielfliegers**
>
> *Kürzlich kam ich auf einem Langstreckenflug mit meinem Sitznachbarn ins Gespräch. Meine Miles&More-Karte war mir aus der Tasche gefallen, und wir begannen, über die Vorteile dieser Karten zu diskutieren. Kein ungewöhnliches Gespräch unter Reisenden, die wissen, wie sie sich das Leben dank einer komfortablen Flughafenlounge mit WIFI erleichtern können. Ein Goldkartenbesitzer fühlt sich berechtigt, auf jemanden herabzusehen, der lediglich über eine Silberkarte verfügt.*
>
> *Überrascht war ich, als mir mein Nachbar sagte, dass er umso glücklicher ist, je niedriger das Niveau seiner Karte ist. Ich fragte ihn mit einem etwas skeptischem Blick nach dem Grund dafür. Er erklärte mir, dass er während seiner gesamten Karriere sehr viel gereist sei, inzwischen aber sei er der Ansicht, dass das Niveau seiner Vielfliegerkarte umgekehrt proportional zu seiner Lebensqualität sei: Als er auf „Silber" herabgestuft wurde, bedeutete dies, dass er in den letzten Monaten weniger gereist war und dass er daher mehr Zeit mit seiner Familie verbringen konnte und weniger erschöpft war. Das leuchtete mir ein.*

Persönliche Vorlieben können in der Tat von Person zu Person unterschiedlich sein. Für einige ist es ein Privileg, jede Nacht auf einem Sitz der Business Class zu verbringen. Andere wiederum träumen davon, in ihrem Vielfliegerprogramm herabgestuft zu werden.

3.1.3 Ihre persönliche und berufliche Entwicklung

Eine der wichtigsten Antriebskräfte für Ihre Karriere sind die persönliche und berufliche Entwicklung. Finden Sie einen Beruf, den Sie mit Leidenschaft ausüben und der Sie dazu herausfordert und antreibt dazuzulernen. Es ist ein großes Privileg, sich in Ihrer Karriere weiterentwickeln zu können, indem Sie ständig mehr über ein Thema erfahren, das Sie fasziniert.

Lassen Sie mich zwei kurze Beispiele anführen.

Linda ist Juristin. Das Gesellschaftsrecht fasziniert sie am meisten. Sie freut sich auf jede Weiterbildungsmöglichkeit und möchte ihr Wissen über neue Bereiche des Gesellschaftsrechts ständig erweitern. Ihre Arbeit erlaubt es ihr, dies zu tun. Sie blüht daher in ihrer Rolle geradezu auf.

Johann ist ihr Kollege. Er hat sein Jurastudium sehr erfolgreich abgeschlossen, aber seine wahre Leidenschaft ist die Geschichte. Er macht seine Arbeit und ist dabei recht erfolgreich, aber sie ist für ihn nicht mehr als ein Job.

Die Erkundung Ihres beruflichen Ziels sollte, wie oben beschrieben, mit der Erforschung Ihrer tiefen inneren Wünsche verbunden sein, denn das wird Ihnen helfen herauszufinden, was Sie wirklich anstreben und welche Richtung Sie Ihrer Karriereentwicklung geben wollen. Ihr tiefer Wunsch hängt meist mit Ihren Stärken und mit den Aktivitäten zusammen, die Sie als motivierend und lohnend empfinden.

Sobald Sie sich über Ihren tiefen Wunsch im Klaren sind, werden Sie beurteilen können, ob eine Karrierechance es Ihnen erlaubt, Ihre Erfahrungen im Hinblick auf Ihr Berufsziel zu erweitern. Manche Optionen mögen auf den ersten Blick attraktiv erscheinen, gehen aber vielleicht bei genauerem Hinblicken doch nicht in die Richtung, die wirklich Ihren Wünschen und Bedürfnissen entspricht.

3.2 Erweitern Sie Ihre Erfahrungsbasis!

Wenn Sie die Position definiert haben, die Sie in Ihrer Karriere erreichen wollen, sollten Sie beurteilen, welche Fähigkeiten und Erfahrungen für diese Position erforderlich sind. Zu diesem Zweck sollten Sie zunächst den Umfang Ihren derzeitigen Erfahrungen bewerten. Dadurch können Sie die Lücke zwischen dem, wo Sie heute stehen, und den erforderlichen Fähigkeiten und Erfahrungen einschätzen und Ihre berufliche Entwicklung so steuern, dass Sie Ihr Wissen und Ihre Erfahrungen im Hinblick auf diese Anforderungen gezielt erweitern. Möglicherweise müssen Sie z. B. breitere Produkterfahrungen sammeln, zusätzliche funktionale Fähigkeiten erwerben oder internationale Erfahrungen sammeln. Häufig ist ein lateraler Karriereschritt der beste Weg, um Ihre Erfahrungsbasis zu erweitern, wie wir gleich sehen werden.

> **Beispiel: Christophe**
>
> *Christophe hatte bei einem Automobilzulieferer breite Führungserfahrung im Vertrieb gesammelt. Er hatte auch Erfahrung im internationalen Marketing machen können, was es ihm ermöglicht hatte, die Leitung eines Geschäftsbereichs zu übernehmen. Sein Berufswunsch war es, die Verantwortung als CEO eines börsennotierten Unternehmens zu bekommen – ein durchaus ehrgeiziges Karriereziel. Er war allerdings der Ansicht, dass es mit 34 Jahren vielleicht etwas zu früh sei, einen solchen Schritt zu machen. Christophe schätzte seinen bis jetzt erworbenen Erfahrungsschatz ein und überlegte, welche weiteren beruflichen Erfahrungen ihn als zukünftigen CEO-Kandidaten noch wettbewerbsfähiger machen könnten, wenn er sich extern für diese CEO-Funktion bewerben würde. Es wurde ihm klar, dass er bislang über den Bereich „Produktion" nur wenig wusste. Plötzlich wurde ihm klar, dass dieser Bereich eine äußerst wertvolle Ergänzung seines Profils darstellen könnte. Als zukünftiger CEO eines Unternehmens in seinem Sektor würde ein Einblick in diese Funktion zweifellos ein äußerst wertvoller Wettbewerbsvorteil auf dem Arbeitsmarkt sein.*

> *In seinem Unternehmen waren solche funktionsübergreifenden Jobwechsel eher die Ausnahme. Die Produktion war eine Welt für sich. Doch als er sich mit dem globalen Fertigungsleiter und seinem HR-Partner zusammensetzte, um solche Möglichkeiten auszuloten, erhielt er eine sehr positive Resonanz. Sie waren überzeugt, dass Christophe dazu beitragen würde, die Kommunikation zwischen der Fertigung und dem Vertrieb zu verbessern. So wurde er zunächst zum Leiter eines großen Fertigungswerks benannt und stieg dann schnell zum Produktionsleiter für Europa auf, wo er jetzt als designierter Nachfolger für den Geschäftsführerposten gehandelt wird. Er zählt nunmehr zu den umworbenen Spitzentalenten seiner Branche.*

3.2.1 Wie Sie Ihre Erfahrungsbasis erweitern

Um das Konzept der Erfahrungsbasis zu erläutern, möchte ich das Bild zu einer Pyramide zu Hilfe nehmen. Wenn die Pyramide auf einer breiten Basis steht, kann sie hoch aufsteigen. Beim Karriereverlauf ist es ganz ähnlich: Wenn Sie über eine breite Erfahrungsbasis verfügen, können Sie in Ihrer Karriere weit kommen (Abb. 3.8).

Doch es ist nicht nur eine Frage der Breite dieser Erfahrungsbasis, sondern es ist auch eine Frage, wie relevant die erworbenen Erfahrungselemente mit Blick auf Ihr Karriereziel sind. Ich werde hier auf beide Aspekte eingehen.

Abb. 3.8 Erfahrungspyramiden

> **Beispiel: Linda**
>
> Linda begann ihre Karriere im Vertrieb und übernahm schnell die Personalverantwortung für ein größeres Team. Später wechselte sie als Brand Manager ins Marketing. Eine attraktive Möglichkeit bot sich im Finanzwesen als Controller für eine Produktgruppe. Sie wurde für diese Stelle ausgewählt, obwohl sie keine Finanzexpertin war, aber ihre Kenntnisse des Geschäfts wurden als Vorteil bewertet. Viele ihrer Kollegen, die mit ihr in diesem Unternehmen angefangen hatten, waren immer noch im Vertrieb tätig. Es bestand jedoch inzwischen ein signifikanter Unterschied in Bezug auf die Erfahrungsbasis – und das nach nur wenigen Jahren!

Die funktionsübergreifende Erweiterung der Erfahrungsbasis, die wir an diesem Beispiel von Linda sehen konnten, ist wichtig. Aber auch andere Elemente können dazu beitragen, Ihre Erfahrungsgrundlage auszubauen. Dazu gehören beispielsweise interkulturelle Erfahrung durch die Arbeit in verschiedenen Ländern oder breitere Branchenerfahrung, wenn Sie in verschiedenen Industriezweigen arbeiten konnten.

Wie können Sie Ihre persönliche Erfahrungsbasis bewerten? Ich würde empfehlen, eine systematische Bestandsaufnahme der Erfahrungen zu machen, die Sie während Ihrer bisherigen Karriere sammeln konnten, indem Sie Ihren Lebenslauf detailliert durchgehen. Die Erfahrungsbasis kann beispielsweise folgende Bestandteile umfassen:

- Direkte Führungsverantwortung auf verschiedenen Ebenen (z. B. Team, Abteilung, Land, Region oder global)
- Funktionale oder projektbezogene Mitarbeiterführung (wenn Sie keine direkte Berichtslinie an Ihr Team hatten). Auch hier können verschiedene Verantwortungsebenen unterschieden werden.
- Umsatz- sowie P&L-Verantwortung
- Länderübergreifende Managementverantwortung
- Erfahrung in einer Konzernzentrale oder in einem globalen Leitungsteam
- Teilnahme an Strategie- oder Organisationsentwicklungsmaßnahmen
- Projektleitung
- Change-Management und Teamentwicklung
- Erfahrung in verschiedenen Branchen oder Industriesektoren
- Internationale und interkulturelle Managementerfahrung

Diese Liste ist selbstverständlich nicht komplett, gibt Ihnen aber hoffentlich einen Eindruck davon, wie Sie Ihre Erfahrungsbasis strukturieren können. Bitte vervollständigen Sie die Liste mit allen weiteren Erfahrungselementen, die Sie im Laufe Ihres Werdegangs bereits sammeln konnten. Dazu gehören auch die technischen Fähigkeiten und Erfahrungen, die Sie erworben haben. Führen Sie auch die Sprachkenntnisse auf, über die Sie verfügen.

Wie solide ist Ihre Erfahrungsbasis?
Der Wechsel zu einer neuen Funktion oder zu einem neuen Sektor kann seinen Preis haben. Möglicherweise müssen Sie statt einer Beförderung einen „Seitensprung" (also einen lateralen Karriereschritt) akzeptieren. Seien Sie sich dabei bewusst, dass das Unternehmen in diesem Fall in Ihre Entwicklung investiert und daher möglicherweise zunächst keine deutliche Gehaltssteigerung zu erwarten ist. Dies ist eine rein strategische Entscheidung, auch auf Ihrer Seite. Achten Sie darauf, dass Sie einen solchen lateralen Schritt nur dann vornehmen, wenn Sie ihn als eine wirklich wertvolle Ergänzung Ihrer Erfahrungsbasis betrachten.

Ich werde oft gefragt, ob sich ein solcher lateraler Karriereschritt im Lebenslauf wirklich gut macht oder doch eher schlecht aussieht. Darüber aber sollten Sie sich keine Sorgen machen: Wenn Sie erklären können, warum Sie diesen Schritt gemacht haben und dass Sie dadurch wertvolle Erfahrungen im Hinblick auf Ihren Karrierewunsch sammeln konnten, würde jeder Personalverantwortliche eine solch kluge und mutige Karriereentscheidung befürworten.

Ein Beispiel aus meiner eigenen Karriereentwicklung

Lassen Sie mich ein Beispiel aus meiner eigenen beruflichen Entwicklung anführen.

Dank glücklicher Umstände konnte ich im Personalwesen recht schnell aufsteigen. Geholfen haben mir sicherlich der Berufseinstieg in der Unternehmensberatung und die Tatsache, dass ich mich frühzeitig in das Gebiet der Vergütung einarbeiten konnte. Unmittelbar im Anschluss an diese C&B-Funktion wurde ich zum Regionalleiter HR für Afrika ernannt. Es war eine Position auf Direktorenebene und meine erste große Führungsverantwortung.

Zwei Jahre später wurde eine noch größere regionale Vice-President-HR-Führungsposition frei, da mein Vorgesetzter das Unternehmen verließ; die Stelle wurde mir angeboten. Ich kann mich gut erinnern, wie stolz ich war, in die oberste Leitungsebene der Personalabteilung aufzusteigen und direkt an den Personalvorstand zu berichten. Die Lernkurve war sehr steil, aber ich war erfolgreich.

Ich hätte mich darauf beschränken können, den nächsthöheren Karriereschritt vorzubereiten. Aber ein erfahrener HR-Kollege wies mich auf eine Lücke in meinem Lebenslauf hin: Mir fehlte bislang eine HR-Verantwortung auf Landesebene! Diese kluge Person sagte mir, dass dies längerfristig zu einer Schwäche werden könnte. Diese operative Erfahrung als Personalchef eines Landes war in seinen Augen unumgänglich, vor allem im Hinblick auf die Kenntnisse der Zusammenarbeit mit den Sozialpartnern. Wie recht er hatte!

Um es zusammenzufassen: Sie brauchen eine breite Erfahrungsbasis, die alle Kernbereiche abdecken sollte, welche Sie mit Blick auf Ihr Karriereziel benötigen werden. Wenn wir die oben beschriebene Analogie der Pyramide noch mal heranziehen, bedeutet dies auf Ihre Karriere übertragen, dass Sie weit kommen werden, wenn es Ihnen gelingt, die entscheidenden Erfahrungsbereiche dank eines gut durchdachten Karriereplans ganz gezielt abzudecken. Je früher Sie dies ganz systematisch unternehmen, desto besser, denn die Zeit ist begrenzt.

3.3 Analysieren Sie Ihre Erfahrungs- und Kompetenzlücken

Wenn Sie Ihre derzeitige Erfahrungsgrundlage und die Vision davon, wo Sie in Zukunft stehen wollen, definiert haben, können Sie Ihre Erfahrungs- und Kompetenzlücken einschätzen. Es geht dabei um die Abweichungen zwischen Ihrer heutigen Erfahrungsbasis und den Erfahrungselementen, die für die Position, die Sie erreichen wollen, erforderlich sind. Je spezifischer Sie dies analysieren können, desto besser.

Sie können zum Beispiel die Stellenbeschreibung dieser zukünftigen Position zu Hilfe nehmen. Normalerweise ist es nicht so schwierig, sie zu erhalten. Die Personalabteilung kann Ihnen diese Stellenbeschreibung sicher zur Verfügung stellen. Oder bitten Sie einfach einen gegenwärtigen Stelleninhaber, ob er/sie Ihnen diese Stellenbeschreibung zukommen lassen kann. Wenn das nicht möglich ist, finden Sie vielleicht sogar eine solche Stellenbeschreibung online.

Seien Sie, wie gesagt, bei der Analyse Ihrer Kompetenz- und Erfahrungslücken sehr präzise. Je besser Sie diese beschreiben können, desto einfacher wird es sein, konkrete Maßnahmen zu definieren, um die notwendigen Erfahrungselemente ganz gezielt zu erwerben. Ihr nächster und der darauffolgende Karriereschritt sollten bewusst mit Blick auf diese Anforderungen gewählt werden. Schulungen und Projekteinsätze können ebenfalls dazu genutzt werden, zusätzliche Erfahrungen zu sammeln, um auf das Erreichen Ihrer beruflichen Ambitionen bestmöglich vorbereitet zu sein.

Sie können eine einfache Tabelle verwenden (Abb. 3.9), um (1) Ihre derzeitige Erfahrung, (2) die Erfahrung, die Ihrer Meinung nach in Ihrem angestrebten Traumjob zu erwarten ist, und (3) den Plan, wie Sie diese Erfahrung in Ihren bevorstehenden Karriereschritten sammeln können, darzustellen. Diese Tabelle dient hier natürlich nur zur Veranschaulichung, Sie sollten sie an Ihre Anforderungen anpassen. Bitte beachten Sie, dass Sie eine Spalte hinzufügen können, um anzugeben, wie wichtig bestimmte Erfahrungselemente sind (z. B. unter Verwendung der Skala „hoch – mittel – niedrig").

Kenntnisse und Erfahrungen	Bereits erworben		Noch zu erwerben		
	Vergangene Positionen	Gegenwärtige Position	Zukünftige Karriereschritte		Wunsch-Job
Karriereschritte ->	1	2	3	4	5	6	7	8	9
P&L-Verantwortung									
Team Leadership									
Projektmanagement									
Strategieerfahrung									
Konzernerfahrung									
Change-Management-Erfahrung									
Internationale Erfahrung									
Landesleitung									
Multi-Country-Management-Erfahrung									
Sprachkenntnisse									
Technische Fachkenntnisse (angeben)									
Industriesektorkenntnisse (angeben)									
Andere (angeben)									

Abb. 3.9　Erfahrungsbasis

3.4　Seien Sie wachsam, welche neuen Möglichkeiten sich bieten

Neue Karrieremöglichkeiten können sich jederzeit ergeben. Viele dieser Möglichkeiten mögen nur schwer erreichbar sein oder ganz einfach für Sie nicht in die richtige Richtung gehen, wie wir es im früheren Beispiel von Florian gesehen haben. Aber einige Gelegenheiten sollten sicherlich in Betracht gezogen werden, und Sie sollten daher ständig wachsam sein, damit Sie sie früh genug erkennen können.

Das altgriechische Wort „Kairos" ist eine gute Möglichkeit, diesen Moment zu beschreiben, in dem wir eine Gelegenheit ergreifen können. „Kairos" bezeichnet den richtigen, kritischen oder günstigen Moment.

Es gibt viele verpasste Gelegenheiten, bei denen die Menschen nicht genug darauf geachtet haben, was in ihrer Umgebung vor sich geht. Manchmal erwarten sie, dass sie angerufen werden, wenn sich eine interessante Karrierechance für sie ergibt (nach dem Motto: „Mein Chef oder die Personalabteilung wird mir sagen, ob man der Ansicht ist, dass ich ein guter Kandidat für diese oder jene Position bin.")

Sie selbst aber sollten der Architekt Ihrer Karrierestrategie sein, denn letztlich sind Sie selbst dafür verantwortlich – nicht die Personalabteilung und auch nicht Ihr Vorgesetzter! Sie sollten auf jeden Fall ihre Unterstützung und ihren Rat erwarten, aber Sie sollten diese Schlüsselverantwortung an niemanden delegieren.

Ich empfehle daher, sich mit Menschen über Ihre Karriereentwicklung zu unterhalten. Sie sollten proaktiv sein, die Hand ausstrecken, Ihre Karrierewünsche kommunizieren und Feedback von Menschen einholen, von denen Sie glauben, dass sie Ihre Entwicklung unterstützen können. Besprechen Sie Ihr Profil mit Ihrem/Ihrer Manager/in, um sein/ihr Feedback einzuholen. Je mehr Sie sich darüber im Klaren sind, wohin Sie gehen möchten, desto einfacher werden diese Gespräche sein. Machen Sie Ihre Karriereentwicklung zu einer obersten Priorität für sich selbst und nicht zu etwas, das ganz unten auf dem Stapel liegt. Sonst wird es zu spät behandelt, und es könnten sich in der Zwischenzeit Gelegenheiten ergeben haben, die Sie verpasst haben.

> **Beispiel: Inga**
>
> *Als HR-Führungskraft habe ich jedes Jahr mit Hunderten von talentierten Mitarbeitern zu tun, die das Gespräch suchen. Dadurch kann ich gut beobachten, wie verschiedene Personen ihre berufliche Entwicklung steuern.*
>
> *Kürzlich fiel mir Inga auf. Sie hatte eine schwierige Erfahrung gemacht, denn sie hatte eine Stelle eingenommen, die ganz einfach nicht zu ihr passte. Sie war zuvor vom Management-Team als jemand mit großem Potenzial wahrgenommen worden. Doch das Blatt hatte sich gewendet: In den letzten Talent-Meetings des Management-Teams wurde ihr kaum noch Aufmerksamkeit geschenkt; schließlich wurde ihre Stelle neu besetzt. Sie hatte jetzt Zeit, sich intern nach einer neuen Position umzusehen und gleichzeitig etwas Projektarbeit zu leisten.*
>
> *Ingas Entschlossenheit stach heraus. In unserem Karriereberatungsgespräch wurde mir klar, dass sie alle notwendigen Lehren aus diesem jüngsten Misserfolg gezogen hatte, den sie souverän verarbeitet hatte. Sie versuchte nicht, sich zu rechtfertigen, sondern zeigte große Willenskraft, ihre Karriere neu auszurichten und erfolgreich fortzusetzen. Um ehrlich zu sein, hatte ich zunächst einige Zweifel, ob sie nach diesem Misserfolg in der Lage sein würde, eine wirklich attraktive neue Position zu finden.*
>
> *Inga wartete nicht darauf, dass ich oder einer meiner HR-Kollegen ihr die Stellenangebote auf einem Silbertablett anbot, sondern startete eine äußerst effiziente Stakeholder-Management-Kampagne. Und sie war erfolgreich! Nur sechs Monate später wurde ihr eine attraktive neue Stelle in einem Schwellenland angeboten. Sie hatte ihre Karriere selbst in die Hand genommen und hatte schließlich ihr Ziel erreicht.*

3.5 Seien Sie mutig!

Es können sich Gelegenheiten ergeben, die Sie auf den ersten Blick nicht erwägen, weil zwischen Ihrer derzeitigen Erfahrungsbasis und den Fähigkeiten oder der erforderlichen Erfahrung eine Lücke klafft. Sollten die fehlenden Erfahrungsbausteine, die für die angepeilte Position erforderlich sind, allzu bedeutsam sein, hat es vermutlich wenig Sinn, sich zu bewerben. Aber in ei-

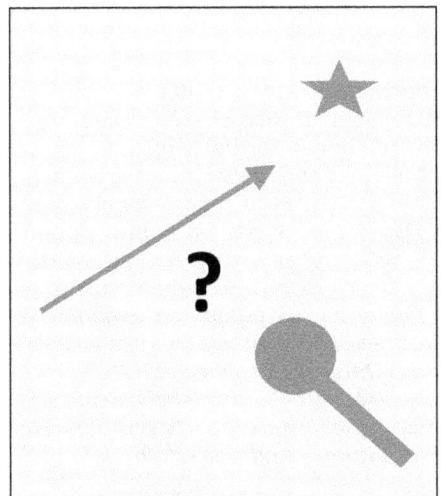 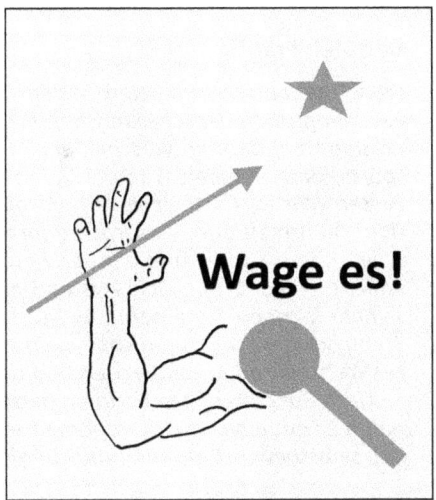

Abb. 3.10 Wage es!

nigen anderen Fällen können Sie die Lücke möglicherweise schließen und in die neue Rolle hineinwachsen. Aber dazu gehören eine gewissen Portion Mut sowie die Bereitschaft, zusätzliche Anstrengungen zu unternehmen. Das wird sicherlich vor allem zu Beginn der neuen Aufgabe erforderlich sein. Sie sollten sich darüber im Klaren sein. Wenn Sie zu dem Schluss kommen, dass Sie diese Energie aufbringen und diese „zusätzliche Meile", wie die Amerikaner sagen, gehen können, dann sollten Sie Ihre Entschlossenheit deutlich machen: Zeigen Sie Ihre Motivation und bewerben Sie sich für die Stelle! Vielleicht stellen Sie fest, dass es keine stärkeren Kandidaten gibt und dass man Ihnen eine Chance geben wird. Solche Herausforderungen können zu einem echten Karrierebeschleuniger und Wendepunkt in Ihrer Karriere werden (Abb. 3.10)!

Es ist kein Fehler, sich für eine Stelle zu bewerben, auch wenn man nicht ausgewählt wird. Die Bewerbungsgespräche sind häufig eine gute Gelegenheit, auf sich aufmerksam zu machen. Wenn Sie Interesse an einer Stelle bekundet haben, die Sie aufgrund der Erfahrungslücke letztlich nicht bekommen, können Sie damit möglicherweise ein Signal an das Management in Bezug auf Ihre Ambitionen setzen. Dies könnte Sie sehr wohl in eine Poleposition für die nächste attraktive Gelegenheit bringen. Seien Sie also mutig!

In bestimmten Fällen werden Sie den richtigen nächsten Schritt extern finden, wie wir am nachfolgenden Beispiel von Franck sehen werden. Es gelten jedoch die gleichen Karrieregrundsätze, was die Erfahrungsbasis, die Notwendigkeit, auf Gelegenheiten zu achten, und die Empfehlung, mutig zu sein, betrifft.

> **Beispiel: Franck**
>
> *Franck begann seine Karriere in der Unternehmensberatung, später wechselte er zu einer großen Versicherungsgesellschaft, zunächst als Stabschef eines Regionalpräsidenten, dann in verschiedene Supportfunktionen für den Außendienst. Er spürte, dass er bereit war, die Verantwortung als Landesleiter zu übernehmen. Diesen Wunsch hatte er seinem Vorgesetzten und der Personalabteilung gegenüber mehrmals zum Ausdruck gebracht. Das Feedback war im Prinzip positiv, aber andere Kandidaten wurden befördert, während er weiterhin in der Warteschleife stand. Schließlich verstand er, dass er sich extern bewerben musste. In seinem jetzigen Unternehmen würde er immer als der junge und dynamische Stabschef gesehen und nicht als ein zukünftiger Landesleiter. Er musste aus dieser Wahrnehmung ausbrechen und dafür das Unternehmen wechseln.*
>
> *Nach Rücksprache mit seinem persönlichen Karriere-Beirat (siehe Abschn. 5.2) nahm er mit einigen Unternehmen seiner Branche Kontakt auf. Er positionierte sich selbstbewusst als Kandidat für eine Filialleitung – und war erfolgreich!*

Vielleicht kennen Sie das Sprichwort, dass man in seinem eigenen Land als Prophet nichts gilt. Im Unternehmen ist es manchmal ähnlich. Es kann schwierig sein, Wahrnehmungen zu ändern, und es kann daher manchmal ratsam sein, Francks Beispiel zu folgen, nämlich auszubrechen und einen Neuanfang zu machen.

Aber der Wechsel in ein neues Unternehmen muss gut bedacht werden, denn dabei kommen ganz neue Herausforderung auf einen zu, mehr noch als bei einem internen Wechsel, bei dem man das zu erwartende Umfeld kennt. In jedem Fall ist eine sorgfältige Vorbereitung erforderlich.

Im Folgenden finden Sie dazu einige Hilfestellungen.

4

Karrieremöglichkeiten bewerten

Karriereentscheidungen gehören wohl zu den schwierigsten Entscheidungen, aber auch zu den wichtigsten, weil sie einen so massiven Einfluss auf Ihr Leben haben: Die Karriere, die Sie einschlagen wollen, das Unternehmen, für das Sie tätig werden, der Schritt, ins Ausland zu gehen, um internationale Erfahrung zu sammeln – all das sind Entscheidungen, die Ihr Leben weitgehend bestimmen werden (Abb. 4.1).

Der Beschluss, ein Unternehmen zu verlassen, dem Sie seit vielen Jahren angehören, die Möglichkeit, eine neue Karriere zu beginnen (zum Beispiel, wenn Sie vom privaten in den öffentlichen Sektor wechseln), die Entscheidung, einen künstlerischen Beruf auszuüben, weil das Ihre wahre Leidenschaft ist – all das sind lebensverändernde Schritte. Auch die Entscheidung, den Status quo beizubehalten, ist von großer Tragweite: *Nichts* zu ändern bedeutet, kein Risiko einzugehen, aber es könnte auch eine verpasste Gelegenheit bedeuten.

Karriereentscheidungen sind nicht nur sehr bedeutsam, weil sie Ihr Leben verändern, sie sind auch besonders komplex. In der Regel werden sie nämlich mit begrenzten Informationen getroffen. Sie wissen gewöhnlicherweise weder genau, welche Selektionskriterien das Rekrutierungsteam ansetzen wird, noch wer die anderen Kandidaten sind. Das führt zwangsläufig zu einem hohen Maß an Unsicherheit. Es ist auch nicht immer möglich, genau vorauszusehen, welche Herausforderung die neue Aufgabe an Sie stellen wird, ob Sie sich gut

---

Ergänzende Information Die elektronische Version dieses Kapitels enthält Zusatzmaterial, auf das über folgenden Link zugegriffen werden kann [https://doi.org/10.1007/978-3-662-64843-8_4]. Die Videos lassen sich durch Anklicken des DOI Links in der Legende einer entsprechenden Abbildung abspielen, oder indem Sie diesen Link mit der SN More Media App scannen.

© Der/die Autor(en), exklusiv lizenziert an Springer-Verlag GmbH, DE, ein Teil von Springer Nature 2022
S. Sommerlatte, *Erfolgreiche Karrierestrategie*, https://doi.org/10.1007/978-3-662-64843-8_4

Abb. 4.1 Einführungsvideo Kap. 4 (▶ https://doi.org/10.1007/000-6dy)

in die Unternehmenskultur einfinden werden, ob Sie mit den Menschen, mit denen Sie zusammenarbeiten werden, gut auskommen werden.

Darüber spielt der Faktor „Zeit" eine wichtige Rolle, denn Karriereentscheidungen sollten immer mit einer längerfristigen Perspektive getroffen werden. Viele von uns neigen dazu, diesen Punkt nicht ausreichend zu berücksichtigen. Ich habe bereits erwähnt, wie wichtig es ist, eine Vision in Bezug auf Ihre Karriere zu haben. Die Fragen sollten daher lauten: „Was wird der nächste Schritt sein, den ich machen kann, wenn ich diese Position übernehme? Bringt mich das in die richtige Richtung? Wird mir das den Wettbewerbsvorteil verschaffen, den ich brauche, um für den nächsten Karriereschritt ausgewählt zu werden?"

> **Beispiel: Eddie**
>
> *Eddie ist 42 Jahre alt. Er wollte General Manager (GM) einer Landesfiliale werden, hatte aber bisher nur Erfahrung im Marketing. Als wir mit der Karriereberatung begannen, stand eine attraktive Herausforderung im globalen Marketing in der Konzernzentrale zur Debatte. Eddie war sehr daran interessiert, diese globale Rolle zu übernehmen. Er war der Meinung, dass dieser Schritt die Chancen verbessern würde, später eine GM-Verantwortung zu übernehmen, da er somit Erfahrungen auf globaler Ebene gesammelt hätte.*
>
> *Im Prinzip hatte er recht, doch hatte er den zeitlichen Aspekt unterschätzt. In drei Jahren würden höchstwahrscheinlich andere Kandidaten mit Marketing- und Vertriebserfahrung antreten. Eddie hätte jedoch seiner Erfahrungsbasis kein Vertriebsmanagement hinzugefügt. Ihm wurde klar, dass er jetzt direkt in*

> eine Verkaufsfunktion wechseln musste, um bereit zu sein, diese GM-Funktion in drei Jahren zu übernehmen. Es war eine schwierige Entscheidung für ihn, diese prestigeträchtige Position im globalen Marketing nicht zu übernehmen, aber er sandte somit ein klares Signal an die Organisation dahin gehend, dass er entschlossen war, nach einigen Jahren in einer kommerziellen Verkaufsfunktion eine GM-Position zu übernehmen.

Aus meiner Beobachtung kann ich sagen, dass die zeitliche Dimension vielleicht diejenige ist, die am meisten unterschätzt wird. Man sollte sich immer fragen: Wie viele Karriereschritte sind für mich nötig, um die Erfahrung zu sammeln, die ich brauche, um mein Karriereziel zu erreichen, und wie viel Zeit erfordert das? In einigen Fällen kann ein Wechsel dazu beitragen, Ihre berufliche Entwicklung zu beschleunigen. Mutig zu sein kann dabei sehr helfen, wie wir oben im Beispiel von Eddie gesehen haben.

Es ist leichter, wichtige Karriereentscheidungen zu treffen, wenn man dafür die richtigen Entscheidungshilfen hat. Die folgenden Kapitel konzentrieren sich voll und ganz darauf, wie Sie fundierte Karriereentscheidungen treffen können. Sie werden dort eine Toolbox finden, die Ihnen hoffentlich die erfolgreichen Methoden liefert, um auf die unterschiedlichen Herausforderungen auf eine professionelle und strukturierte Weise eingehen zu können.

4.1 Sechs Schritte zur Bewertung eines Stellenangebots

In diesem Abschnitt möchte ich einen einfachen Rahmen für die Beurteilung eines Stellenangebots skizzieren. Dies sollte es Ihnen ermöglichen, im Hinblick auf die Karrieremöglichkeiten, die Sie verfolgen möchten, die richtigen Entscheidungen zu treffen. Außerdem kann dies auch eine gute Vorbereitung auf die Vorstellungsgespräche sein, wenn Sie sich für eine bestimmte Stelle bewerben wollen.

Es handelt sich hierbei um einen Sechs-Schritte-Ansatz.

Schritt 1: Lesen Sie die Stellenbeschreibung sorgfältig!
Es ist wichtig, dass Sie die Stellenbeschreibung sorgfältig lesen und sicherstellen, dass Ihnen jeder Teil davon völlig klar ist. Es ist sehr wahrscheinlich, dass Sie weitere Informationen in Bezug auf bestimmte Erwartungen oder Anforderungen benötigen, denn eine Stellenbeschreibung ist immer nur eine Zusammenfassung. Nehmen Sie sich die Zeit, sämtliche Fragen, die Sie haben, aufzuschreiben!

Ich empfehle auch, dass Sie sich auf der Grundlage dieser Stellenbeschreibung in die neue Position gleichsam „hineinprojizieren". Stellen Sie sich vor, wie Sie bestimmte der dort umrissenen Aufgaben angehen würden. Das könnte dazu führen, dass Sie einige Punkte vertiefen oder klären möchten. Vielleicht wollen Sie beispielsweise sicherstellen, ob die Art und Weise, wie Sie einige der Anforderungen angehen würden, den Erwartungen entspricht.

Das Vorstellungsgespräch bietet eine hervorragende Gelegenheit, diese Fragen zu klären. Die Tatsache, dass Sie sich die Zeit genommen haben, um wirklich tiefer über jeden einzelnen der Aspekte nachzudenken, dürfte sich im Bewerbungsgespräch positiv auswirken. Vor allem aber wird Ihnen dieser erste Schritt helfen zu verstehen, ob die Position für Sie tatsächlich attraktiv ist.

Achten Sie dabei auf Ihr Bauchgefühl und auf Ihre ersten Eindrücke in Bezug auf diese Position. Diese Eindrücke werden bei den nachfolgenden Beurteilungsschritten nützlich sein und können leicht verloren gehen, wenn Sie diese bei der ersten Lektüre der Stellenbeschreibung nicht aufschreiben.

Schritt 2: Führen Sie eine Due-Diligence-Prüfung des Unternehmens durch
In einem zweiten Schritt sollten Sie eine vertiefte Analyse (eine Due Diligence) des Unternehmens durchführen. Vermutlich werden Sie im Internet zahlreiche Informationen über das Unternehmen, seine Struktur, Strategie und Produkte finden. Darüber hinaus sollten Sie nach Informationen über den Marktsektor suchen, in dem das Unternehmen tätig ist, um zu verstehen, wie die zukünftigen Wachstumsperspektiven aussehen und welche Markt- oder Technologietrends diesen Sektor beeinflussen. Natürlich ist es auch wichtig, die Wettbewerbsposition des Unternehmens und seine finanzielle Lage zu analysieren. Informationen darüber sollten Sie in den Publikationen von Finanzanalysten finden können, vor allem wenn es sich um ein börsennotiertes Unternehmen handelt.

Beherzigen Sie die Empfehlung von Warren Buffett, der nur dann investiert, wenn er die Unternehmensstrategie versteht. Das gilt auch hier, denn eine Karriereentscheidung ist mindestens genauso wichtig wie eine Investitionsentscheidung. Mein Rat: Sie sollten eine Bewerbung nur dann erwägen, wenn Sie einen positiven Gesamteindruck über die aktuelle und zukünftige Positionierung des Unternehmens haben. Die Erfahrung zeigt, dass es viel mehr Spaß macht, in einem Unternehmen zu arbeiten, dem es gut geht, als in einem Unternehmen, das ums Überleben kämpft. Ihre Due Diligence wird Ihnen helfen zu klären, wie es sich bei dem Unternehmen verhält, das Sie im Auge haben. Sofern Sie sich für die Stelle bewerben, sollten Sie auch hier wieder Fragen festhalten, die zeigen, dass Sie sich auf das Vorstellungsgespräch gut vorbereitet haben.

Schritt 3: Prüfen Sie den Purpose, die Werte des Unternehmens und die Unternehmenskultur

Bitte nehmen Sie sich Zeit, um den Purpose (bzw. Unternehmenszweck), die Werte des Unternehmens sowie die Unternehmenskultur zu verstehen. Es ist ungemein wichtig, dass diese Aspekte Ihren Bedürfnissen und Erwartungen entsprechen (siehe auch Kap. 6 zur Unternehmenskultur).

Beispiel: In einigen Unternehmen gibt es einen ausgeprägten internen Wettbewerb. Das mag einigen Kandidaten entgegenkommen, die dies als motivierend empfinden, aber für andere, die eine freundlichere Unternehmenskultur erwarten, passt diese Firmenphilosophie womöglich nicht.

Zahlreiche Informationen zu diesen Aspekten können Sie in sozialen Medien und in Erfahrungsberichten von Mitarbeitern finden. Sie können aber auch Ihr persönliches Netzwerk nutzen, um Menschen zu erreichen, die das Unternehmen vielleicht von innen kennen und Ihnen ihre Eindrücke mitteilen können.

Falls Sie noch Fragen haben, die in Bezug auf die Werte oder die Kultur des Unternehmens geklärt werden müssen, sollten Sie diese in den Interviews zur Sprache bringen. Ihre Gesprächspartner werden in der Regel gern dazu bereit sein, Ihnen einen bestmöglichen Einblick zu geben, sodass Sie die richtige Entscheidung für sich selbst treffen, denn es ist auch aus Sicht des Unternehmens wichtig, dass die zukünftigen Mitarbeiter die für sie richtige Wahl getroffen haben und sich im Unternehmen langfristig wohlfühlen.

Schritt 4: Schätzen Sie sich selbst ein

Als nächsten Schritt empfehle ich Ihnen, sich in die Lage des Personalverantwortlichen zu versetzen und sich selbst einzuschätzen (siehe auch Abschn. 4.6 zum Stakeholder-Management). Vergleichen Sie einmal die Stellenanforderungen und die Spezifikationen zum Profil, wie sie in der Stellenbeschreibung beschrieben sind, mit Ihrem Profil:

- Verfügen Sie über die erforderlichen Fachkenntnisse?
- Welche Branchen-, Produkt-, Kunden-, Vertriebs- und Lieferantenerfahrung bringen Sie mit?
- Wie haben Sie in der Vergangenheit Herausforderungen bewältigt, die auch in der neuen Position erwartungsgemäß auf Sie zukommen werden?
- Welche Personalführungserfahrung bringen Sie mit? Entspricht diese dem Niveau, das hier erwartet wird?
- Wie passt Ihr Persönlichkeitsprofil zu den Vorgaben und Erwartungen?

Eine solche Selbsteinschätzung wird helfen zu verstehen, ob diese Position tatsächlich zu Ihnen passt, ob Sie das nötige Know-how mitbringen oder ob die Anforderungen, die an diese Position gestellt werden, schlichtweg zu hoch sind. Auf der anderen Seite ist es natürlich auch möglich, dass die Position, die Sie im Blick haben, gar keine echte Herausforderung darstellt und dass Sie Ihren beruflichen Horizont damit kaum wirklich erweitern. Auch dann würde es wenig Sinn machen, diese Option weiterzuverfolgen.

Schritt 5: Entwickeln Sie Ihre Karrierestrategie
Wir haben in Kap. 3 gesehen, wie Sie Ihre persönliche Karrierestrategie definieren können. Dies ist schon deshalb ungemein wichtig, da sie als Kompass für Ihre zukünftigen Karriereentscheidungen dienen wird. Sie wird Ihnen dabei helfen zu beurteilen, ob ein Stellenangebot den richtigen Schritt im Hinblick auf Ihr langfristiges Karriereziel bietet. Mit anderen Worten: Sie wird es Ihnen ermöglichen, ein Stellenangebot präzise zu beurteilen, um zu sehen, ob es zu dem Karriereplan passt, den Sie für sich selbst aufgestellt haben.

Eine der Schlüsselfragen betrifft den Erfahrungsschatz: Bietet Ihnen diese Position die Möglichkeit, Ihre beruflichen Erfahrungen wirklich gewinnbringend zu erweitern? Bringt sie Ihnen die relevante zusätzliche fachliche und die Führungs- oder internationale Erfahrung, die Sie benötigen?

Schritt 6: Stimmen Sie Ihre Karrierestrategie mit Ihren persönlichen Bedürfnissen ab
Es ist wichtig, auch die persönlichen Aspekte im Zusammenhang mit einem bestimmten Stellenangebot in Betracht zu ziehen. Dazu gehört zum Beispiel die Frage des Standorts und der Entfernung zwischen dem Arbeitsplatz und Ihrer Wohnung. Sie sollten sorgfältig abwägen, ob Ihnen die neue Stelle eine ausgewogene Balance zwischen Leben und Arbeit bietet (siehe auch Abschn. 3.1 über die Auswirkungen Ihrer Berufswahl auf Ihren Lebensstil). Das ist selbstverständlich eine rein subjektive Bewertung, bei der jeder Einzelne ganz persönliche, individuelle Maßstäbe ansetzen muss.

Sie sollten auch die Erwartungen des Unternehmens in Bezug auf Geschäftsreisen überprüfen, falls es sich um einen Job handelt, bei dem Reisen erforderlich sind.
Jeden dieser genannten Punkte, der anhand der vor dem Vorstellungsgespräch verfügbaren Informationen noch nicht geklärt werden konnte, sollten Sie in den Bewerbungsgesprächen anbringen. Um für sich selbst die richtige Berufswahl zu treffen, ist es unerlässlich sicherzustellen, dass die Job-Anforderungen mit den persönlichen Bedürfnissen in Einklang stehen.

Diese genannten sechs Schritte sollten es Ihnen ermöglichen, alle notwendigen Informationen zu erhalten, die Sie benötigen, um sich für die richtigen Positionen zu bewerben und auf ein Vorstellungsgespräch bestens vorbereitet zu sein.

4.2 Wie kann der Stellenwert einer Position bestimmt werden?

In diesem Abschnitt möchte ich einige Tipps zum besseren Verständnis der Tragweite einer Position geben. Normalerweise konzentrieren sich Kandidaten hierbei vor allem auf drei Aspekte: den Dienstgrad, die hierarchische Positionierung und die Größe des Teams bzw. des Geschäftsbereichs (Anzahl der Mitarbeiter, Umsatz etc.), für das sie verantwortlich sind. Das sind auch die Informationen, die normalerweise in einer Stellenbeschreibung aufgeführt werden.

Es ist ratsam, diese Punkte näher zu untersuchen, um ein besseres Verständnis für die tatsächliche Bedeutung der neuen Aufgabe zu erhalten. Wir werden uns die folgenden Aspekte näher ansehen:

- Organisationsstruktur des Unternehmens
- Entscheidungsbefugnisse und Vollmachten
- Bandbreite der Verantwortungsbereiche

> **Beispiel: Martin**
>
> *Martin arbeitet in der Kosmetikindustrie. Er hat eine schnelle Karriere in der Marketingfunktion eines Unternehmens gemacht, in dem das Marketing gleichsam „letzte Instanz" war, d. h., wichtige markenbezogene Entscheidungen wurden stets nur nach Rücksprache mit dem Marketing getroffen. Als es zu einer Meinungsverschiedenheit mit seinem Vorgesetzten kam, beschloss er, das Angebot eines Konkurrenten anzunehmen. Einer der Gründe, warum das Job-Angebot der Konkurrenz für ihn attraktiv erschien, war die direkte Berichterstattung an die Marketingleitung auf Konzernebene. Bislang berichtete er nämlich „nur" an den Geschäftsführer der Landesorganisation.*
>
> *Bald jedoch musste er feststellen, dass er mit dieser Einschätzung falsch lag. Während in seiner früheren Firma das Marketing entscheidend war, hatten die Ländergeschäftsführer in der neuen Firma die ganze Macht. Auf dem Papier wirkte die neue Position viel größer und wichtiger, als sie tatsächlich war, denn seine Entscheidungsbefugnis war nunmehr eingeschränkt. Martin war daran gewöhnt, dass keine markenbezogene Entscheidung ohne Rücksprache mit dem Marketing getroffen werden konnte. Jetzt war eher das Gegenteil der Fall: Das Marketing konnte zwar Vorschläge unterbreiten, aber die endgültige Entscheidung und das Werbebudget lagen in den Händen der operativen Führungskräfte. Mit anderen Worten: Martin war zwar in der Hierarchie höher angesiedelt, hatte aber weniger Macht. Eine Lektion, die er über das tatsächliche Gewicht einer Position gelernt hat.*

4.2.1 Struktur der Organisation

Unternehmen können auf verschiedene Weise strukturiert sein. Die gebräuchlichsten Varianten sind die funktionale, die geografische und die Geschäftsbereichsstruktur (auch Business Unit oder kurz BU). Eine Kombination dieser Varianten ist in Form einer Matrixorganisation möglich. Hier werden zwei dieser Optionen kombiniert, was zu komplexeren organisatorischen Konfigurationen führt. Solche Matrixstrukturen sind besonders häufig bei Supportfunktionen vorzufinden (z. B. eine Finanzposition ist einer Business Unit zugeordnet und hat eine gestrichelte Linie zum BU-Leiter, aber eine volle hierarchische Berichtslinie geht an die Finanzdirektion).

Es ist wichtig, darauf hinzuweisen, dass es keine Konfiguration gibt, die als solche besser ist. Stattdessen hat jede dieser Optionen ihre spezifischen Vor- und Nachteile. Es gibt also keine per se optimale Konfiguration. Die richtige Organisation ist diejenige, die am besten auf die spezifischen internen Bedürfnisse des Unternehmens in einem bestimmten Entwicklungsstadium passt und auf die Marktanforderungen, mit denen das Unternehmen konfrontiert ist, bestmöglich ausgerichtet ist.

Je komplexer die Organisationsstruktur ist, desto schwieriger dürfte es sein, das genaue Gewicht einer bestimmten Position zu verstehen. Es ist daher ratsam, dies näher zu untersuchen. Ich möchte das am Beispiel einer Marketingleiterposition veranschaulichen und dabei zwei Strukturen vergleichen: die BU und die funktionale Organisation.

In einer funktionalen Organisation ist das Unternehmen entlang seiner Schlüsselfunktionen wie Vertrieb, Marketing und Produktion strukturiert. Diese Funktionen werden von einer Führungskraft geleitet, die im höchsten Leitungsgremium sitzt (z. B. dem Vorstand in einer Aktiengesellschaft).

In der Konfiguration der Business Units haben wir die Leiter bestimmter Geschäftsbereiche auf dieser höchsten Führungsebene sitzen. In der Regel befindet sich die Funktionslinie (insbesondere Verkauf und Marketing) in diesem Fall auf der zweiten Organisationsebene und berichtet an die Leiter der Geschäftsbereiche. Die Struktur der Geschäftsbereiche folgt normalerweise einer Markt- oder Verbrauchersegmentierung. BUs bündeln Produkte, die für bestimmte, in sich homogene Segmente relevant sind. Diese Struktur ist offensichtlich am besten für diversifizierte Unternehmen geeignet, die in mehreren Marktsegmenten tätig sind.

Die Stärke des Modells der Geschäftseinheiten besteht darin, dass es einen Markt- und Kundenfokus auf der höchsten Ebene der Organisation verankert und es daher den betroffenen Unternehmen ermöglicht, diesen Kernanforderungen am besten gerecht zu werden.

Die Kehrseite ist, dass die funktionalen Teams stärker fragmentiert sind. So finden sich beispielsweise in jeder Geschäftseinheit Marketingteams ohne einen Leiter, der sie alle auf Unternehmensebene zusammenführt. Mit anderen Worten, diese Funktion ist nicht auf der Ebene des Exekutivausschusses (z. B. des Vorstandes) vertreten. Dies kann mit der Zeit zu einer Schwächung der funktionalen Fähigkeiten führen, weil jedes dieser Marketingteams in den BUs nach und nach auseinanderdriftet und eigene Ansätze entwickelt. Auch wird es schwieriger sein, Top-Marketing-Talente zu rekrutieren, da die Top-Marketing-Funktion nicht auf der Führungsebene angesiedelt ist.

4.2.2 Entscheidungsgremien und Delegation von Autorität

Wie wir sehen konnten, gibt die Positionierung einer Rolle in der Organisationsstruktur nicht immer genügend Aufschluss über ihr tatsächliches Gewicht. Andere Aspekte müssen in Betracht gezogen werden, wie z. B. die Art und Weise, wie Entscheidungen getroffen werden („Governance").

Die Fähigkeit, Einfluss zu nehmen, hängt von den Entscheidungsgremien ab, denen Sie angehören werden. Dazu gehören funktionsübergreifende Gremien und Projektteams. Auch externe Führungsgremien gehören dazu, wie z. B. Industrieverbände oder Expertengruppen. Eine bedeutende einflussreiche Führungsrolle kann intern oder extern durch solche Leitungsgremien ausgeübt werden, natürlich zusätzlich zu dem Führungsteam, in dem diese Position angesiedelt sein könnte.

Ich empfehle, sich ein klares Bild über die Einflussmöglichkeiten, die mit der neuen Position verbunden ist, zu machen. Besonders in komplexen organisatorischen Konfigurationen (wie wir sie oben beschrieben haben) kann die Einbindung in bestimmte Entscheidungsprozesse ein wichtiger Indikator für das tatsächliche Gewicht dieser Position sein.

4.2.3 Prozesse

Die Ablauf- und Geschäftsprozesse sind das A und O einer Organisation. Sie ermöglichen es Ihnen, mit vielen anderen Teilen des Unternehmens verbunden zu sein, und bieten vielfältige Möglichkeiten, direkt oder indirekt Einfluss zu nehmen. Gerade auf der Führungsebene sind Positionen in vielfältige Prozesse (vor allem auch abteilungsübergreifend) eingebunden. Es ist wichtig, die Prozesse zu verstehen, an denen man beteiligt sein wird oder für die man gar Verantwortung übernehmen soll.

Doch nur selten interessieren sich Kandidaten etwas genauer für die in der betreffenden Position relevanten Prozesse. Recht selten werden dazu in den Interviewgesprächen Fragen gestellt, obwohl dieser Aspekt von großer Bedeutung ist und außerdem eine hervorragende Gelegenheit bietet, mehr über die Einbindung des Jobs in dem Unternehmen zu erfahren. Vielleicht sollten Sie das in Ihrem nächsten Bewerbungsgespräch berücksichtigen.

Das folgende Beispiel veranschaulicht diesen Sachverhalt und macht noch mal deutlich, wie Entscheidungsbefugnisse und Prozessverantwortung geradezu ein Gegengewicht zu einer Situation schaffen, in der die Positionierung einer Rolle in der formalen Organisationsstruktur vielleicht nicht ganz ihren ursprünglichen Erwartungen entspricht.

> **Beispiel: Janine**
>
> *Janine ist Marketingleiterin einer Geschäftseinheit. Die Vorstandsmitglieder waren sich darüber im Klaren, dass das Fehlen einer Top-Marketingstelle auf Unternehmensebene längerfristig zu einer Verschlechterung der Marketingkompetenzen führen könnte. Wir wissen, wie oben ausgeführt, dass die Abwesenheit einer funktionalen Führung auf Konzernebene in der Tat ein inhärentes Risiko des BU-Modells darstellt (siehe dazu Abschn. 4.2.1).*
>
> *Daher wurde beschlossen, Janine als Marketing Leiterin einer der Geschäftseinheiten damit zu beauftragen, ein geschäftsbereichs-übergreifendes Marketing-Excellence-Programm zu implementieren. Dazu gehört die Schaffung einer Marketing-Akademie mit qualitativ hochwertigen Programmen, um in dieser Funktion ein hohes Niveau zu halten und dazu beizutragen, herausragende Marketingtalente für das Unternehmen zu gewinnen. Dieses Programm hat auch das Ziel, gemeinsame Arbeitsweisen (wie z. B. einen gemeinsamen Markenplanungsansatz) in der gesamten Organisation zu fördern.*
>
> *Janine wurde ebenfalls damit beauftragt, eine bereichsübergreifende Talentmanagement-Initiative zu leiten, um die Karriereentwicklung von Marketingtalenten in der gesamten Organisation zu fördern. Dieses Marketing-Excellence-Programm bietet Janine eine breitere Verantwortung innerhalb des Konzerns. Auch wenn ihre Position nicht auf Vorstandsebene angesiedelt ist, bietet sie ihr die Möglichkeit, in allen Geschäftseinheiten einen bedeutenden Einfluss zu erlangen.*

4.3 Was ist das richtige Gehalt?

Die Fragen zu Vergütung und Sozialleistungen sind ein wichtiger Aspekt Ihrer Karrierestrategie. Vergewissern Sie sich zu Beginn, dass Sie alle Informationen über Ihre aktuelle Vergütung eingeholt haben. Als HR-Fachmann finde ich es immer wieder erstaunlich, wie viele hochrangige Führungskräfte in der Wirtschaft Schwierigkeiten haben, klare Informationen über diese Aspekte zu geben, insbesondere dann, wenn es um Sozialleistungen geht. Sie senden aber kein gutes Signal an Ihre Gesprächspartner in einem Interviewprozess, wenn es Ihnen an Klarheit über Ihre eigene Vergütung mangelt, denn das zeigt fehlendes Interesse an finanziellen Angelegenheiten und mangelnde Vorbereitung. Auch aus Verhandlungssicht ist dieses Vorgehen nicht sehr klug, denn damit signalisieren Sie, dass diese Aspekte für Sie nicht wirklich von Bedeutung sind.

Der Hauptgrund, warum Sie über Ihr Gehalt gut verhandeln sollten, ist, dass es für Sie selbst wichtig ist, das Gefühl zu haben, dass Sie eine faire Vergütung erhalten. Fachleute sprechen vom Grundgehalt als „Hygienefaktor". Anders gesagt: Wenn Sie das Gefühl haben, dass Sie das richtige Gehalt für Ihre Arbeit haben, fühlen Sie sich deutlich wohler. Demotivierend und frustrierend kann es hingegen sein, wenn Sie überzeugt sind, dass Sie eigentlich ein höheres Gehalt verdienen.

Ich würde daher empfehlen, diesbezüglich ganz offen zu sein, insbesondere wenn Sie in ein neues Unternehmen eintreten. Besprechen Sie diese Frage mit dem Personalmanager oder mit der Personalabteilung.

Es ist auch wichtig zu verstehen, dass die Höhe der Vergütung auf vergleichbarer Verantwortungsebene zwischen den verschiedenen Industriezweigen und zwischen den Ländern stark variieren kann. Das macht die Gehaltsfrage noch komplexer.

Aber es gibt Möglichkeiten, dieses Thema rational anzugehen. Sie können Ihren zukünftigen Arbeitgeber fragen, ob er seine internen Gehaltsspannen auch externen Kandidaten zur Verfügung stellt. Immer mehr Unternehmen entscheiden sich für größere Transparenz bei diesem Thema. Darüber hinaus sind Benchmark-Daten online verfügbar. Ich würde empfehlen, diese Untersuchung durchzuführen und gut vorbereitet in die Vergütungsdiskussion zu gehen.

Unterschätzen Sie nicht zuletzt die Bedeutung der übrigen Leistungen, insbesondere der medizinischen Leistungen und der Rentenabdeckung.

4.4 Wie viele Änderungen (Unternehmen, Funktion, Land) kommen für Sie infrage?

Ich berate regelmäßig Personen, die eine berufliche Veränderung vornehmen wollen. Wie Sie aus den vorangegangenen Kapiteln wissen, empfehle ich, ihren Status quo regelmäßig zu hinterfragen und für Veränderungen offen zu sein. Um Ihren wahren Karrierewunsch zu finden, kann in der Tat eine – mitunter auch weitreichendere – Veränderung erforderlich sein. Aber die Frage ist, wie man diesen Wandel vollziehen kann, insbesondere im Hinblick darauf, wie viel Veränderung möglich beziehungsweise ratsam ist.

> **Beispiel: Petar**
>
> *In diesem Zusammenhang möchte ich das Beispiel von Petar anführen. Petar ist Australier. Seine Frau Caroline ist Französin. Bislang lebten sie mit ihren zwei Kindern in Australien. Petar war dort als Leiter des Beschaffungswesens in einem Technologieunternehmen tätig. Caroline wollte sich ihren Eltern wieder nähern, und sie entschieden sich für weitreichende Veränderungen: Die Familie zog nach Frankreich und Petar studierte Supply Chain Management, denn er wollte seinen beruflichen Horizont erweitern. Während des Studiums begann er sich für die pharmazeutische Industrie zu interessieren. Gleich nach seinem Studium wollte er eine ganz neue berufliche Laufbahn einschlagen.*
>
> *Lassen Sie uns Petars Situation mal etwas näher in Augenschein nehmen. Welche Veränderungen wollte er vornehmen? Zunächst geht es um eine geografische Veränderung, verbunden mit erheblichen kulturellen Unterschieden; dazu der Wechsel in einen neuen Industriezweig, nämlich vom Technologie- zum pharmazeutischen Sektor. Hinzu kommt ein Wechsel in Bezug auf den funktionalen Verantwortungsbereich, da Petar von der Beschaffung zum Supply Chain Management überwechseln will. Kann Petar diese drei bedeutenden Veränderungen auf einmal vornehmen?*
>
> *Es gibt in dieser Frage offensichtlich kein richtig und falsch. Alles hängt sowohl stark ab von der Lernfähigkeit eines Menschen als auch von dem Engagement, das er aufbringen kann, um Zeit und Energie in diesen nächsten Karriereschritt zu investieren. Petar beispielsweise musste sich auch um seine junge Familie kümmern, inklusive Wohnsitzwechsel.*
>
> *Meine Empfehlung an ihn war zu entscheiden, welche Veränderung für ihn Priorität hat. Er beschloss, dass für ihn der Wechsel in den neuen funktionalen Verantwortungsbereich, über den er gerade durch sein Studium Kenntnisse erworben hatte, am wichtigsten war. Den Wechsel in die Pharmaindustrie hingegen wollte er in einem zweiten Schritt vornehmen. Petar gelang es, eine Stelle in einem auf Supply-Chain-Fragen spezialisierten Beratungsunternehmen zu bekommen. Dort wurde er zunächst für Projekte im Technologiesektor eingesetzt, wo er seine Branchenkenntnisse voll einsetzen konnte. Nach und nach gelang es ihm, auch auf Projekte für Pharmaunternehmen zu kommen, um so neue Branchenerfahrung zu gewinnen. Seine Absicht ist es, sich nach einigen Jahren an Beratungserfahrung für einen Supply-Chain-Managementposten in der Pharmaindustrie zu bewerben.*

Ich finde, dies ist ein gutes Beispiel dafür, wie man weitreichende Karriereveränderungen Schritt für Schritt, aber mit Entschlossenheit umsetzen kann.

4.5 Priorisierung von Karriereoptionen

> **Beispiel: Alice**
>
> Alice war verwirrt, als sich unerwartet fünf verschiedene Karrieremöglichkeiten quasi gleichzeitig ergaben. Sie musste sich entscheiden, welcher dieser Optionen sie nachgehen wollte. Es war eine schwierige Entscheidung, denn alle fünf waren in ihren Augen durchaus attraktiv. Die Herausforderung für Alice bestand darin, dass diese Optionen schwer zu vergleichen waren: Drei der Positionen waren in ihrem derzeitigen Unternehmen, zwei waren externe Stellenangebote.
> Sie zögerte, ihren derzeitigen Arbeitgeber zu verlassen, weil sie sich mit den Werten dieses Unternehmens sehr verbunden fühlte. Eines der externen Angebote war in einem hoch dynamischen Start-up-Unternehmen, die andere externe Option in einer gemeinnützigen Organisation.
> Alice war der Auffassung, dass sowohl das Start-up-Unternehmen als auch die gemeinnützige Organisation sehr attraktive zukünftige Arbeitgeber sein könnten. Besonders die Non-Profit-Organisation gefiel ihr. Eine weitere Schwierigkeit in der Entscheidungsfindung bestand darin, dass die attraktivste Karrieremöglichkeit in derzeitigen Unternehmen nicht unmittelbar verfügbar war, weil die Stelle erst in einigen Monaten frei werden sollte. Sie war sich nicht sicher, ob man sich letztlich für sie als Kandidatin entscheiden würde. Sollte sie die beiden anderen Möglichkeiten unberücksichtigt lassen und das Risiko eingehen, am Ende vielleicht mit leeren Händen dazustehen? Auch musste sie beachten, dass sie bei einem Unternehmenswechsel ihren Fahrtweg um einiges verlängern würde, denn die beiden externen Job-Möglichkeiten lagen recht weit von ihrem Wohnort entfernt und hätten die Pendelzeit fast verdoppelt.

Was also sollte ich Alice raten? Sie brauchte einen strukturierten Ansatz für diesen komplexen Entscheidungsprozess. Die unten dargestellte Priorisierungsmatrix half ihr dabei, die richtige Wahl zu treffen.

4.5.1 Priorisierungsmatrix

Diese einfache Methode basiert auf einer zweidimensionalen Matrix, in der „Attraktivität" und „Wahrscheinlichkeit" abgebildet werden (Abb. 4.2).
Ich würde empfehlen, die Kriterien bezüglich „Attraktivität" und „Wahrscheinlichkeit" in einer Tabelle aufzulisten (siehe Abb. 4.3). Sie sollten für jede Ihrer Karriereoptionen eine Spalte hinzufügen und diese Optionen anhand der verschiedenen Kriterien bewerten.
Für die Bewertung dieser Kriterien würde ich raten, eine einfache Skala mit „niedrig", „mittel" und „hoch" zu verwenden, aber Sie können natürlich auch eine detailliertere Skala verwenden. Auf diese Weise können Sie für jede Ihrer Karriereoptionen eine Punktzahl für beide Dimensionen („Attraktivität" und

	Hoch			
Attraktivität	Mittel			
	Niedrig			
		Hoch	Mittel	Niedrig
			Wahrscheinlichkeit	

Abb. 4.2 Priorisierungsmatrix

		Option 1	Option 2	Option 3	Option 4	Option 5
Attraktivität	Summe					
Unternehmen • Unternehmensstrategie • Finanzielle Situation • Wachstumsperspektiven						
Unternehmenskultur, Purpose und Werte						
Übereinstimmung mit Ihrer Karrierestrategie						
Persönliche Aspekte • Vereinbarkeit von Beruf und Privatleben • Standort • Vergütungsaspekte						
Wahrscheinlichkeit	Summe					
Zeitliche Aspekte						
Wettbewerbssituation						
Stellenanforderungen versus eigene Erfahrung						

Abb. 4.3 Bewertung von Karriereoptionen

„Wahrscheinlichkeit") ermitteln. Diese Punktzahl ermöglicht es Ihnen, die jeweiligen Karriereoptionen in der Priorisierungsmatrix abzubilden.

Beide Dimensionen sind multifaktoriell. Im Folgenden finden Sie zunächst einen Überblick über die Faktoren, die die Attraktivität einer Karriereoption bestimmen. Wir behandeln dann die Faktoren, die zur Wahrscheinlichkeit beitragen, dass Sie die Karriereoption realisieren können.

Wie attraktiv ist die Position?

a) **Das Unternehmen**

Sie sollten mit einer Bewertung des jeweiligen Unternehmens beginnen. Dazu gehören die Unternehmensstrategie, die finanzielle Situation sowie die Wachstumsperspektiven des Unternehmens. Sie sollten möglichst reichhaltige Informationen zu diesen Aspekten zusammentragen. Gerade bei börsennotierten Unternehmen dürfte das recht leichtfallen, denn diese müssen ihre Geschäftsberichte publizieren. Es besteht auch die Möglichkeit, das Unternehmen direkt um Informationen zu bitten.

b) **Unternehmenskultur, Purpose und Werte**

Es ist auch wichtig, ein Verständnis für diese „weicheren" Aspekte zu gewinnen und zu beurteilen, inwieweit diese mit Ihren persönlichen Werten und Erwartungen übereinstimmen. Auch hier sollten Sie die öffentlich zugänglichen Informationen nutzen. Social Media – wie z. B. „Glassdoor" – können eine gute Informationsquelle sein.

c) **Übereinstimmung mit Ihrer Karrierestrategie**

Dabei wird davon ausgegangen, dass Sie bereits an Ihrer Karrierestrategie gearbeitet haben und dass Sie diese als Input nutzen können. Bitte lesen Sie Kap. 3, wenn Sie Ihren strategischen Karriereplan überarbeiten möchten. Versuchen Sie aufzuzeigen, wie jede einzelne der Karrieremöglichkeiten mit Ihrer Karrierestrategie übereinstimmt.

Ein wichtiger Aspekt betrifft die Erfahrungsgrundlage. Sie sollten prüfen, ob diese spezifische Position es Ihnen ermöglicht, Ihre Erfahrungsbasis zu erweitern, um Sie für Ihre Karriereziele fit zu machen (Einzelheiten dazu oben im Abschn. 3.2).

d) **Persönliche Aspekte**

Schließlich sollten Sie auch die eher persönlichen Aspekte prüfen, wie z. B. Fragen der Vereinbarkeit von Beruf und Privatleben, Fragen des Standorts und der Geografie sowie die Vergütungsaspekte.

Bewerten Sie diese Aspekte für jede Option anhand der Skala, für deren Anwendung Sie sich entschieden haben.

Wie wahrscheinlich ist es, dass Sie die Position bekommen?
Auch die Dimension der Wahrscheinlichkeit setzt sich aus mehreren Faktoren zusammen.

a) **Zeitliche Aspekte**

Ist die Stelle vakant und bereits ausgeschrieben oder erwarten Sie, dass sie in Zukunft frei wird? Die Wahrscheinlichkeit, eine Stelle zu bekommen, ist offensichtlich größer, falls diese Stelle bereits ausgeschrieben ist. In einigen Fällen lohnt es sich, über Stellen nachzudenken, die Ihren Berufswünschen entsprechen, auch wenn die Stelle zu diesem speziellen Zeitpunkt noch nicht frei ist. Dies sollte jedoch bei der Wahrscheinlichkeitsbewertung berücksichtigt werden.

b) **Wettbewerbssituation**

Auch das Wettbewerbsumfeld gilt es zu beurteilen: Glauben Sie, dass es viele gute Kandidaten gibt, die sich für diese Position bewerben (in diesem Fall würden Sie die betreffende Option in Bezug auf die Wahrscheinlichkeit, ausgewählt zu werden, niedriger bewerten), oder sind Sie der Ansicht, dass Sie ein sehr aussichtsreicher Kandidat sind, vielleicht sogar einer der wenigen mit den für diese Aufgabe erforderlichen Kenntnissen? In diesem Fall würden Sie die Wahrscheinlichkeit sicherlich als „hoch" bewerten.

c) **Stellenanforderungen versus eigene Erfahrung**

Schließlich sollten Sie überprüfen, ob es eine Kluft zwischen Ihren Kompetenzen und den Stellenanforderungen gibt. Falls beide weit auseinanderliegen, würde sich dies offensichtlich auf die Wahrscheinlichkeit auswirken, dass Sie für diese Stelle ausgewählt werden.

4.5.2 Abbildung von Karriereoptionen in der Matrix

Dank der Bewertung der einzelnen Faktoren, können Sie jetzt jede Optionen in der Positionierungsmatrix platzieren. Die Matrix wird Ihnen helfen zu erkennen, worauf Sie Ihre Bemühungen konzentrieren sollten. Die Empfehlung lautet natürlich, sich auf die Optionen im oberen rechten Feld zu konzentrieren, also die Optionen, die am attraktivsten und wahrscheinlichsten sind (Abb. 4.4).

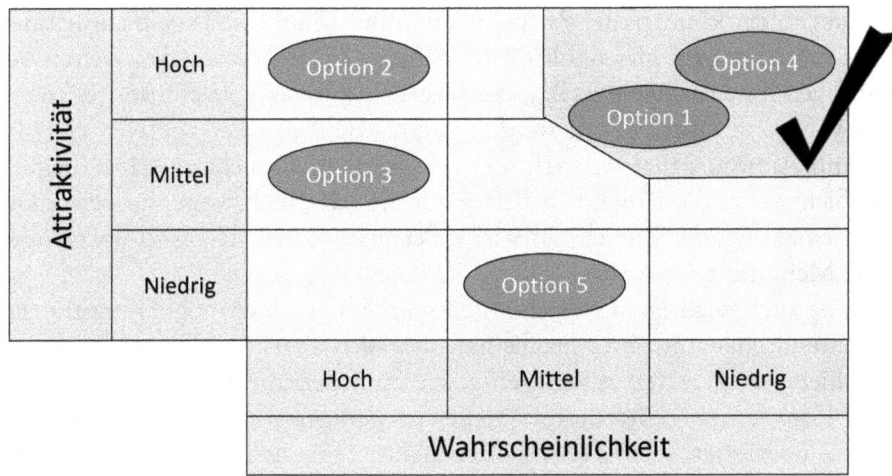

Abb. 4.4 Karriereoptionen in der Priorisierungsmatrix

Sie können das Spektrum an Karrieremöglichkeiten erweitern und zum Beispiel entscheiden, auch Optionen miteinzubeziehen, die sehr attraktiv, aber etwas weniger wahrscheinlich sind. Bitte seien Sie sich aber darüber im Klaren, dass dann zusätzliche Anstrengungen erforderlich sind, um Erfolgschancen auch für diese zusätzlichen Optionen zu haben. Noch weiter vom oberen rechten Feld entfernte Optionen sind es wahrscheinlich nicht wert, in Betracht gezogen zu werden.

4.6 Stakeholder-Plan

Zunächst sollten Sie Klarheit darüber gewinnen, wer die wichtigsten Entscheidungsträger im Hinblick auf Ihre Karrierestrategie sind. Mit anderen Worten: Wer hat Einfluss darauf, Sie einzustellen oder eben nicht? Das schließt sämtliche Personen ein, die in irgendeiner Weise in den Entscheidungsprozess involviert sind, seien es direkte (der Manager, der letztlich die Personalentscheidung trifft) oder indirekte (dazu gehören alle, die auf diese Entscheidung Einfluss ausüben, wie zum Beispiel Personen, bei denen sich der Manager möglicherweise nach Ihnen erkundigt).

Stakeholder-Management bedeutet, sich in den Augen dieser direkten oder indirekten Stakeholder möglichst vorteilhaft zu positionieren. Der Schlüssel hierfür liegt darin, die Perspektive eines jeden Stakeholders einzunehmen und Ihr Profil aus deren Perspektive zu betrachten, und zwar so detailliert und spezifisch wie möglich. Wir werden weiter unten sehen, wie das erfolgen kann.

Stakeholder können drei Perspektiven in Bezug auf Ihre Person einnehmen: positiv, neutral bzw. gleichgültig oder negativ. Es steht Ihnen frei, weitere Abstufungen hinzuzufügen (z. B. „sehr positiv", „positiv", „leicht positiv" usw.). Wie wir weiter unten sehen werden, kann jede dieser Perspektiven ganz bestimmte Aktionen Ihrerseits erfordern. Es ist nämlich nicht dasselbe, die positive Sichtweise, die jemand in Bezug auf Sie hat, noch weiter zu verstärken, oder jemanden, der eine eher negative Perspektive hat, davon zu überzeugen, seine Meinung zu ändern.

Es ist auch wichtig zu verstehen, dass ein Stakeholder möglicherweise eine Gesamteinschätzung Ihres Profils hat, dass sich aber diese Einschätzung aus verschiedenen Facetten zusammensetzen kann. Jemand kann z. B. Ihre fachliche Kompetenz schätzen, aber vielleicht weniger von Ihren Führungsqualitäten überzeugt sein. Der Schlüsselfaktor für den Erfolg eines Stakeholder-Plans liegt darin, so genau wie möglich zu verstehen, wie diese Personen die verschiedenen Aspekte Ihres Profils bewerten. Das wird es Ihnen ermöglichen, spezifisch und effizient in Ihrem Stakeholder-Management vorzugehen.

4.6.1 Erstellen Sie eine Liste der Stakeholder

Am Anfang steht die Erstellung dieser Stakeholder-Liste für jede der Positionen, die Sie im Rahmen Ihrer Karrierestrategie anstreben. Wenn Sie mehrere Karrieremöglichkeiten haben, für die Sie in Betracht gezogen werden möchten, sollten Sie für jede dieser Positionen eine solche Liste anlegen.

Meine Empfehlung ist, diese Liste für jede Position möglichst kurz zu halten, fünf bis maximal zehn Personen sollten hier genügen. Wie bereits erwähnt, kann diese Liste Personen enthalten, die direkt oder indirekt an der Personalentscheidung beteiligt sind; Sie sollten sich aber immer auf diejenigen beschränken, die starken Einfluss auf die Personalentscheidung ausüben können. Mit anderen Worten: Konzentrieren Sie sich auf die Schlüsselpersonen.

Dazu könnten gehören:

- die rekrutierende Führungskraft
- Personen im Team dieser Führungskraft, die am Entscheidungsprozess beteiligt sind (bzw. sein könnten)
- Mitglieder der Unternehmensführung
- Personalleiter
- das unternehmensinterne Rekrutierungsteam
- gegebenenfalls externe Headhunter
- andere Einflussnehmer (Personen, deren Meinung als Teil einer Einstellungsentscheidung eingeholt werden könnte)

4.6.2 Die Perspektive der Stakeholder einnehmen

Der nächste Schritt besteht darin, sich in die Lage der jeweiligen Stakeholder zu versetzen und Ihr eigenes Profil aus deren Perspektive zu beurteilen. Wie wir gesehen haben, ist es nützlich, hier so präzise wie möglich vorzugehen – jeder Punkt Ihres Profils ist wichtig, denn jemand kann bestimmte Aspekte Ihres Profils schätzen und anderen Punkten gegenüber wiederum zurückhaltender sein. Das heißt: Je genauer Sie sich in die Perspektive des Stakeholders versetzen können, umso besser. Im Idealfall haben Sie eine klarere Einschätzung von Ihrem Profil als der Entscheidungsträger selbst. Womöglich hat sie/er sich nicht die Zeit genommen, Ihr Profil wirklich gründlich zu begutachten, sondern ist bei einer allgemeineren, oberflächlichen Bewertung geblieben. Das wäre für Sie von Vorteil, denn Sie sind ihr/ihm dann einen Schritt voraus, und das macht es Ihnen möglicherweise leichter, diese Person positiv zu beeinflussen.

Einige der Aspekte, die wir im Kapitel „Sechs Schritte zur Beurteilung eines Stellenangebots" skizziert haben, sind auch hier nützlich (einige davon haben wir bereits bei der Priorisierung verwendet). Die wichtigsten Punkte werden wir hier aus der Perspektive des Stakeholder-Managements zusammenfassen.

Stellenbeschreibung
Betrachten Sie noch einmal jedes der Elemente der Stellenbeschreibung, diesmal aber aus dem Blickwinkel der einzelnen Stakeholder. Stellen Sie sich die Frage, wie diese Ihrer Meinung nach Ihr Profil im Hinblick auf die in dieser Stellenbeschreibung beschriebenen Aufgaben, Verantwortlichkeiten und Anforderungen beurteilen würden. Vielleicht kommen Sie zu dem Schluss, dass einige der Entscheider Sie in bestimmten Aspekten positiv, andere hingegen weniger positiv bewerten würden.

> **Beispiel: Yoshiko**
>
> *Yoshiko war eine erfahrene Controllerin. Sie hatte die volle Unterstützung ihres funktionalen Vorgesetzten – des CFO –, der ihre starken technischen Fähigkeiten, ihre Zuverlässigkeit und ihre Flexibilität schätzte. Der CFO sprach sich dafür aus, Yoshiko einen großen Schritt auf ihrem Karriereweg zu ermöglichen. Eine gute Gelegenheit bot sich als Controller in einer der Geschäftseinheiten. Yoshiko bewarb sich.*
>
> *Die Controlling-Position berichtet direkt an den Leiter der betreffenden Geschäftseinheit, der also auch die Verantwortung für diese Personalentscheidung hat. Dieser Manager war dafür bekannt, dass er die Entschlossenheit seines Controllers schätzte, ganz besonders angesichts einer laufenden tiefgreifenden Umstrukturierung. Dies wurde in der Stellenbeschreibung deutlich gemacht.*

> *Der BU-Chef hatte in der Vergangenheit gelegentlich Zweifel an Yoshikos Führungsqualitäten geäußert. Yoshiko wusste, welche ihrer Stärken sie in den verschiedenen Gesprächen betonen konnte, aber noch wichtiger war, dass sie sich der Zweifel des BU-Chefs bewusst war! Bestens vorbereitet erschien sie zum Vorstellungsgespräch und konnte konkrete Beispiele anführen, wo sie entscheidenden Einfluss auf Projekte ausgeübt hatte. Es gelang ihr, das Thema ihres Führungsstils mit Blick auf die Erwartungen des Geschäftsbereichsleiters ganz offen anzusprechen. Die Anforderungen im Zusammenhang mit der Umstrukturierung kamen zur Sprache. Yoshiko hatte einen Aktionsplan vorbereitet, um die Umstrukturierung finanzseitig zu unterstützen. Letztlich überzeugte sie den BU-Leiter davon, dass sie seinen Erwartungen gerecht werden würde. Wichtig war es, dass sie während des Gesprächs zeigen konnte, dass sie sich dieser Erwartungen bewusst war und auf ihre ganz persönliche Art und Weise darauf eingehen konnte.*

Wie wir in diesem Beispiel sehen, können Stakeholder Rollenanforderungen auf unterschiedliche Weise bewerten. Sich in deren Lage zu versetzen, kann Ihnen helfen, mögliche Fragen und Zweifel schon im Vorfeld des Gesprächs zu erkennen, um sich eine Strategie zu überlegen, wie Sie diese Zweifel am besten ausräumen. Im Idealfall gehen Sie dabei so vor, dass Ihr Gegenüber nicht einmal merkt, dass Sie gezielt auf einen seiner Zweifel eingehen!

Unternehmenskultur
Die Frage, ob ein Kandidat zur Unternehmenskultur passt, hat bei Rekrutierungsentscheidungen eine immer größere Bedeutung; mitunter wird dies sogar zu einem entscheidenden Kriterium. Versuchen Sie, Ihr eigenes Profil unter die Lupe zu nehmen und zu verstehen, inwiefern dies zu der Unternehmenskultur passt oder ob es mögliche Reibungspunkte gibt.

Sie sollten zunächst davon überzeugt sein, dass Sie sich in dieser Kultur wohlfühlen werden, ansonsten würde ich Ihnen nicht empfehlen, sich überhaupt für diese Stelle zu bewerben. Vielleicht ergeben sich gewisse Fragen in Bezug auf die Unternehmenskultur; es könnte Aspekte geben, die Sie genauer untersuchen und verstehen möchten. Der Personalverantwortliche wird es höchstwahrscheinlich wertschätzen, dass Sie diese unternehmenskulturellen Aspekte ernst nehmen. Es ist ratsam, diese Fragen offen anzusprechen. Eine strukturierte Vorbereitung wird Ihnen dabei helfen (weitere Einzelheiten finden Sie in Kap. 6, das dem Thema der Unternehmenskultur gewidmet ist).

Wie ich oben bereits angedeutet habe, sind viele Informationen über die Kultur und den Führungsstil von Unternehmen in sozialen Medien verfügbar. Ich empfehle, sie für diesen Teil Ihrer Stakeholder-Analyse ausgiebig zu nutzen.

Einschätzung aus der Sicht der Stakeholder
Der wichtigste Schritt besteht darin, dass Sie sich selbst aus der Sicht Ihrer Gesprächspartner einzuschätzen versuchen. Aber Achtung: Sie müssen sich nicht selbst davon überzeugen, dass Sie es schaffen können – Sie müssen auch die *anderen* überzeugen! Es ist wichtig, gerade die Aspekte zu identifizieren, in denen sich Zweifel oder Fragen an Ihr Profil ergeben könnten. Seien Sie selbstkritisch, um sicherzustellen, dass Sie nichts übersehen.

- Vor dem Hintergrund dessen, was Sie über die einzelnen Stakeholder und ihre spezifischen Bedürfnisse/Erwartungen wissen: Wie, glauben Sie, bewerten diese Ihre fachliche Kompetenz, insbesondere im Hinblick auf die Stellenanforderungen?
- Wie sind Sie in der Vergangenheit mit Situationen umgegangen, die aller Voraussicht nach auch in der neuen Stelle auftreten werden? Wie können Sie diese Erfahrungen nutzen, um am besten auf die neuen Herausforderungen einzugehen?
- Was, glauben Sie, wird als Ihre Hauptstärken wahrgenommen? Unterstreichen Sie diese mit entsprechenden Beispielen!
- Welche Personalführungserfahrung bringen Sie mit? Entspricht diese dem erwarteten Niveau? Was könnte bei Ihnen als mögliche Schwäche wahrgenommen werden?
- Wie würden die Stakeholder Ihre Persönlichkeit beschreiben? Glauben Sie, dass Sie richtig wahrgenommen werden? Was könnte womöglich eine gezielte Klarstellung erfordern?

Beispiel: Hanna

Hanna weiß, dass sie zunächst häufig als etwas schüchtern und introvertiert eingeschätzt wird. Das kann die Einschätzung in Bezug auf ihre Führungsstärke beeinträchtigen. In Bewerbungsgesprächen achtet sie daher gezielt darauf, Beispiele ihrer Personalführungserfahrung anzubringen, die dieser Fehleinschätzung entgegenwirken. Sie ist nämlich eine sehr entschiedene, willensstarke und selbstbewusste Teamleiterin und kann das anhand dieser Bespiele überzeugend darstellen.

> **Beispiel: Lulua**
>
> *Kürzlich führte ich ein Vorstellungsgespräch für eine Führungsposition. Lulua war eine unserer Spitzenkandidat*innen. Ich wusste, dass dieser Karriereschritt für sie von großer Bedeutung war. Beeindruckend war, wie sie über ihr Profil sprach. Sehr offen und selbstbewusst erläuterte sie ihre Stärken und ihre Schwächen – viel direkter als die meisten anderen Kandidaten. Sie veranschaulichte ihre Ausführungen mit konkreten Beispielen und sprach gerade auch Situationen an, in denen sie gescheitert war.*
>
> *Ich beobachtete mich selbst während dieses Gesprächs als Interviewer, um zu verstehen, welche Wirkung es auf mich hatte und wie ich mich in dieser Situation als Personalchef fühlte. Während dieses Interviews wurde mir plötzlich klar, dass die Beschreibung dieser Fehlschläge sich durchaus nicht negativ auf meine Bewertung von Lulua auswirkte, ganz im Gegenteil. Ihre selbstbewusste Art, diese Situationen anzusprechen, gab mir den Eindruck, dass sie aus diesen Fehlern gelernt hat.*
>
> *Der vorherrschende Eindruck war, dass Lulua eine sehr selbstbewusste Person war, die wusste, was sie konnte – und auch, was sie nicht konnte, denn es braucht Mut, so offen zu sein. Und es spiegelte gleichzeitig ein hohes Maß an Lernfähigkeit wider, offen über seine Schwächen zu sprechen.*

Ich schlage zwar nicht vor, dasselbe grundsätzlich in jeder Interviewsituation zu tun. Jeder muss selbst entscheiden, wie offen er sein möchte. Aber die Botschaft ist, dass Sie selbst dann, wenn Sie über Ihre Schwächen sprechen, womöglich als stark empfunden werden, vielleicht sogar stärker als jemand, der nicht den Mut hat, so offen zu sein.

4.6.3 Persönliche Aspekte

Prüfen Sie schließlich die verschiedenen persönlichen Aspekte im Zusammenhang mit der Stelle und Ihren persönlichen Bedürfnissen. Dazu gehören die Vereinbarkeit von Beruf und Privatleben, Pendelzeit, Umzugsanforderungen usw.

Versetzen Sie sich nochmals in die Lage der einzelnen Stakeholder und versuchen Sie zu verstehen, wie diese Ihre persönlichen Aspekte beurteilen würden. Beispielsweise kann es jemandem aufgrund familiärer Zwänge wichtig sein, über flexible Arbeitszeiten zu verfügen. Für die meisten Stakeholder dürfte dies kein Problem sein. Aber es könnte dennoch jemanden geben, der diese Art von Flexibilität nicht befürwortet. Wenn dies der Fall ist, müssten Sie besonders wachsam und vorsichtig sein, wie Sie dieses Thema mit dieser Person ansprechen. Ihre persönlichen Bedürfnisse deutlich zu machen, aber Ihr starkes Engagement bei der Arbeit zu betonen, könnte in diesem Beispiel eine empfehlenswerte Strategie sein.

4.6.4 Beziehen Sie die Stakeholder mit ein

Wenn Sie all diese Aspekte aus der Perspektive der Stakeholder überprüfen, können Sie zwei Dinge tun. Erstens: Identifizieren Sie die Bereiche, in denen es eine Übereinstimmung zwischen den Erwartungen und Anforderungen der Stakeholder und Ihren Stärken und Qualitäten gibt. Das ist sehr wichtig, denn das sind die Botschaften, die Sie in den Bewerbungsgesprächen unterstreichen wollen.

Zweitens (und das ist vielleicht noch wichtiger): Identifizieren Sie mögliche Zweifel, die die Stakeholder bezüglich Ihres Profils haben könnten. Wenn Sie sich dieser Punkte bewusst sind, können Sie diese Fragen vielleicht am effizientesten beantworten, wie wir am Beispiel von Yoshiko gesehen haben.

Schließlich können Sie selbst bestimmte Fragen haben, die Sie mit den verschiedenen Stakeholdern klären möchten. Es ist wichtig, diese Fragen zu stellen, um Ihrerseits die richtigen Entscheidungen zu treffen, aber auch, weil die Art Ihrer Fragen selbst ein Signal an das Rekrutierungsteam sendet.

Sich über alle Aspekte unter Einbeziehung der Stakeholder-Perspektive klar zu werden, ist daher auch eine ideale Vorbereitung auf das Interview.

4.7 Ein einfaches Werkzeug, um bessere Karriereentscheidungen zu treffen

In Abschn. 4.5 über die Prioritätensetzung habe ich einen strukturierten Ansatz skizziert, der dabei helfen soll, sich auf die relevantesten Stellenangebote zu konzentrieren, falls mehrere Optionen vorhanden sind. „Wahrscheinlichkeit" und „Attraktivität" waren hier zwei Aspekte, um bei der komplexen Vermittlung zwischen sehr unterschiedlichen Stellenangeboten zu helfen.

In diesem Abschnitt geht es um die Situation, in der Sie vor der Qual der Wahl stehen, weil Sie sich zu einer Entscheidung durchringen müssen. Dies könnte sehr wohl zwischen den beiden Optionen geschehen, die sich beide im oberen rechten Quadranten unserer Priorisierungsmatrix befanden (siehe Abb. 4.3). Wie trifft man die richtige Entscheidung zwischen zwei sehr attraktiven Optionen?

Es könnte auch eine externe Karrieremöglichkeit ins Spiel kommen, beispielsweise weil Sie von einem Headhunter kontaktiert wurden, der eine Stelle in einem anderen Unternehmen anbietet. In einigen Fällen ist die Entscheidung sehr klar und einfach, weil Sie nach genau dieser Stelle gesucht haben. In anderen Fällen könnte eine solche schwerwiegende Entscheidung, das jetzige Unternehmen zu verlassen, durchaus schwerfallen.

In diesem Abschnitt werde ich ein einfaches und praktisches Hilfsmittel skizzieren, das Ihnen bei der Entscheidungsfindung helfen soll. Es ist sehr wichtig, über einen soliden Entscheidungsprozess zu verfügen, um Zweifel oder gar spätere Reue zu vermeiden.

> **Beispiel: Maya**
>
> *Maya hat zwölf Jahre lang für ein amerikanisches Konsumgüterunternehmen gearbeitet. Derzeit ist sie Global Brand Manager für deren Hauptprodukt. Das Unternehmen hat viel in ihre Entwicklung investiert. Sie weiß, dass sie als jemand mit einem großen Potenzial gesehen wird und dass sie weiterhin rasch in Bereiche mit größerer Verantwortung vordringen könnte. Das Team ist inzwischen für sie zu einer zweiten Familie geworden. Sie liebt das Unternehmen und seine Produkte.*
>
> *Maya hat nie daran gedacht, das Unternehmen zu verlassen, bis eines Tages ein Headhunter anrief und mit ihr über eine Stelle als Landesleiterin eines europäischen Unternehmens sprach, das sie kannte und schätzte. Tatsächlich hatte sie dieses Unternehmen stets als einen möglichen Arbeitgeber in Betracht gezogen. Mit 43 Jahren ist sie der Ansicht, dass die Übernahme einer Landesverantwortung ein entscheidender Karriereschritt für sie wäre, und sie ist sich nicht sicher, ob ihr in ihrem derzeitigen Unternehmen etwas Vergleichbares angeboten würde. Dies wäre ein echter Karrieredurchbruch für sie, eine einzigartige Gelegenheit.*
>
> *Aber diese Stelle ist auch mit erheblichen Unsicherheiten verbunden, denn ihr Arbeitsplatz befindet sich in einem Schwellenland und Maya müsste ins Ausland ziehen. Die Bedingungen sind finanziell attraktiv und decken die Bedürfnisse ihrer Familie ab. Maya lebt in einer gleichgeschlechtlichen Beziehung, sie und ihre Partnerin haben zwei Kinder im Alter von sieben und elf Jahren. Sie hat das natürlich mit ihrer Familie besprochen, und im Prinzip passt alles, denn ihre Partnerin ist freiberuflich tätig und könnte problemlos im Ausland arbeiten.*
>
> *Maya ist zwei Wochen lang hin- und hergerissen, immer wieder wägt sie die Vor- und Nachteile jeder Option ab. Es muss eine Entscheidung getroffen werden, da der Headhunter spätestens in fünf Tagen eine endgültige Antwort erwartet. Maya weiß nicht, was sie tun soll.*
>
> *Dann hat sie den unten beschriebenen Ansatz gewählt, der ihr letztlich geholfen hat, zu einer klaren Entscheidung zu kommen: Sie hat das Angebot der Landesleitung des europäischen Unternehmens angenommen.*

Lassen Sie uns zunächst beleuchten, aus welchen Gründen solche Karriereentscheidungen schwierig sein können.

Die kleinen, aber wichtigen Unterschiede

Die Herausforderung könnte darin bestehen, dass Sie Schwierigkeiten haben herauszufinden, welche die bessere Option ist, da die Vor- und Nachteile beider Optionen relativ ausgeglichen sind. Vielleicht aber gibt es bestimmte kleinere Aspekte, die den Unterschied ausmachen.

Die Wahl zwischen sehr unterschiedlichen Optionen

Zwischen zwei sehr unterschiedlichen Optionen wählen zu müssen, ist zum Beispiel dann der Fall, wenn Sie die Möglichkeit haben, Ihre Karriere völlig neu auszurichten, etwa wenn Sie die Verantwortung für eine bestimmte Funktion in einer großen Organisation haben und Ihnen eine prestigeträchtige Position in einem Beratungsunternehmen angeboten wird, das in diesem Bereich tätig ist. Dies bedeutet nichts anderes als den Wechsel von einer operativen Verantwortung in eine Expertenrolle. Oder Sie sind beispielsweise im öffentlichen Sektor tätig und ein privates Unternehmen bietet Ihnen eine leitende Position in seinem Managementteam an.

Diese Wahlmöglichkeiten können Ihrer beruflichen Tätigkeit eine ganz andere Ausrichtung geben. Sie mögen hervorragende Entwicklungsmöglichkeiten bieten, aber die Tatsache, grundlegendere Veränderungen vornehmen zu müssen, macht eine solche Entscheidung unter Umständen sehr schwierig.

Sie können sich in diesem Zusammenhang fragen: Werde ich in der Lage sein, mich an das neue Umfeld anzupassen? Ist diese Art einer neuen beruflichen Aufgabe das, was ich wirklich langfristig anstrebe, oder wird sie vielleicht nach einer Weile weniger interessant werden? Werde ich in der Lage sein, dieser neuen Herausforderung gerecht zu werden?

Die Status-quo-Option

Eine Option ist immer auch die Beibehaltung dessen, was ist, also das Festhalten am Status quo. Die Unsicherheit des Neuen wird in der Regel als Risiko empfunden. Die menschliche Natur ist im Allgemeinen eher risikoscheu, weshalb man oftmals geneigt ist, die Option „Bleiben, wo man ist" zu bevorzugen. Das wiederum kann aber bedeuten, Chancen zu verpassen: Man könnte eine Chance verpassen, die eigene Karriere zu beschleunigen, die persönliche Entwicklung voranzubringen und neue Erfahrungen zu machen; dessen sollte man sich bewusst sein.

Die Liste der Vor- und Nachteile

Es ist ratsam, dafür zu sorgen, dass Ihr Entscheidungsprozess so präzise und gründlich wie möglich vonstattengeht. Der klassische und effiziente Ansatz besteht darin, für jede Option eine Liste der Vor- und Nachteile zu erstellen. Sie sollten auch sicherstellen, dass Sie sich von kompetenten Personen beraten lassen können. Dies ist umso hilfreicher, wenn diese Personen Sie kennen und berücksichtigen, inwieweit ihrer Meinung nach die Stellenoptionen Ihrem Profil, Ihren Bedürfnissen und Erwartungen entsprechen würden (oder auch nicht). Wenn das geschehen ist, könnten Sie immer noch mit dem oben erwähnten Dilemma konfrontiert werden und Schwierigkeiten haben, zu einer klaren Entscheidung zu kommen. Hier kann der Ansatz, den ich im Folgenden skizzieren möchte, hilfreich sein. Ich habe ihn mit einer ganzen Reihe von Personen getestet, und er hat letztlich jeder von ihnen geholfen.

Alles, was Sie brauchen, sind drei Tage, idealerweise in einer Zeit, in der Sie sich voll und ganz auf diese Sache konzentrieren können.

Tag 1
Am ersten Tag legen Sie für sich einen Zeitpunkt fest, an dem Sie eine endgültige Entscheidung zwischen beiden Optionen treffen wollen, beispielsweise um 18 Uhr. Sie nutzen diesen ersten Tag, um gründlich nachzudenken: Sie können die Liste mit den Vor- und Nachteilen immer wieder durchgehen und weitere Gespräche mit Kollegen und Freunden führen. Spätestens zum festgelegten Zeitpunkt (in diesem Beispiel: 18 Uhr) schreiben Sie Ihre Entscheidung auf ein Blatt Papier und betrachten diese als Ihre endgültige Entscheidung. Sie werden dann ein interessantes Phänomen beobachten: Sobald Sie sich für eine Option entschieden haben, wird sich Ihre Wahrnehmung der Optionen ändern!

Vielleicht empfinden Sie Erleichterung; vielleicht vertrauen Sie darauf, dass dies die richtige Entscheidung war; vielleicht aber wird Ihre Entscheidung noch weitere und größere Zweifel auslösen. Höchstwahrscheinlich wird Ihnen die Tatsache, dass Sie sich nun entschieden haben, erlauben, ein wenig zurückzutreten und einen Blick auf das große Ganze zu werfen, etwa so wie ein Maler, der ein paar Schritte von der Staffelei zurücktritt, um sein Bild zu betrachten. Das ist bei einem solchen Entscheidungsprozess sehr hilfreich. Machen Sie Sport oder widmen Sie sich Ihren Hobbys – das wird Ihnen helfen, sich noch mehr zu lösen und Abstand zu der Entscheidung zu gewinnen! Schlafen Sie eine Nacht darüber, auch das kann zu wichtigen Erkenntnissen und neuen Blickwinkeln führen.

Tag 2
Das Prinzip dieses Entscheidungs-Unterstützungsansatzes besteht darin, dass Sie den gleichen Prozess noch zwei weitere Male starten. Am Tag 2 sollten Sie erneut einen Zeitpunkt festlegen, zu dem eine „endgültige" Entscheidung getroffen wird. Diese endgültigen Entscheidungen sind gleichsam „Meilensteine", die am nächsten Tag revidiert werden können. Aber es handelt sich immer noch um feste Entscheidungen an diesem bestimmten Tag. Es ist

wichtig, zu einer klaren Entscheidung zwischen den Optionen zu kommen und sie am betreffenden Tag als endgültig zu betrachten. Halten Sie Ihre Entscheidung deshalb jedes Mal am besten schriftlich fest.

Am zweiten Tag haben Sie die Möglichkeit, eine neue vorläufig „endgültige" Entscheidung zu treffen. Diese könnte die Entscheidung vom Vortag bestätigen oder sie könnte in die entgegengesetzte Richtung gehen. Beide Fälle bieten Ihnen interessante Einblicke. Wenn die Entscheidung die gleiche ist, deutet das darauf hin, dass die Bedenkzeit eher die Entscheidung bestätigt hat, die Sie am ersten Tag getroffen haben. Wenn die Entscheidung am nächsten Tag zugunsten der anderen Option ausfällt, können Sie damit beginnen, über die Gründe nachzudenken, die Sie dazu bewogen haben, Ihre Meinung zu ändern.

Zum gegebenen Zeitpunkt schreiben Sie diese Entscheidung auf. Versuchen Sie erneut, abends und über Nacht Abstand zu Ihren Überlegungen zu gewinnen, um die häufig unbewussten Prozesse ablaufen zu lassen, die möglicherweise ein anderes Licht auf Ihre Entscheidung werfen oder Ihnen im Gegenteil die Gewissheit geben können, die richtige Wahl getroffen zu haben. Sie haben noch einen weiteren Durchlauf und damit eine weitere Möglichkeit, Ihre Meinung zu ändern.

Tag 3
Am dritten Tag wird die Entscheidung unumstößlich sein. Sie werden Gelegenheit haben, all Ihre Gedanken der letzten beiden Tage zu rekapitulieren und sich erneut mit einigen davon gründlich zu befassen. Zum festgelegten Zeitpunkt (also um 18 Uhr in unserem Beispiel) kommen Sie zum dritten Mal zu einer Entscheidung; dieses Mal aber sollte es die endgültige sein.

Sie werden sehen, dass Sie diesen dritten Entscheidungsmeilenstein mit größerer Gelassenheit wahrnehmen werden, denn Sie haben diesen Entscheidungsprozess bereits zweimal durchlaufen. Wahrscheinlich werden Sie sich dadurch in der Lage fühlen, eine präzisere und durchdachtere Entscheidung zu treffen. Darüber hinaus werden Sie die beiden vorherigen Entscheidungen berücksichtigen können. Am einfachsten ist es natürlich, wenn Sie die erste Wahl ein drittes Mal bestätigen. Das würde bedeuten, dass Ihnen ganz klar ist, was für Sie diese beste Wahl ist.

Wenn Sie sich zweimal für die Option A entschieden haben und dann schließlich zu Option B übergehen, bedeutet das in der Regel, dass gewisse Zweifel aufgetaucht sind, denen Sie vor der Entscheidung nicht die gleiche Bedeutung beigemessen hatten, aber diese Zweifel haben dazu geführt, sich neu zu entscheiden. Es ist gut, diese Erfahrung zu machen, bevor die endgültige Entscheidung ansteht, denn manchmal treten diese Wendepunkte ein, wenn es zu spät ist.

Die dritte Möglichkeit besteht darin, dass Sie eine erste Entscheidung getroffen hatten (z. B. für Option A), wobei sich dann Zweifel ergeben haben, die am zweiten Tag zu einer anderen Entscheidung führten; schließlich aber bestätigen Sie Ihre erste Entscheidung, was Ihnen in der Regel die Gewissheit gibt, dass die ursprüngliche Entscheidung die richtige war.

Ich glaube, dass diese Vorgehensweise Ihnen helfen kann, die bestmögliche Entscheidung zu treffen. Der Vorteil dieses Ansatzes besteht nämlich darin, dass Sie sich in eine reale Entscheidungssituation versetzen, aber mit der Möglichkeit, die Wahl zu revidieren. Sie können sich in beide Perspektiven versetzen – die Perspektive *vor* und *nach* der Entscheidung, wobei Sie die Freiheit behalten, die Wahl zu korrigieren.

Bedeutet dies, dass es immer die richtige Entscheidung sein wird und dass es falsche Entscheidungen völlig ausschließt? Natürlich nicht! Aber ich glaube, dass es Ihre Entscheidungen gründlicher und „belastbarer" machen wird.

Sie könnten sich jetzt fragen, ob die dritte Entscheidung nicht wieder geändert werden kann und ob dieser Prozess nicht deshalb auf vier oder fünf Tage oder sogar noch weiter verlängert werden sollte. Sie haben selbstverständlich die Freiheit, dieses Entscheidungsinstrument an Ihre spezifischen Bedürfnisse und Anforderungen anzupassen. Aber ich empfehle, es auf eine genau definierte Dauer zu beschränken (drei Tage sind in meinen Augen der optimale Zeitrahmen), damit Sie die „Spannung" behalten, die erforderlich ist, um es „real" zu machen. Wenn der Prozess zu lange dauert, wird die „endgültige" Entscheidung des betreffenden Tages weniger bindend, und das würde die Effizienz dieses Entscheidungsinstruments abschwächen.

5

Treiben Sie Ihre berufliche Entwicklung voran

Jeder von uns hat Eigenverantwortung für seine Karriere. Das ist die Hauptbotschaft dieses Kapitels. Es ist erstaunlich, wie viele Menschen zu erwarten scheinen, dass andere, etwa die Personalabteilung oder ihre Manager, dies in ihrem Namen tun sollten. Die Leute erzählen mir manchmal, dass sie überrascht sind, dass niemand sich anbietet, ihnen bei ihrer beruflichen Entwicklung zu helfen, um diese voranzubringen. Meine Empfehlung lautet: Setzen Sie sich selbst ans Steuer! (Abb. 5.1)

Ich möchte im Folgenden ein paar Tipps skizzieren, wie Sie sicherstellen können, dass Sie die Herausforderung „Karriere" selbst in die Hand nehmen. Allerdings sollten Sie das nicht allein tun. Die Einrichtung Ihres Karriereberatungsausschusses ist eine gute Möglichkeit, auf die Erfahrung und Unterstützung von Menschen zurückzugreifen, denen Sie vertrauen.

Der Kerngedanke des Konzepts der „umgekehrten Nachfolgeplanung", das ich in diesem Zusammenhang entwickelt habe, ist, dass Sie sich als Nachfolger für die Stelle positionieren, die Sie anstreben. Einer der Gründe, dies zu tun, besteht darin, Ihre Entwicklungsbedürfnisse mit Blick auf Ihre nächsten Karriereschritte genauer zu erfassen.

Ein Abschnitt ist dem Thema Ihrer Entwicklung gewidmet. Lernen am Arbeitsplatz ist bei Weitem der stärkste Entwicklungsmodus. Sie werden eine Reihe von On-the-job-Entwicklungsmöglichkeiten finden, die leicht zu realisieren sind.

Ergänzende Information Die elektronische Version dieses Kapitels enthält Zusatzmaterial, auf das über folgenden Link zugegriffen werden kann [https://doi.org/10.1007/978-3-662-64843-8_5]. Die Videos lassen sich durch Anklicken des DOI Links in der Legende einer entsprechenden Abbildung abspielen, oder indem Sie diesen Link mit der SN More Media App scannen.

© Der/die Autor(en), exklusiv lizenziert an Springer-Verlag GmbH, DE, ein Teil von Springer Nature 2022
S. Sommerlatte, *Erfolgreiche Karrierestrategie*, https://doi.org/10.1007/978-3-662-64843-8_5

Abb. 5.1 Einführungsvideo Kap. 5 (▶ https://doi.org/10.1007/000-6dz)

Das Timing spielt in den verschiedenen Phasen unserer Karriere eine wichtige Rolle. Das weiter unten beschriebene Diamantprinzip skizziert die beiden Hauptphasen Ihrer Karriere und zeigt auf, wie Sie diese Phasen erfolgreich bewältigen können.

Ein besonders wichtiger Aspekt sind die ersten 100 Tage in einem neuen Job. Es gibt hierbei zwei Denkrichtungen. Die erste besagt, dass alle Maßnahmen, die in diesen ersten 100 Tagen nicht ergriffen wurden, wahrscheinlich auch später nicht durchgeführt werden. Das ist die handlungsorientierte Schule. Die zuhörorientierte Schule behauptet im Gegensatz dazu, dass man in diesen 100 Tagen nichts anderes tun sollte, als zuzuhören. Sobald Sie sich mit einem dieser beiden Aktionspläne positioniert haben, werden die Menschen in ihrer Art und Weise, mit Ihnen zu interagieren, nicht mehr ganz offen sein, und ihre Botschaften werden sehr wahrscheinlich voreingenommen sein. Welcher Schule soll man folgen? Auch darüber werden Sie in diesem Kapitel mehr lesen.

Ich möchte Ihnen im Folgenden deutlich machen, wie wichtig es ist, aus bestimmten mentalen Modellen auszubrechen, um anders über die eigene berufliche Entwicklung nachzudenken. Am Ende dieses Kapitels werde ich Ihnen eine Geschichte erzählen. Es ist die Geschichte eines Elefantenbabys. Das mag Ihnen die Augen öffnen für gewisse mentale Barrieren, die Sie möglicherweise haben und die Ihre Karriereentwicklung einschränken könnten. Befreien Sie sich von diesen Barrieren!

5.1 Seien Sie der CEO Ihrer Karriere

Als CEO Ihres eigenen „Unternehmens" haben Sie die Aufgabe, die strategische Richtung vorzugeben und dafür zu sorgen, dass Ihr Marktwert steigt, Trends und Chancen zu beobachten sowie bei Bedarf mutige Entscheidungen zu treffen. Sie sehen, es ist ein harter Job, ein CEO zu sein!

Dieser Abschnitt skizziert, wie Sie das am besten schaffen.

Komponenten des Karrieremanagements
Als CEO sind Sie voll und ganz für die Festlegung der strategischen Ausrichtungen Ihres Unternehmens namens „meine Karriere" verantwortlich. Sie müssen entscheiden, in welchen Job-Märkten Sie sich positionieren wollen, welche Wettbewerbsvorteile Sie entwickeln müssen und wie Sie diese sichern können. Schließlich sind die richtigen Investitionsentscheidungen für Ihre Entwicklung und die Stärkung Ihrer persönlichen Marke von entscheidender Bedeutung. Dies sind die Schlüsselkomponenten des Karrieremanagements.

Die richtigen Entscheidungen zur richtigen Zeit zu treffen erfordert eine ständige Beobachtung auf der Grundlage von Marktdaten und Benchmark-Informationen. Sie sollten die Trends beobachten und nach Chancen Ausschau halten, vor allem dort, wo disruptive Markttrends auf Ihren Sektor einwirken und Ihrerseits eine Neupositionierung erforderlich machen könnten. In einigen Fällen erfordert dies mutige Entscheidungen und das Eingehen von Risiken. Gleichzeitig können solche Veränderungen neue Chancen für Sie auftun, die Sie gezielt ergreifen sollten.

5.2 Richten Sie Ihren persönlichen Karriere-Beirat ein!

Es ist wichtig, Ihre Karriereentwicklung aktiv voranzutreiben. Aber das sollten Sie, wie schon erwähnt, nicht allein tun. Sie sollten die Unterstützung von Menschen erhalten, die Sie, Ihre Funktion sowie Ihre Branche kennen. Dieser Abschnitt beschreibt, wie Sie einen persönlichen Karriere-Beirat einrichten und wie Sie ihn effizient führen können.

Dieser persönliche Beirat wird Ihnen helfen, Ihre Karrierestrategie zu überprüfen, und er wird Fragen dazu beantworten, wie Sie Ihre berufliche Entwicklung am besten steuern können. Der Beirat wird Ihnen bei wichtigen Karriereentscheidungen zur Seite stehen und Sie können auf die Erfahrung und das Fachwissen der Beiratsmitglieder zurückgreifen. Ein solcher Karriere-Beirat kann zu einem wichtigen Erfolgsfaktor für Ihre berufliche Entwicklung werden. Warten Sie nicht damit, ihn einzurichten!

In diesem Abschnitt geht es um die Vorteile der Einrichtung eines persönlichen Karriere-Beirats, darum wie er funktioniert, welche Themen er abdecken sollte und wie man die Mitglieder des Beirats auswählt.

Warum sollten Sie Ihren persönlichen Karriere-Beirat einrichten?
Wir haben eine große Verantwortung, unsere eigene Karriere aktiv voranzutreiben. Es ist ähnlich wie bei einem Unternehmen, wo der Beirat dabei hilft, strategische Entscheidungen zu überprüfen und externe Perspektiven aufzuzeigen.

Der Karriere-Beirat ist für Sie auch dann wichtig, wenn Sie mit bestimmten Karriereentscheidungen konfrontiert werden. In solchen Situationen ist es sehr hilfreich, auf die Ansichten anderer zurückgreifen zu können und Vertrauenspersonen zu haben. Die Möglichkeit, Unterstützung von Menschen zu bekommen, die Sie kennen und die wissen, was Sie erreichen wollen, kann ein erheblicher Erfolgsfaktor auf Ihrem beruflichen Weg sein.

Wie wählt man die Beiratsmitglieder aus?
Die Auswahl der Beiratsmitglieder ist von entscheidender Bedeutung, damit der persönliche Karriere-Beirat für Sie nützlich ist.

Sie sollten eine Person haben, die Sie wirklich sehr gut kennt. Das könnte jemand sein, der Sie in den letzten Jahren beobachten konnte, der Ihre Persönlichkeit und Ihr Profil, Ihre Stärken und Ihre Entwicklungsbereiche kennt. Mit anderen Worten: Diese Person sollte ein tiefes Verständnis dafür haben, wer Sie sind.

Außerdem sollten Sie ein oder zwei Beiratsmitglieder auswählen, die über relevante Branchenerfahrung verfügen – entweder aus der Branche, in der Sie derzeit arbeiten, oder aus einer Branche, an der Sie interessiert sind und in der sich für Sie in Zukunft Möglichkeiten ergeben könnten.

Schließlich sollten Sie auf Personen zurückgreifen, die Ihre neue berufliche Herausforderung verstehen und einschätzen können. Dies können Personen sein, die in der Vergangenheit eine ähnliche Verantwortung hatten. Es kann auch jemand sein, der derzeit eine ähnliche Rolle wie Sie innehat, aber in einem anderen Unternehmen. In diesem Fall haben Sie eine Peer-Beziehung, die auch für Ihr Karrieremanagement sehr nützlich sein kann.

Wann kommt Ihr persönlicher Karriere-Beirat zusammen?
Sie müssen mit den Mitgliedern des Beirats abstimmen, wann Sie sich treffen. In der Regel sollte dies zweimal pro Jahr geschehen, aber Sie können auch häufigere Sitzungen abhalten, insbesondere dann, wenn Sie sich in einer Situation befinden, in der Sie bestimmte, sehr wichtige Entscheidungen treffen müssen. In diesem Fall können Sie die Beiratsmitglieder dazu einladen, auf einer Ad-hoc-Basis zusammenzukommen.

Sie werden mit Ihren Beiratsmitgliedern auch vereinbaren müssen, welcher Zeitplan für sie am besten geeignet ist. Zum Beispiel könnten Sie vereinbaren, sich abends zu treffen oder auch am Wochenende. Diese Aspekte müssen im Voraus geklärt werden. Es liegt auch in Ihrer Verantwortung, diese Beiratssitzungen vorzubereiten, um sicherzustellen, dass sie für Sie nützlich und fruchtbar sind.

Welche Themen sollten bei den Beiratssitzungen behandelt werden?
Wenn sich der Beirat zum ersten Mal trifft, sollten Sie Ihre Karrierestrategie vorstellen. Ich würde empfehlen, jede folgende Beiratssitzung mit einem Rückblick auf die Umsetzung dieser Karrierestrategie zu beginnen. Sie sollten die Beiratsmitglieder darüber informieren, wo Sie bei der Umsetzung Ihrer Strategie stehen und ob es irgendwelche Änderungen an diesem Plan gibt.

Zweitens würde ich empfehlen, die vergangenen Monate seit Ihrem letzten Treffen mit dem Beirat Revue passieren zu lassen:

- Was haben Sie bisher erreicht?
- Auf welche Schwierigkeiten oder Herausforderungen sind Sie gestoßen und welche Lehren konnten Sie daraus ziehen?
- Wie haben Sie Ihren Erfahrungsschatz weiter ausbauen können?

Natürlich sollten Sie den Beirat auch über Ihre Gedanken oder Perspektiven für Ihren nächsten Karriereschritt informieren, insbesondere dann, wenn sich bestimmte konkrete Möglichkeiten innerhalb oder außerhalb Ihres Unternehmens ergeben haben.

Vielleicht haben Sie zum Beispiel Gespräche mit Headhuntern geführt, die Sie im Hinblick auf Job-Möglichkeiten kontaktiert haben. Dies sind Themen, die dem Beirat bekannt sein sollten.

Schließlich sollten Sie auch dafür sorgen, dass es Zeit für Fragen und Diskussionen gibt. Insbesondere sollten Sie den Beiratsmitgliedern Zeit lassen, um Sie zu bestimmten Aspekten herauszufordern oder die richtigen Coaching-Fragen zu stellen, um Ihr Denken anzuregen.

Diese Agenda sollte es dem Beirat ermöglichen, Ihre berufliche Entwicklung im Hinblick auf Ihr ultimatives Karriereziel bestmöglich zu lenken.

Ich hoffe, Sie sind bereit, Ihren persönlichen Karrierebeirat *jetzt* einzurichten. Zögern Sie es nicht hinaus!

5.3 Chancen des Learnings-on-the-job

Es gibt viele Möglichkeiten des Lernens „on the job". Viele erfordern weder ein spezielles Entwicklungsbudget noch die Teilnahme an zeitaufwendigen Trainingsprogrammen.

Lernen am Arbeitsplatz ist eine sehr effektive Lernmethode. Vielleicht haben Sie schon von der „70-20-10-Regel" gehört, nach der 70 % des Lernens am Arbeitsplatz, 20 % in Schulungen und 10 % durch Coaching erfolgen sollten. Auf dem Papier sieht dieses Prinzip gut aus, aber die meisten Unternehmen tun sich schwer damit, die 70 % des Lernens am Arbeitsplatz umzusetzen. Nehmen Sie das also selbst in die Hand!

Unten finden Sie eine Liste von großartigen Lernaktivitäten am Arbeitsplatz. Bitte prüfen Sie, ob einige davon für Sie relevant sein könnten und ob sie in Ihrer aktuellen Rolle umgesetzt werden können. Machen Sie diese berufliche Entwicklung zu einem wichtigen Teil Ihrer Karrierestrategie! Denken Sie über die Fähigkeiten und Erfahrungen nach, die Sie für Ihre nächsten Karriereschritte benötigen, und stellen Sie sicher, dass Sie diese Fähigkeiten sobald wie möglich sammeln können.

Externe Beratung
Sollte eine größere Reorganisation oder ein komplexes Projekt umgesetzt werden müssen, könnte Ihr Unternehmen beschließen, eine externe Beratung in Anspruch zu nehmen. Dies kann eine hervorragende Lernmöglichkeit für Sie sein, denn die externen Berater bringen wertvolles Wissen in die Organisation ein. Dazu gehören bestimmte fachliche oder technische Kenntnisse, die in Ihrer Organisation möglicherweise nicht vorhanden sind, oder auch Projektmanagement-Fähigkeiten.

Häufig brauchen die externen Berater interne Mitarbeiter, die mit ihnen zusammenarbeiten; entweder weil zusätzliche Projektressourcen benötigt werden, um bestimmte Aufgaben zu erledigen, oder um Zugang zur Wissensbasis der Organisation zu erhalten. Dies kann eine große Chance für Sie sein, da Sie so von diesen externen Beratern on the Job lernen können.

Interne Beratung

Einige größere Organisationen haben interne Beratungsgruppen (siehe auch Abschn. 9.3). Die Zusammenarbeit mit diesen internen Beratern kann ebenso von Vorteil sein, wie es mit externen Beratern der Fall ist. Darüber hinaus können diese internen Berater eine ausgezeichnete Unterstützung für Sie sein, wenn Sie eine bestimmte Aufgabe zu erledigen haben, bei der Sie deren Expertise benötigen. Es könnte auch sein, dass die Berater nicht direkt involviert werden müssen, sondern Ihnen die Werkzeuge und die Methodik zur Verfügung stellen können, die Sie benötigen, um bestimmte Aufgaben selbst zu erledigen. Dieser Wissenstransfer ist ebenfalls eine sehr vorteilhafte On-the-job-Lernmethode.

Internationale Erfahrung

Internationale Erfahrung ist ein wichtiger Teil Ihrer Erfahrungsbasis (siehe Abschn. 3.2). Aber es kann sein, dass Sie aus persönlichen Gründen nicht ins Ausland umziehen können. Außerdem ist die Zahl der Entsendungen wegen der hohen Kosten für das Unternehmen in der Regel recht begrenzt. Allerdings habe ich schon viele Fälle erlebt, in denen Menschen in der Lage waren, solche internationalen Erfahrungen zu sammeln, ohne tatsächlich ins Ausland umzuziehen, wie die folgenden Beispiele von Sara und von Patrick zeigen.

> **Beispiel Sara**
>
> *Sara arbeitete an der Implementierung eines neuen Außendienstmanagement-Systems in Ungarn. Sie erfuhr, dass das brasilianische Team gerade ein ähnliches Projekt erfolgreich abgeschlossen hatte. Mit ihrem Manager vereinbarte sie, dass sie über die zwölfmonatige Dauer des Projekts dreimal zwei Wochen in Sao Paulo verbringen würde, um sich mit diesem brasilianischen Projektteam auszutauschen und dessen Wissen und Erfahrung nach Ungarn zu übertragen. Nebenbei machte sie eine großartige interkulturelle Erfahrung.*

> **Beispiel Patrick**
>
> *Patrick ist ein Controller in Singapur. Ludovic ist sein Pendant in Belgien. Kennengelernt haben sich Ludovic und Patrick in einem gemeinsamen Finanztrainingsprogramm. Beide machen einen ähnlichen Job, und beide wollten internationale Erfahrungen sammeln. Es gelang ihnen, ihre Chefs von einer Job-Rotation zu überzeugen. Dies ist für das Unternehmen kein allzu großer Umstand, da beide sehr ähnliche Fähigkeiten und Erfahrungen haben. Außerdem ist die andere Person bei Fragen immer leicht erreichbar. Sie teilten sich auch ihre Wohnungen, was half, Kosten zu sparen. Die Rotation wurde für lediglich fünf Monate geplant, um die Einwanderungsanforderungen begrenzt zu halten.*

Job-Tausch

> **Beispiel: Jean**
>
> Jean war Verkaufsleiter eines Herstellers von Gartengeräten in Großbritannien. Eliana leitete das Marketing in diesem Unternehmen. Beide befanden sich auf der gleichen Hierarchieebene und waren Mitglieder des Managementkomitees. Brian, der Personalleiter, war besorgt, er fragte sich, ob man beide Kräfte im Unternehmen würde halten können, weil Jean und Eliana ihre Erfahrungsbasis erweitern wollten, das Unternehmen ihnen aber keinen passenden nächsten Schritt anbieten konnte. Einen der beiden zu verlieren, das wusste Brian, wäre ein großer Verlust für das Unternehmen.
>
> Er besprach dies mit dem CEO, und sie kamen zu dem Schluss, dass es sehr sinnvoll wäre, Jean und Eliana zu erlauben, für zwölf Monate den Arbeitsplatz zu tauschen. Brian war zuversichtlich, dass Jean und Eliana aufgrund ihrer Lernfähigkeit in der Lage sein würden, sich schnell in die jeweils neuen Aufgabengebiete einzuarbeiten. Beide waren begeistert. Sie einigten sich darauf, einen Tag pro Woche in der Nähe des anderen im Büro zu verbringen, sodass sie den anderen stets um Rat fragen konnten. Die Fragen, die sie ihren Teams stellten, sorgten für frischen Wind, und der Job-Tausch wurde von allen als großer Erfolg bewertet.

Es gibt noch zahlreiche weitere Möglichkeiten, einen Job-Tausch einzurichten und dabei den spezifischen Bedarf und die Umstände zu berücksichtigen.

Shadowing

> **Beispiel: Sylvia**
>
> Sylvia war Marketingmanagerin in Italien, einer großen Landesorganisation. Als nächste Stufe ihrer beruflichen Entwicklung war vereinbart, dass sie innerhalb der kommenden zwei Jahre eine regionale Marketingleitung übernehmen sollte, höchstwahrscheinlich für Asien. Dies war für sie ein großer Schritt nach oben, und es war klar, dass sie sich darauf vorbereiten musste. Sie musste ihre Führungsqualitäten stärken und verstehen, wie man in einem Mehr-Länder-Konstrukt managt. Es wurde vereinbart, dass sie den Regionalpräsidenten für Europa jeden Monat einen Tag lang begleiten würde. Dies war leicht zu organisieren, da beide in Italien angesiedelt waren.
>
> Sylvia betrachtete es als großen Vorteil, diese Beobachterrolle einzunehmen, in der sie sich voll und ganz auf das Zuhören und Verstehen konzentrieren konnte. Auch für den europäischen Präsidenten war es eine großartige Erfahrung, weil sie sich informell austauschen konnten und Sylvias Feedback auch für ihn von großem Nutzen war.

360°-Feedback
Ihre Teammitglieder, Kollegen und Manager sollten Sie als ständige Quelle für Lernen und Entwicklung nutzen. Denn sie beobachten Sie und können Ihnen sehr aufschlussreiches Feedback geben. Standard-360°-Tools sind kostengünstig erhältlich und erlauben es, diese Quelle der Einsicht sozusagen ganz bequem zu nutzen. Lassen Sie sich diese Gelegenheit nicht entgehen, denn sie kann Ihnen wichtige Erkenntnisse und Einsichten über Ihre Führung und Arbeitsweise vermitteln. Dies ist die Basis, um Ihre Selbstwahrnehmung zu stärken, die sehr wichtig ist, um sich als Führungskraft weiterzuentwickeln (diesem Thema der Selbstwahrnehmung ist Kap. 7 vollständig gewidmet).

Peer-Coaching
Zusätzlich zum 360°-Feedback können Sie einen Ihrer Peers um gegenseitiges Coaching bitten. Das kann ab und zu ganz informell beim Mittagessen geschehen. Sagen Sie Ihrem Peer-Coach, wo Sie Ihren Entwicklungsbedarf sehen, und bitten Sie ihn, Sie im Hinblick auf diese Aspekte genauer zu beobachten.

Online-Lernen
Nutzen Sie auch ganz gezielt die Fülle an hochqualitativem Fachwissen und an Tutorials, die online verfügbar sind, wann immer Sie bei Ihrer Arbeit auf ein Problem stoßen. Sie werden über die Qualität dieser kostenlosen On-the-job-Beratung überrascht sein, die Sie jederzeit auf Knopfdruck abrufen können.

Darüber hinaus hat Ihr Unternehmen vielleicht einen Vertrag mit einem Anbieter von Online-Lernkursen abgeschlossen. So vermeiden Sie es, viel Zeit in Schulungsräumen zu verbringen, und können sich bequem fortlaufend weiterbilden.

Externer Best-Practice-Austausch und Expertengruppen
Stellen Sie sicher, dass Sie sich extern mit Gleichgesinnten vernetzen. Es ist sehr nützlich zu erfahren, was andere Unternehmen tun. Dies bietet auch die Möglichkeit, ganz offen Fragen zu stellen, ohne sich von seinen Kollegen oder Mitarbeitern beurteilt zu fühlen. Auf diese Weise können Sie darüber hinaus Ihr externes Netzwerk aufbauen, was für Ihre zukünftige Karrierestrategie von großem Nutzen sein kann (siehe auch Abschn. 4.6 zum Stakeholder-Management).

Wie Sie sehen, ist die Liste der On-the-job-Lernmöglichkeiten lang und vielseitig. Prüfen Sie, wo Sie im Hinblick auf Ihre Karriereentwicklung die wichtigsten Lernlücken haben, und beurteilen Sie, welches dieser Tools für Sie am nützlichsten sein könnte. Besprechen Sie dies mit der Personalabteilung und mit Ihrem Vorgesetzten. Wenn Sie wissen, dass diese eher zurückhaltend reagieren, versuchen Sie, Beispiele innerhalb oder außerhalb Ihres Unternehmens zu finden, bei denen dies funktioniert hat. Das wird Ihnen helfen, sie zu überzeugen. Bei Job-Tausch und Job-Rotation ist es ratsam, diese Entwicklungsmaßnahmen im Voraus zu planen, damit sich das Unternehmen darauf vorbereiten kann. Wenn es in Ihrem Unternehmen einen jährlichen individuellen Entwicklungsplanungsprozess gibt, sollten Sie diesen nutzen, um diese Maßnahmen zu besprechen und zu vereinbaren, insbesondere wenn sie mit Kosten verbunden sind (z. B. Reisebudget).

5.4 Umgekehrte Nachfolgeplanung

> **Beispiel: Tony**
>
> *Tony begann seine Karriere im Vertrieb. Er stieg in seinem Unternehmen, einem mittelgroßen Global Player in der Baumaschinenbranche, auf. Schließlich wurde er regionaler Verkaufsleiter für den gesamten asiatischen Markt – eine wichtige Führungsposition in seinem Unternehmen. Nach ein paar erfolgreichen Jahren in dieser Position, in denen er mit verschiedenen Unternehmensfunktionen zu tun hatte, stellte er sich die Frage nach dem nächsten Karriereschritt. Ein direkter Aufstieg innerhalb der Vertriebsfunktion selbst war nicht möglich, da dieses Unternehmen keinen globalen Vertriebsleiter hatte. Ganz offensichtlich hatte die HR-Abteilung diese Situation noch nicht bedacht, denn seine weitere Entwicklung war in keinem der Nachfolgepläne festgehalten. Er war also auf sich selbst gestellt.*
>
> *Neben wenig aussichtsreichen internen Gesprächen begann Tony auf LinkedIn aktiver zu werden und stand bald in Kontakt mit einigen Headhuntern. Interessanterweise schien die externe Welt offen dafür zu sein, sein Profil auch für Nicht-Vertriebspositionen in Betracht zu ziehen. Seine einnehmende Persönlichkeit, sein profundes Wissen über die Branche und sein Verhandlungsgeschick wurden sehr geschätzt. Sein Profil wurde für eine breite Palette von Positionen in Betracht gezogen.*
>
> *Tony hatte das Gefühl, dass das externe Umfeld ihm mehr Perspektiven als das eigene Unternehmen bieten kann, und er war im Begriff, sich für eine externe Rolle zu entscheiden, als er erfuhr, dass die Position des globalen Einkaufschefs in seinem Unternehmen vakant wurde. Dabei handelte es sich um eine Position in der Geschäftsleitung, die direkt an den CEO berichtet. In der Vergangenheit hätte er das wahrscheinlich nicht als möglichen Karriereschritt in Erwägung gezogen. Er war voll und ganz konzentriert auf den Vertrieb und die damit verbundene operative P&L-Verantwortung.*
>
> *Ermutigt durch die externen Gespräche bat er um ein Sondierungsgespräch mit dem CEO. Tony konnte die Fähigkeiten und die Erfahrung, die er für diese Rolle gebrauchen konnte (Verhandlungsgeschick, Branchenerfahrung, Wissen über das Unternehmen, seine Mitarbeiter und seine Kultur, Lernfähigkeit usw.), die allesamt sehr relevant waren, verdeutlichen. Schließlich wurde er ausgewählt und entwickelte sich rasch zu einem erfolgreichen Einkaufsleiter.*

Die Lehre, die man aus diesem Beispiel lernen kann, ist, dass es sich lohnt, über den Tellerrand zu schauen und alle Karrierewege innerhalb des Unternehmens zu prüfen, die von Interesse sein könnten, anstatt darauf zu warten, dass andere einen als Nachfolger für bestimmte Positionen in Betracht ziehen. Das kann ausgezeichnete Perspektiven und Chancen eröffnen!

Bisweilen spricht man in diesem Zusammenhang auch von „Reverse-Mentoring". Ich möchte deshalb hier von „umgekehrter Nachfolgeplanung" sprechen.

5.4.1 Grenzen der traditionellen Nachfolgeplanung

Das Beispiel von Tony spiegelt wider, wie zahlreiche große Unternehmen noch immer arbeiten. Die Nachfolgeplanung ist wie eine Blackbox: Sie wird von der Personalabteilung und den Managern auf vertrauliche Art und Weise durchgeführt. Menschen, die als Nachfolger für bestimmte Rollen infrage kommen, werden nicht immer offen und direkt darüber informiert. Unternehmen haben das Gefühl, dass dies zu falschen Erwartungen der Mitarbeiter oder gar zu einem Anspruchsdenken im Hinblick auf die Nachfolgeoptionen führen könnte. Die Unternehmen befürchten, dass es dann schwierig werden könnte, die betroffenen Mitarbeiter in ihren aktuellen Rollen zu halten. Wenn zudem mehrere Kandidaten als Nachfolger für eine bestimmte Rolle infrage kommen, könnte dies zu Rivalitäten zwischen diesen Mitarbeitern führen.

Diese Bedenken sind zwar durchaus berechtigt. Aber man darf nicht vergessen, dass die mangelnde Transparenz, die dadurch entsteht, dass Mitarbeiter nicht über die Rollen informiert werden, für die sie infrage kommen, zu einem Bindungsrisiko und möglichen Motivationsverlust führt. Mitarbeiter können in der Tat den Eindruck gewinnen, dass es einfacher ist, sich über Headhunter einen Überblick über Job-Möglichkeiten außerhalb des Unternehmens zu verschaffen, als sich intern über ihre möglichen nächsten Schritte zu informieren. Darüber hinaus können Mitarbeiter das Gefühl haben, dass sie in ihren funktionalen Silos feststecken und dass es schwer ist, Gespräche über Möglichkeiten für funktionsübergreifende Wechsel zu führen.

Ich bin daher entschieden für einen offenen Ansatz der Nachfolgeplanung und möchte Sie ermutigen, diese umgekehrte Nachfolgeplanung vorzunehmen und für sich selbst anzuwenden.

Wie erstellen Sie Ihre umgekehrten Nachfolgepläne?
Der Ausgangspunkt ist, ein solides Verständnis der Organisation Ihres Unternehmens zu gewinnen. Vielleicht finden Sie eine Möglichkeit, auf die detaillierten Organigramme Ihres Unternehmens zuzugreifen, dies wäre durchaus

ein guter Anfang. In manchen Unternehmen bietet das Online-HR-System – wie etwa „Workday" oder „Success Factors" – die Möglichkeit, sich durch die Organisation zu navigieren. Dies gibt Ihnen nicht nur einen detaillierten Einblick in die Organisationsstruktur, sondern Sie können sogar die Profile der aktuellen Stelleninhaber sowie deren Stellenbeschreibungen einsehen. Das sind wertvolle Informationen!

Der zweite Schritt besteht aus einer Einschätzung der Stärken und der Erfahrung, die Sie mitbringen. Ich habe oben das Konzept der Erfahrungsbasis skizziert (siehe Abschn. 3.2). Das sollte sicherlich helfen, einen strukturierten Blick auf das eigene Profil zu bekommen. Ich würde Ihnen auch empfehlen, den Input zu sammeln, den Sie möglicherweise durch verschiedene Assessment-Tools und Feedback-Umfragen erhalten haben, um Klarheit darüber zu gewinnen, wo Ihre Stärken liegen.

In einem dritten Schritt sollten Sie die Organisation Abteilung für Abteilung durchlaufen. Nehmen Sie sich die Zeit, sich in die verschiedenen Rollen hineinzudenken. Versetzen Sie sich in die Lage eines Recruiting Managers und prüfen Sie, was Ihr Profil in diese verschiedenen Positionen einbringen könnte. Das Wichtigste ist zu prüfen, ob Sie sich für die betreffende Position begeistern können. Fragen Sie sich, ob diese Rolle Ihnen entspricht, vielleicht auch ohne dass Sie vorher überhaupt daran gedacht hatten, wie es bei Tony der Fall war, der die Einkaufsleitung nie zuvor in Erwägung gezogen hatte. Überprüfen Sie insbesondere auch die Fragen, ob diese Stelle zu einer relevanten Erweiterung Ihrer Erfahrungsbasis beitragen kann und ob sie eine sinnvolle Etappe im Hinblick auf Ihren längerfristigen Karrierewunsch sein kann.

In einem vierten Schritt sollten Sie Ihren eigenen Namen in all die Kästchen schreiben, für die Sie aus Ihrer Sicht infrage kommen. Aber auch hier gilt: Hinterfragen Sie jede dieser Entscheidungen sowohl aus Ihrer eigenen Perspektive als auch aus der des Unternehmens. Es hilft nichts, sich für bestimmte Positionen zu begeistern, bei denen es offensichtlich ist, dass Ihr Profil einfach nicht passt. Seien Sie ehrgeizig, aber bleiben Sie realistisch!

Schließlich sollten Sie sich an Personen wenden, die mehr über diese Aufgabenbereiche wissen. Sprechen Sie informell mit ihnen, wenn Sie können. Versuchen Sie, mehr über diese Positionen zu erfahren. Wenn möglich, könnten Sie fragen, ob Ihr Profil in ihren Augen für eine dieser Positionen infrage kommen könnte. Es würde sich auch lohnen, mit den HR-Business-Partnern dieser verschiedenen Abteilungen oder Unternehmensparten in Kontakt zu treten. Auch hier sollten Sie versuchen, mehr über die Position zu erfahren. Versuchen Sie, die HR-Perspektive auf Ihr Profil im Hinblick auf diese Positionen zu erhalten. Aus diesen Gesprächen können Sie wertvolle Informationen gewinnen.

Kehren Sie nun ans Reißbrett zurück. Überprüfen Sie Ihre eigenen Nachfolgepläne. Begrenzen Sie diese auf maximal fünf. Diese Zahl kann etwas höher sein, wenn Sie noch am Anfang Ihrer Karriere stehen, und sie wird natürlich kleiner, je höher Sie in der Hierarchie stehen. Sie sollten dann zu einem Plan übergehen, um die Entscheidungsträger für sich zu gewinnen (siehe Abschn. 4.6).

Ich möchte hier einen dieser Stakeholder besonders hervorheben: den aktuellen Inhaber der Position. Erstens könnte er oder sie in die Nachfolgeplanung für seine/ihre eigene Rolle involviert sein, noch wichtiger aber ist, dass der derzeitige Stelleninhaber Ihnen sehr wertvolle Einblicke in die Position geben kann und sich möglicherweise sogar an der Unterstützung Ihrer eigenen Entwicklung beteiligen kann. Ein offenes Gespräch über Ihr aktuelles Profil und die Lücken im Hinblick auf einen glaubwürdigen Nachfolger wäre von großem Vorteil. Wenn Sie Glück haben, gewinnen Sie vielleicht einen Mentor, der bereit ist, sich aktiv in Ihre eigene Entwicklung einzubringen.

Hätten Sie gedacht, dass Sie sich so weit in die Nachfolgeplanung für bestimmte Rollen einbringen können und dass Sie auf diese Weise Ihre Karriereentwicklung ganz gezielt voranbringen können?

5.4.2 Gespräch mit Rolf Pfeiffer

In einem Gespräch mit Rolf Pfeiffer, Managing Partner bei Bernotat & Cie. GmbH, diskutierten wir über die Vorteile einer transparenteren Nachfolgeplanung. Die Idee ist, einen offenen Austausch zwischen dem aktuellen Inhaber einer Rolle und seinen identifizierten Nachfolgern herzustellen, wie es oben ausgeführt ist.

SVEN Traditionell wird die Nachfolgeplanung als ein Instrument zur Sicherstellung der Geschäftskontinuität gesehen. Das ist die Unternehmensperspektive.

ROLF Richtig. Aber es gibt auch andere Möglichkeiten, den Wert der Nachfolgeplanung zu betrachten. Wir können die Perspektive des derzeitigen Inhabers einer Rolle einnehmen oder die Perspektive des identifizierten Nachfolgekandidaten. Und schließlich können wir es aus der Perspektive der Personalabteilung als dem Dirigenten dieses Prozesses betrachten.

SVEN Lassen Sie uns dieses Thema zunächst aus der Perspektive des aktuellen Stelleninhabers betrachten. Die Verfügbarkeit eines Nachfolgers ist offensichtlich wichtig, denn einen Back-up zu haben ist in der Regel eine Bedingung dafür, dass man in eine andere Rolle wechseln kann.

ROLF Stimmt. Kein Manager möchte hören: „Wir können Sie nicht in Ihre nächste Rolle versetzen, weil es keinen Nachfolger gibt, der einspringen könnte."

SVEN Die Frage ist nun, welchen Beitrag der Manager leisten kann, um seine Nachfolge zu sichern. Kann die Führungskraft eine aktive Rolle in diesem Prozess spielen? In der Vergangenheit war die Nachfolgeplanung oft eine Blackbox-Diskussion zwischen Manager und HR.

ROLF Meiner Meinung nach sollte dies ein offener Prozess sein. Manager sollten sich mit dem/den möglichen Nachfolger(n) austauschen, anstatt dies zu einer reinen Papierübung werden zu lassen.

SVEN Ich glaube, jeder, der in seiner Karriere das Privileg hatte, aktiv an der Benennung des Nachfolgers/der Nachfolgerin beteiligt zu sein, weiß, wie erfüllend das ist. Vielleicht ist es das Erfreulichste in unserem Berufsleben, unsere Erfahrungen an die nächste Generation von Führungskräften weiterzugeben.

ROLF Da stimme ich Ihnen zu. Und das betrifft mehrere Aspekte. Manager sollten ihre Verantwortung ernst nehmen, die Karriereentwicklung ihrer Teammitglieder zu fördern. Das ist ein ganz entscheidender Teil der Führungsverantwortung, der aber leider nicht immer voll zur Geltung kommt. Es könnten aber darüber hinaus auch Mentoring-Beziehungen zwischen der Führungskraft und den identifizierten Nachfolgern aufgebaut werden. Das Nachfolgemanagement könnte so zu einem echten Engagement jeder Führungskraft im Unternehmen werden.

SVEN Wenn Sie von Engagement sprechen, führt das zur Mitarbeiterperspektive. Für einen Nachfolgekandidaten könnte es sicherlich sehr vorteilhaft sein, sich mit dem derzeitigen Stelleninhaber austauschen zu können, um einen besseren Einblick in die Rolle zu bekommen und zu verstehen, welche Fähigkeiten und Erfahrungen erforderlich sind und welche Entwicklungsmaßnahmen empfohlen werden könnten, die ihn auf diese Rolle vorbereiten. Dieser Austausch wäre sicherlich sehr hilfreich und würde dem Mitarbeiter mehr Klarheit über die beruflichen Entwicklungsmöglichkeiten geben, die das Unternehmen bieten kann.

ROLF Ja, die Mitarbeiter werden sehen, dass es jemanden gibt, der sich um sie kümmert und der bereit ist, ihnen dabei zu helfen, ihre Zukunft in dieser Organisation zu gestalten. Das wäre eine sehr positive Mitarbeitererfahrung. Und sie würden sehen, was das Unternehmen noch „mit ihnen vorhat".

SVEN Die Kehrseite ist, dass dies auf der Mitarbeiterseite gewisse Erwartungen weckt. Aber wenn man darüber nachdenkt, gibt es Möglichkeiten, dieses Risiko auszugleichen. Der Mitarbeiter kann ja mehrere Nachfolgeoptionen haben. Einige Optionen könnten kurzfristig sein, andere könnten mittel- oder langfristige Möglichkeiten der Karriereentwicklung sein. Das erlaubt es, die Dinge in die richtige Perspektive zu rücken, anstatt sich nur auf einen einzigen nächsten Karriereschritt zu fokussieren.

ROLF Sie haben echt. Der offene Ansatz könnte Erwartungen wecken, die letztlich nicht erfüllt werden, und das kann zu Enttäuschungen führen. Aber mein Gefühl ist, dass die Vorteile größer sind als die Nachteile und dass das Risiko, wie Sie sagen, gemildert werden kann.

SVEN Die Vorteile aus der HR-Perspektive sind, dass (1) dies helfen würde, die Nachfolgepläne robuster zu machen, und dass (2) die Entwicklungsdiskussion zwischen der Führungskraft und ihren Teammitgliedern sinnvoller wird. Als Vermittler dieses Prozesses würde die HR-Funktion sicherlich sehr von diesem Austausch profitieren.

ROLF Die Moderation von reiferen Gesprächen über zukünftige Rollen ist in der Tat eine große Chance für die HR-Funktion, einen Mehrwert für die Organisation zu schaffen. Meistens werden Entwicklungsplanung und Nachfolgeplanung getrennt voneinander durchgeführt. Das ist eine verpasste Gelegenheit. Wir sollten stattdessen die Nachfolgeplanung als Grundlage für die Personalentwicklung nutzen. Es gibt keinen besseren Weg, die Qualifikations- und Erfahrungslücke einer Person zu klären, als sich konkret mit dem Entwicklungsbedarf zu befassen, der erforderlich ist, damit jemand eine größere Aufgabe übernehmen kann. Wo steht die Person, die wir als unseren Nachfolger identifiziert haben, heute und welche Entwicklung ist nötig, damit sie für meine Rolle bereit ist? Dies sollte sich natürlich nicht auf ein jährliches Entwicklungsgespräch beschränken, sondern ein kontinuierlicher Austausch sein.

SVEN Vielen Dank, Rolf, für dieses Gespräch!

5.5 Das „Diamantprinzip" des Karrieremanagements

Eine Karriere hat typischerweise zwei unterschiedliche Phasen: In der ersten Phase erweitern Sie Ihre Erfahrungsbasis. Sie erreichen einen Wendepunkt, sobald Sie die notwendigen Erfahrungen gesammelt haben, um Ihr angestrebtes Karriereziel zu erreichen. An diesem Punkt beginnt die zweite Phase, in welcher Sie Ihr Karriereziel fokussiert angehen müssen.

In diesem Abschnitt gehe ich auf zwei wichtige Aspekte im Zusammenhang mit diesen beiden Phasen ein: Kommunikation und Zeitmanagement. Wenn Sie sich bezüglich dieser beiden Punkte richtig verhalten, können Sie Ihre Karriereentwicklung optimieren.

5.5.1 Zwei Karrierephasen

Die Erweiterung Ihrer Erfahrungsbasis steht im Fokus der ersten Phase Ihrer Karriere. Irgendwann aber gibt es typischerweise einen Wendepunkt, an dem Sie feststellen, dass Sie über eine ausreichende und solide Erfahrungsbasis verfügen und an dem Sie zu einem fokussierten Ansatz im Hinblick auf Ihr Karriereziel übergehen. Die Erweiterung Ihrer Erfahrungsbasis und das anschließende Fokussieren ähneln der Form eines Diamanten (siehe Abb. 5.2), und ich möchte dies daher das „Diamantprinzip" des Karrieremanagements nennen.

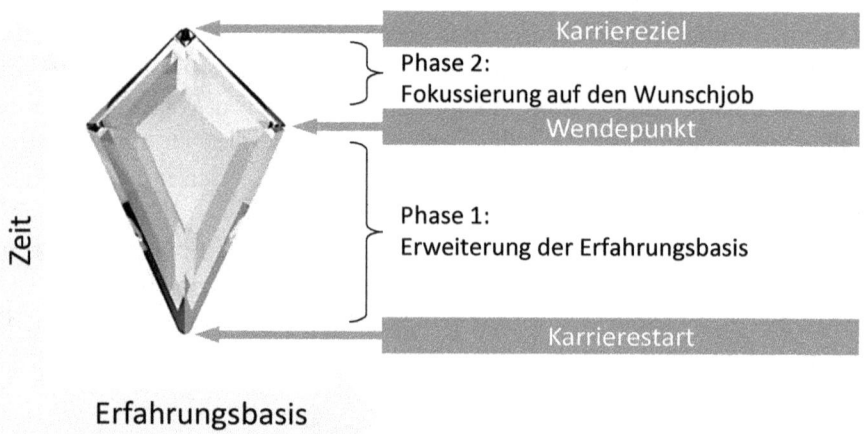

Abb. 5.2 Diamantprinzip

Kommunikation
Die erste Phase Ihrer Karriereentwicklung sollte also gezielt dazu genutzt werden, eine möglichst breite Erfahrungsbasis aufzubauen. Diese Absicht sollten Sie Ihren Gesprächspartnern deutlich machen. Sie sollten ihnen erläutern, weshalb Sie Ihre Karrierestrategie entsprechend ausgerichtet haben, und ihnen mitteilen, welche Erfahrungsbausteine Sie in einem nächsten Karriereschritt erwerben wollen. Es ist wichtig sicherzustellen, dass Ihre Strategie der Erweiterung gut verstanden wird und nicht etwa als ein Fehlen von Zielorientierung missinterpretiert wird. Es gibt nämlich durchaus auch Situationen, in denen Kandidaten aus reiner Unentschlossenheit neue Karrierewege einschlagen. Ihre Kommunikation sollte sehr klar sein, sodass dieser Verdacht gar nicht erst entstehen kann.

Seien Sie auf der Hut, denn Ihrem Wunsch, sich breiter aufzustellen, kann sich einiges in den Weg stellen. Ihr Unternehmen mag zunächst ein Interesse daran haben, Sie in Ihrem gegenwärtigen Tätigkeitsbereich zu belassen, denn die Firma hat gewissermaßen in Sie investiert und kann unter Umständen darauf erpicht sein, Sie für eine längere Zeit entsprechend einzusetzen. Seien Sie sich auch bewusst, dass Sie gegebenenfalls dazu bereit sein sollten, auf einen Aufstieg in der Firmenhierarchie zunächst zu verzichten. Der Wechsel in einen neuen Arbeitsbereich lässt sich häufig nur als lateraler Schritt realisieren, da Sie die erforderlichen neuen Erfahrungswerte erst erlangen müssen, bevor Sie mit einer Beförderung rechnen können. Stellen Sie im Austausch mit HR und dem Manager sicher, dass diese Fragen besprochen und geklärt werden. Seien Sie dabei gut vorbereitet, sodass Sie auf die Eingeständnisse, zu denen man bereit ist, schnell eingehen können und umgekehrt auch wissen, wozu man möglicherweise nicht bereit ist. Diese Klarheit in der Kommunikation wird es Ihnen erlauben, schnell die für Sie richtigen Entscheidungen zu treffen, und kann eine positive Wirkung darauf haben, wie andere Sie wahrnehmen, nämlich als gut strukturiert, selbstbewusst und entschieden.

Wie wir oben gesehen haben, gibt es für gewöhnlich einen Wendepunkt, wenn Sie die erforderlichen Erfahrungen und Wissenselemente erworben haben. Von diesem Zeitpunkt an geht es darum, alles daran zu setzen, Ihr Karriereziel möglichst schnell zu erreichen. Jetzt müssen Sie sehr gezielt vorgehen und sich voll und ganz auf dieses Karriereziel fokussieren. Das muss sich selbstverständlich in Ihrer Kommunikation niederschlagen.

Sie sollten jetzt in der Lage sein, Ihre Gesprächspartner davon zu überzeugen, dass Sie über die erforderliche Erfahrung für Ihren Wunsch-Job verfügen und dass Sie Ihre Entwicklung ganz darauf ausrichten wollen, diesen zu erhalten. Das ist eine andere Kommunikationsstrategie. Es ist wichtig, diesen Wendepunkt nicht zu verpassen.

Hier kommen wir zu den zeitlichen Aspekten.

Zeitmanagement

Ich glaube, dass der Wendepunkt, an dem Sie von der Erweiterung Ihrer Erfahrungsbasis zu einer auf Ihren Wunsch-Job ausgerichteten Karrieresteuerung übergehen, etwa nach Ablauf von zwei Dritteln Ihrer Karriere einsetzt. Lassen Sie uns davon ausgehen, dass die berufliche Laufbahn im Alter von 20 Jahren beginnt und mit 65 Jahren endet. Sie müssen sicherstellen, dass Sie über die nötige Zeit verfügen, um die dafür noch erforderlichen Hierarchiestufen zu erklimmen. Man kann als Faustregel davon ausgehen, dass jemand, der über die erforderlichen fachlichen Kenntnisse für ein bestimmtes Karriereziel verfügt, dann noch zwei bis drei vertikale Entwicklungsschritte benötigt, um an die Spitze eines bestimmten Verantwortungsbereichs zu kommen.

Sie sollten daher nicht zu spät mit dem fokussierteren Karriereansatz beginnen, weil Sie sonst das erhoffte Ziel schon aus rein zeitlichen Gründen nicht erreichen können. Zeitmanagement ist also eine sehr wichtige Komponente Ihrer Karrierestrategie.

Das ist es, was ich mit dem Diamantprinzip des Karrieremanagements betonen möchte: Sie sollten den Wendepunkt in Ihrer persönlichen Laufbahn erkennen und Ihre Kommunikation mit den wichtigsten Stakeholdern gezielt darauf ausrichten.

5.6 Die ersten 100 Tage im neuen Job

Als Personalleiter werde ich häufig gefragt, wie man die ersten 100 Tage in einem neuen Job am besten nutzen soll.

Dieser Abschnitt zeigt auf, was Sie bei der Gestaltung *Ihrer* ersten 100 Tage beachten sollten, um den Start in die neue Rolle so effizient wie möglich zu machen. Wenn Sie in die Literatur zu diesem Thema eintauchen, werden Sie feststellen, dass es ganz unterschiedliche Denkschulen zu diesem Thema gibt.

5.6.1 Die handlungsorientierte Schule

Eine Denkschule besagt, dass alle Maßnahmen, die in diesem ersten Zeitraum nicht ergriffen werden, zu einem späteren Zeitpunkt viel schwieriger zu treffen sein werden. Die Idee ist, dass alle mutigen Entscheidungen am besten gleich zu Beginn getroffen werden. Dahinter steht die Annahme, dass Sie in dieser ersten Phase im neuen Job als neutraler und unvoreingenommener wahrgenommen werden als diejenigen, die schon länger in der Organisation sind, und dass Sie dadurch eine höhere Legitimation haben, Veränderungen anzustoßen. Mit anderen Worten: Die Tatsache, dass Sie frei von Einflüssen sind, gibt Ihnen die Möglichkeit, schnell zu handeln, und es wäre daher eine verpasste Gelegenheit, wenn Sie diese ersten 100 Tage nicht nutzen würden, um mutige Entscheidungen zu treffen.

Autoren, Berater oder Coaches, die diese Sichtweise teilen, empfehlen in der Regel, schon vor dem Start so viele Informationen wie möglich über den neuen Job und die neue Organisation zu sammeln, um in diesen ersten 100 Tagen am besten vorbereitet zu sein, wichtige Entscheidungen zu treffen.

Ist das sinnvoll? – Ja, das ist es, und man wäre versucht, diesem Ansatz umgehend zu folgen, wenn es nicht noch eine andere Perspektive gäbe, auf die man stößt und die interessanterweise genau in die entgegengesetzte Richtung geht!

5.6.2 Die lernorientierte Schule

Nach dieser anderen Denkschule ist es ratsam, nicht zu handeln, sondern zuzuhören. Die Empfehlung lautet, mit möglichst vielen Personen aus der Organisation zu interagieren, die Leute ihre Sichtweise mitteilen zu lassen und sich mit dem eigenen Urteil zurückzuhalten. Diejenigen, die diese Sichtweise vertreten, raten, so offen wie möglich zu bleiben, keine voreiligen Schlüsse zu ziehen, so viele Standpunkte wie möglich in Betracht zu ziehen und die eigenen Überzeugungen auf die Probe zu stellen.

Manche gehen so weit zu empfehlen, dass – wenn möglich – Ihr Vorgänger noch die operative Verantwortung behält, damit Sie so frei wie möglich sind, um zu beobachten, die Kultur der neuen Umgebung zu verstehen, sich ein Bild von den Stärken und Schwächen der neuen Organisation zu machen und die Teams einzuschätzen.

Die Annahme dabei ist, dass alle Informationen, die Sie in diesen ersten 100 Tagen nicht aufgenommen haben, zu einem späteren Zeitpunkt viel schwieriger zu sammeln sein werden, weil es den Menschen im Unternehmen schwerer fallen wird, bestimmte Informationen mit Ihnen zu teilen. Neutral und in diesem Lern-Modus zu bleiben, erleichtert es, an Informationen zu gelangen. Dies basiert auch auf der Erfahrung, dass man im Stress des täglichen Managements gefangen ist, sobald man in den Aktionsmodus übergeht, und dass es dann schwierig sein wird, sich die Zeit zu nehmen, um zuzuhören.

5.6.3 Wer hat recht – die handlungs- oder die lernorientierte Schule?

Ist es nicht erstaunlich, wie diese beiden Perspektiven einander direkt entgegengesetzt sind, aber beide durchaus Sinn machen? Wer hat nun recht, die handlungs- oder die lernorientierte Schule? Ich glaube, es kommt letztlich auf Sie selbst und auf die spezifische Situation an, in die Sie sich begeben, wenn Sie die neue Verantwortung übernehmen.

Lassen Sie uns diese beiden Aspekte betrachten.

5.6.4 Es hängt von Ihnen ab!

Die Wahl der Vorgehensweise hängt zunächst mit Ihrer Persönlichkeit zusammen. Ich glaube, dass es tatsächlich sehr nützlich ist zu verstehen, dass diese beiden Ansätze existieren, damit Sie eine bewusste Entscheidung treffen können, wie Sie diese ersten 100 Tage gestalten wollen.

Machen Sie sie zu *Ihren* ersten 100 Tagen! Tatsächlich ist die allererste Entscheidung, die Sie im neuen Job treffen werden, die Wahl des Ansatzes, und dies wird ein starkes Signal an die Organisation darüber sein, wer Sie sind. Wie Sie wissen, gibt es nie eine zweite Chance, einen guten ersten Eindruck zu hinterlassen. Dieses erste Signal kann sehr wirkungsvoll sein, vor allem dann, wenn Sie den Ansatz, den Sie gewählt haben, aktiv an Ihr neues Umfeld kommunizieren.

Die Wahl des Ansatzes wird ein erster Anhaltspunkt für Ihren Führungsstil sein. Sie können sich entscheiden, allen zu sagen, was Ihr Fahrplan für die ersten 100 Tage ist, oder vielleicht nur Ihren engeren Mitarbeitern. Es liegt an Ihnen, diese Entscheidung zu treffen, denn sie basiert auf Ihrer persönlichen Vorliebe und Ihrer Einschätzung der Situation.

Die Erfahrungen, die Sie in der Vergangenheit bei der Übernahme einer neuen Verantwortung (entweder in Ihrem jetzigen oder in einem neuen Unternehmen) machen konnten, werden bei Ihrer Entscheidung sicher auch eine Rolle spielen. Diese Erfahrungen können Ihnen helfen, die Zeit einzuschätzen, die Sie benötigen, um sich mit der neuen Umgebung vertraut zu machen, bevor Sie in dieser neuen Rolle voll einsatzfähig sind.

Schließlich möchte ich betonen, wie wichtig es für jede Führungskraft ist, ein starkes Team aufzubauen oder von dem bereits bestehenden Team akzeptiert zu werden. Der Aufbau eines Vertrauensverhältnisses innerhalb des Führungsteams ist sicherlich ein wesentlicher Erfolgsfaktor bei der Übernahme einer neuen Rolle und sollte eine Ihrer ersten Prioritäten sein. Die Geschwindigkeit, mit der Sie auf Ihr Führungsteam zurückgreifen können, um strategische Entscheidungen zu treffen und die volle Unterstützung dieser Gruppe zu haben, wird wesentlich zu Ihrem erfolgreichen „Onboarding" beitragen.

5.6.5 Es kommt auch auf die Situation an

Die Entscheidung darüber, wie Sie Ihre ersten 100 Tage angehen, hängt auch von der Situation der Organisation ab, in die Sie eintreten.

Eine Krise kann es erforderlich machen, die Zeit zum Zuhören zu verkürzen
Wenn Sie mit einer Krise konfrontiert werden, für deren Behebung Sie eingestellt wurden, ist es sehr wahrscheinlich, dass Sie in den ersten 100 Tagen nicht die Möglichkeit haben, nur zuzuhören, denn es wird erwartet, dass Sie viel schneller in die Problemlösung einsteigen. Es mag aber die Möglichkeit geben, eine verkürzte Zeitspanne für den Zuhörmodus zu reservieren. 50 Tage oder gar nur drei Wochen können Ihnen bereits tiefere Einblicke geben, die Sie vielleicht nicht so leicht gewinnen können, wenn Sie gleich voll in das operative Management eingebunden sind.

Die Frage nach Ihrem Vorgänger
Der andere Faktor ist die Frage, ob Ihr Vorgänger für die Übergabezeit noch zur Verfügung steht. Es ist ein sehr privilegierter Einstieg in eine neue Organisation, wenn Sie eine Vereinbarung treffen können, dass Ihr Vorgänger die operative Verantwortung für das Unternehmen (bzw. für Ihren spezifischen Verantwortungsbereich) während einer Übergangszeit behält. Dies ermöglicht es Ihnen, länger in der oben beschriebenen Beobachtungsposition zu bleiben. Allerdings ist dies nicht immer möglich, da Ihr Vorgänger möglicherweise schon nicht mehr im Unternehmen arbeitet. Auch müssen die Umstände des Personalwechsels, die zu Ihrer Benennung geführt haben, berücksichtigt werden. Ihr Vorgänger wird sicherlich nur dann für eine gewisse Zeit das Geschäft weiterführen können, falls er vom Unternehmen als dafür geeignet eingeschätzt wird und nicht etwa wegen mangelnder Performance gehen muss. Kurzum: Wo es möglich ist, kann es sehr ratsam sein, einen solchen Übergang zu nutzen.

Die Zeit zur Vorbereitung
Schließlich kommt es auch auf die Zeit an, die Sie zur Vorbereitung hatten. Je mehr Zeit Ihnen vor Beginn der 100 Tage zur Verfügung steht, um Informationen über die neue Position zu sammeln, desto wahrscheinlicher ist es, dass Sie schnell und effizient in den Aktionsmodus wechseln können.

5.6.6 Fazit

Wir sehen, dass es viele Faktoren zu berücksichtigen gibt. Wichtig jedoch ist, dass diese Entscheidung über die Art und Weise, wie Sie Ihre ersten 100 Tage bewältigen wollen, nicht auf die leichte Schulter genommen werden sollte. Denken Sie über Ihren bevorzugten Arbeitsstil nach! Denken Sie über die Situation nach und treffen Sie eine Entscheidung. Stellen Sie sicher, dass Sie diese Entscheidung gegenüber der Organisation und Ihren Teams kommunizieren, denn das ist bereits ein starkes erstes Signal, das Sie den anderen über sich selbst geben werden.

5.7 Schreiben Sie Ihren Wunsch-Lebenslauf

Normalerweise spiegelt unser Lebenslauf das wider, was wir in der Vergangenheit getan haben. Er gibt einen Überblick über unsere wichtigsten Errungenschaften in Bezug auf die Ausbildung und die berufliche Entwicklung.

Ich glaube aber, dass wir das Format des Lebenslaufs auch nutzen könnten, um uns gewissermaßen in die Zukunft zu projizieren. Das kann sehr hilfreich sein, um berufliche Entwicklungsmöglichkeiten greifbarer zu machen. Wie wir wissen, spielt der Faktor Zeit eine Rolle (siehe oben Abschn. 5.5). Mitunter wird das nicht ausreichend berücksichtigt, wenn wir unsere Karrierestrategie festlegen. Wie viele Karriereschritte können Sie noch unternehmen? Ist es eine gute Idee, ein spezielles Job-Angebot anzunehmen, auch wenn es nicht ganz mit Ihrem Karrierewunsch übereinstimmt? Das könnte es vielleicht unmöglich machen, die notwendigen weiteren Schritte zu absolvieren, um das eigentliche Ziel zu erreichen. Den Lebenslauf im Voraus zu schreiben ist daher eine gute Möglichkeit, die Karriere konkret zu planen.

Aber es gibt in meinen Augen noch einen weiteren Vorteil.

Seien Sie mutig! Bauen Sie Ihren Karrierewunsch in diese Projektion ein. Geben Sie sich selbst die Erlaubnis, Ihren Wunsch-Lebenslauf zu schreiben. Vielleicht werden Sie feststellen, dass er durchaus erreichbar ist. Vielleicht ermöglicht Ihnen das Festhalten auf dem Papier, eine mentale Barriere zu überwinden, die Ihnen bislang den Eindruck vermittelt hat, dass Sie Ihr Wunsch-

Ziel nicht erreichen können. Vielleicht werden Sie aufhören zu denken, dass diese Ebene der Verantwortung einfach nichts für Sie ist. Schließlich schreiben Sie vielleicht mehr als nur einen einzigen Lebenslauf. Vielleicht gibt es verschiedene Entwicklungsmöglichkeiten, die Sie in Betracht ziehen wollen. Dann schreiben Sie diese Optionen auf. Versuchen Sie, sich Ihr Leben innerhalb dieser verschiedenen Szenarien vorzustellen und sich so klar wie möglich darüber zu werden, wie Sie sich in diesen verschiedenen Karrierepfaden fühlen würden. Fragen Sie sich: Ist es wirklich das, was ich anstrebe? Ist das die Art von Leben, die ich leben möchte? Entsprechen diese Tätigkeiten meinem tiefen Wunsch? Vielleicht werden Sie herausfinden, dass Sie noch in bestimmten mentalen Modellen feststecken, die Ihnen von außen auferlegt wurden. Vielleicht werden Sie den Lebenslauf entdecken, den Sie *wirklich* anstreben.

5.8 Denken Sie groß! Die Baby-Elefanten-Geschichte

Brechen Sie aus selbst auferlegten mentalen Barrieren aus!

Die Geschichte um das Elefantenbaby und wie es zu seiner Mutter zurückkam, die ich Ihnen in diesem Abschnitt erzählen möchte, enthält eine Botschaft für uns. Sie werden erfahren, warum Elefanten in bestimmten Situationen nicht fliehen, sobald sie ein Seil um den Hals haben.

Es gilt, über Möglichkeiten nachzudenken, die es vielleicht gibt, unsere Karriere anders zu gestalten und aus den vorformatierten linearen Karrierewegen auszubrechen, z. B. um eine Richtung einzuschlagen, die besser zu Ihrem wahren Karrierewunsch passt, der Ihrem tiefen Wunsch entspricht, oder um mutiger im Hinblick auf Ihre Karriereentwicklung zu sein, wo Sie vielleicht das Gefühl haben, dass Sie noch nicht so weit sind.

Die folgende Geschichte dreht sich um ein Elefantenbaby, das in Indien mit seiner Mutter – einem großen und reifen Elefanten – lebt. Beide gehören zu einem Mahout. Ein Mahout ist in Indien eine Person, die Elefanten hält und aufzieht.

Der Mahout geht mit dem Elefantenbaby und seiner Mutter von einem Dorf zum anderen und bietet seine Dienste für schwere Hebearbeiten an, die nur mit der Kraft eines Elefanten erledigt werden können. Das Elefantenbaby lebt ein sehr glückliches Leben mit seiner Mutter, trinkt die gute Muttermilch, wächst heran, spielt und freut sich des Lebens.

Das geht so weiter bis zu dem Tag, an dem sich für unser Elefantenbaby alles ändert. An diesem Tag trennt der Mahout das Elefantenbaby von seiner Mutter. Er legt ein dickes Seil um den Hals des Elefantenbabys und befestigt es an einem massiven Stock, der in der Erde befestigt ist. Unser Elefantenbaby versteht nicht, was vor sich geht, und will zurück zu seiner Mama. Also fängt es an, an dem Seil zu ziehen und zu zerren, um aus dieser Gefangenschaft zu entkommen. Aber das Seil ist stark, und der Stock hält fest.

Das Elefantenbaby fühlt sich immer einsamer und vermisst seine Mutter sehr. Große Elefantentränen fallen auf den Boden. Und Sie sollten wissen, dass Elefantentränen noch größer sind als Krokodilstränen! Der Babyelefant ist nicht nur sehr traurig, sondern beginnt auch sehr hungrig zu sein. So unternimmt er immer wieder alle Anstrengungen, sich zu befreien. Er kämpft mit all seinen Kräften gegen das Seil an. Das Seil fängt schmerzhaft an seinem Nacken zu scheuern an, weil unser kleiner Elefant so stark daran reißt. Aber es hilft ihm nicht. Unser Elefantenbaby ist ausgehungert, traurig und völlig erschöpft.

Nach ein paar Tagen ist der Babyelefant so verzweifelt und geschwächt, dass seine Versuche, sich zu befreien, immer seltener und mutloser werden. Sein Hals blutet, seine Kräfte sind aufgebraucht und seine Traurigkeit darüber, nicht bei seiner Mutter zu sein, ist überwältigend. Langsam, aber sicher gibt das Elefantenbaby auf, resigniert und fällt schließlich in völlige Entmutigung, nachdem es alle Hoffnung verloren hat.

Das ist der Moment, in dem der Mahout auftaucht und das Seil vom Stock löst. Unser Babyelefant hat kaum die Kraft, wieder auf seine Füße zu kommen, und der Mahout nimmt den Babyelefanten mit. Nicht weit entfernt kann das Elefantenbaby plötzlich seine Mutter sehen … Das Elefantenbaby rennt so schnell es kann zu seiner Mutter, und die Elefantenmutter ist voller Freude, ihr Baby wiederzuhaben! Unser Elefantenbaby braucht nicht lange, um wieder die gute Muttermilch zu saugen, und genießt die Zärtlichkeit seiner Mutter.

Der Babyelefant erholt sich. Das Leben geht wieder seinen gewohnten Gang, und unser kleiner Held wächst schnell und wird bald selbst zu einem großen und starken Elefanten wie seine Mutter. Der Elefant fängt an, bei schweren Hebearbeiten mitzuhelfen. Die Menschen bewundern seine unglaubliche Kraft in allen Dörfern, die der Mahout mit seinen Elefanten besucht.

Wenn sie in ein neues Dorf kommen, hält der Mahout auf dem Dorfplatz an, legt ein Seil um den Hals unseres Elefanten und befestigt es an einem Stock. Unser inzwischen erwachsener Elefant könnte leicht entkommen. Er verfügt nun über die zehn- oder sogar 100-fache Kraft, sich von dem Seil zu befreien, als noch in der Zeit, als er ein Elefantenbaby war. Aber nie wieder wird unser Elefant das Seil und den Stock herausfordern. Immer, wenn das Seil um seinen Hals liegt und am Stock befestigt ist, bleibt unser Elefant dort und versucht nicht einmal wegzulaufen.

Ist das nicht erstaunlich? Dieser superstarke Elefant, der schwere Bäume tragen kann, wird niemals einen Versuch unternehmen, sich von dem Seil und dem Stock zu befreien, die ihn als Baby gefangen gehalten hatten.

Ich habe diese Geschichte von einem Geschichtenerzähler gehört, der sie wahrscheinlich selbst von einem anderen Geschichtenerzähler gehört hat und so weiter. Wenn diese Geschichte über so viele Jahre immer wieder erzählt wird, dann deshalb, weil sie wahrscheinlich eine tiefere Bedeutung hat, die auch für uns relevant ist.

Haben wir virtuelle Seile um unseren Hals?
Was ist die tiefere Bedeutung dieser Geschichte? Sagt sie uns etwas über uns selbst? Gibt es vielleicht Einschränkungen, die wir erfahren haben und die wir seitdem akzeptieren?

Gibt es Karrierechancen, auf die wir uns hätten bewerben können, wenn wir frei von bestimmten mentalen Modellen gewesen wären, die für uns aber gar nicht mehr relevant sind? Haben wir solche Stricke um den Hals, die wir nicht lösen, obwohl wir vielleicht zehn- oder 100-mal die Kraft dazu hätten? Kann ich mich von bestimmten selbst auferlegten Beschränkungen befreien?

Ich denke, das ist es, wozu uns diese Geschichte einlädt nachzudenken: Was sind unsere eigenen mentalen Barrieren, die wir vielleicht hinterfragen sollen? Ich möchte die wichtigsten davon kurz auflisten:

- Es werden viel erfahrenere Leute für diese Rolle ausgewählt. Ich bin noch nicht so weit, mich überhaupt zu bewerben.
- Ich würde gern eine solche Stelle haben, aber es ist zu riskant, meinen etablierten Karriereweg zu verlassen.
- Dieses unternehmerische Abenteuer würde ich wirklich gern wagen, aber was ist, wenn ich scheitere?
- Ich muss weiterarbeiten, um meinen Lebensabend zu sichern, auch wenn ich jetzt vielleicht genug Pensionssicherheit habe, aber man weiß ja nie.
- Besser, ich bleibe in meiner Rolle, auch wenn ich nicht mehr viele persönliche Entwicklungsmöglichkeiten bekomme.

Warum gibt es einen Konsens, dass es so gemacht werden muss? Kann man es nicht auch anders sehen? Hat es jemand versucht? Soll ich versuchen auszubrechen? Wo liegen die Risiken, wenn ich das tue? Habe ich die Kraft, es zu versuchen?

Die Geschichte vom Elefantenbaby lädt uns ein, all diese Fragen zu stellen. Ich denke, es lohnt sich, darüber für unser eigenes Leben zu reflektieren.

6

Unternehmenskultur bewerten

Diejenigen von Ihnen, die ein Aquarium haben, wissen, wie empfindlich Fische in Bezug auf die Wasserqualität sind. Mehrere Faktoren müssen berücksichtigt werden, darunter die Reinheit des Wassers, die Temperatur, die Frage, wie oft man das Wasser wechseln muss, dessen Sauerstoffgehalt usw. Ein Fisch überlebt möglicherweise nicht allzu lang in einer Umgebung, in der das Wasser nicht seinen Bedürfnissen entspricht. Sie können die Parameter in einem Aquarium ändern, aber Sie müssen das sehr schrittweise und innerhalb eines bestimmten Bereichs tun. Nur sehr wenige Fische können sich an signifikante Veränderungen anpassen. Der Lachs ist eine der wenigen Arten, die mit einer kompletten Veränderung der Wasserbedingungen zurechtkommen. Ein Lachs lebt im salzigen Meerwasser, schwimmt aber zur Brutzeit die Süßwasserflüsse hinauf (Abb. 6.1).

Es ist natürlich eine zu starke Vereinfachung, die Kultur eines Unternehmens mit dem Wasser in einem Aquarium zu vergleichen. Vor allem weil es recht einfach ist, die Parameter der Wasserqualität zu messen, während es hochkomplex ist, die Kultur einer Organisation zu beurteilen. Was aber dieser Vergleich verdeutlicht, ist, dass man das richtige Umfeld braucht, um zu überleben oder erfolgreich zu sein. Dies wird von Kandidaten, die das Unternehmen wechseln, sehr oft unterschätzt. Die Leute neigen dazu, sich auf den Arbeitsinhalt, auf die Positionierung der Stelle in der Organisation und auf

---

Ergänzende Information Die elektronische Version dieses Kapitels enthält Zusatzmaterial, auf das über folgenden Link zugegriffen werden kann [https://doi.org/10.1007/978-3-662-64843-8_6]. Die Videos lassen sich durch Anklicken des DOI Links in der Legende einer entsprechenden Abbildung abspielen, oder indem Sie diesen Link mit der SN More Media App scannen.

Abb. 6.1 Einführungsvideo Kap. 6 (▶ https://doi.org/10.1007/000-6e0)

die Vergütung zu konzentrieren. Aber wir wissen aus vielen Beispielen – vielleicht kennen Sie einige davon aus eigener Beobachtung oder Erfahrung –, dass die kulturelle Passung ein wesentlicher Faktor für den Erfolg in einem neuen Job ist, vor allem dann, wenn jemand das Unternehmen oder das Land gewechselt hat.

Ich werde mich hier auf die Unternehmenskultur konzentrieren, nicht auf kulturelle Unterschiede zwischen Ländern. Es gibt umfangreiche Literatur über interkulturelle Unterschiede und darüber, wie man sich darauf vorbereitet, wenn man in ein anderes Land zieht. Viele Unternehmen bieten interkulturelles Training an, bevor sie ihre Mitarbeiter ins Ausland schicken. Ich kann nicht genug betonen, wie wichtig diese Vorbereitung ist, die oft lediglich als „nice to have" angesehen wird, obwohl sie eine entscheidende Voraussetzung ist. Selbst wenn man zwischen zwei Ländern in Europa wechselt, die nahe beieinander liegen, können die kulturellen Unterschiede erheblich sein. Nachdem ich selbst in Frankreich, Deutschland, den USA, Großbritannien und der Tschechischen Republik gelebt und gearbeitet habe, kann ich betonen, dass ich immer wieder erstaunt war über diese Unterschiede und darüber, wie wichtig es ist, diese zu verstehen, um in der neuen Umgebung erfolgreich zu arbeiten.

In diesem Kapitel werde ich mich mit dem Thema „Unternehmenskultur" und den Unterschieden der Kulturen verschiedener Unternehmen befassen, die vielleicht noch komplexer sind als die Unterschiede der Kulturen unterschiedlicher Länder. Es gibt viele Bücher, die die kulturellen Unterschiede zwischen den USA und China oder zwischen Frankreich und Großbritannien beschreiben, aber Sie werden ganz sicher nichts finden, das Ihnen etwas über die kulturellen Unterschiede zwischen Kellogg's und L'Oréal oder zwischen Airbus Industries und General Electrics erzählt. Tatsache ist aber, dass es sehr wohl erhebliche kulturelle Unterschiede zwischen diesen Organisationen gibt. Sie alle haben starke Unternehmenskulturen. Man kann nur erfolgreich sein, wenn man es schafft, sich diesen anzupassen. Die kulturelle Passung ist wichtig, denn Menschen können sich – wie bereits erwähnt – bis zu einem gewissen Grad an ein neues kulturelles Umfeld adaptieren, aber nur, wenn die neue Unternehmenskultur prinzipiell mit ihren persönlichen Bedürfnissen übereinstimmt.

> **Beispiel: Iris**
>
> *Iris arbeitete früher in einem sehr erfolgreichen großen europäischen FMCG-Unternehmen als Einkaufsleiterin und wechselte in die Europazentrale eines amerikanischen Konkurrenten. Das europäische Unternehmen war ziemlich konsensorientiert und hierarchisch. Entscheidungen wurden recht weit oben in der Organisation und normalerweise auf kollegiale Weise getroffen. Man vermied direkte Konfrontation und Konflikte. Zu ihrer großen Überraschung war dies in der amerikanischen Organisation, die sehr wettbewerbsorientiert war, ganz anders. Iris bekam schnell den Eindruck, dass hier jeder gegen jeden kämpfte. Es galt das Prinzip „Survival of the fittest", und der Umgang miteinander war sehr aggressiv. Mitarbeiter wurden für schlechte Leistungen oder Misserfolge öffentlich verantwortlich gemacht, was in Iris' vorherigen Unternehmen nie der Fall war.*
>
> *Nach nur ein paar Monaten in dieser neuen Umgebung kam Iris zu dem Schluss, dass dies nicht ihr Ding war. Sie fühlte sich zunehmend unglücklich, wenn sie morgens ins Büro ging. Statt der kollegialen Umgebung, an die sie gewöhnt war und in der man sich morgens bei einem Kaffee unterhielt, bevor man sich an die tägliche Arbeit machte, war hier jeder weitgehend isoliert und ganz auf seine eigenen Bedürfnisse konzentriert. Etwas Ungreifbares, aber für sie Wesentliches fehlte in dieser neuen Umgebung. Außerdem empfand sie die aggressive Kommunikation innerhalb des Teams als belastend, und sie hatte die Befürchtung, dass sie selbst bald zum Ziel solcher Angriffe werden könnte. Sie wusste, dass sie in einer solchen Umgebung nicht ihr Bestes würde geben können, während andere sich in dieser sehr direkten Feedback-Kultur offenbar wohlfühlten. Iris entschied sich, die Organisation zu verlassen.*

Hätte das vermieden werden können? Gab es eine Möglichkeit, wie Iris vor ihrem Eintritt in das Unternehmen etwas über dieses Umfeld und ihre persönlichen Vorlieben hätte herausfinden können? Die Antwort ist: Ja! Ich hoffe, dass Ihnen dieses Kapitel dabei helfen wird, das zu erkennen.

Zunächst ist es notwendig zu verstehen, was eine Unternehmenskultur ist. Das ist die Voraussetzung, um sie beobachten zu können. Tatsache ist, dass sie schwer greifbar und daher auch schwer zu beobachten ist. Wenn Sie aber wissen, dass es in jeder Unternehmenskultur ungeschriebene Spielregeln gibt, die sie charakterisieren, können Sie Ihre Aufmerksamkeit auf bestimmte Signale lenken, die Ihnen helfen, diese Spielregeln aufzudecken. Bestimmte beobachtbare Verhaltensweisen werden zu Indikatoren für kulturelle Merkmale einer Organisation. Das Wissen um die Existenz dieser ungeschriebenen Regeln versetzt Sie in die Lage, jede Interaktion mit Mitgliedern dieser Organisation – insbesondere während des Interviewprozesses – für diese Entschlüsselung zu nutzen. Es wird Ihnen auch ermöglichen, die richtigen Fragen zu stellen, die Ihnen Hinweise darauf geben können, wie die Menschen in dieser Organisation arbeiten, was erwartet wird und worauf die Menschen Wert legen.

Aus meiner Erfahrung als Personalleiter, der mit Kandidaten aus vielen verschiedenen Unternehmen interagiert und beim Onboarding Tausender neuer Mitarbeiter in verschiedenen Teams geholfen hat, glaube ich, dass es einen kulturellen Aspekt gibt, der von herausragender Bedeutung ist, aber oft unterschätzt wird: die interne Rivalität.

Einige Unternehmen haben ein hohes Maß an internem Wettbewerb, andere sind eher konsensorientiert, wie wir am Beispiel von Iris gesehen haben. Ich glaube, dass dies der wichtigste Grund ist, warum es für Mitarbeiter schwierig sein kann, sich in eine neue Organisation zu integrieren. Die Herausforderung kann in beide Richtungen gehen. Einigen fällt es vielleicht schwer – wie es bei Iris der Fall war –, sich an eine stark wettbewerbsorientierte oder sogar aggressive Unternehmenskultur anzupassen. Andere sind wettbewerbsorientiert und direkt und empfinden es als Herausforderung, sich an ein kulturelles Umfeld anzupassen, das viel mehr auf Konsens ausgerichtet ist.

Die gute Nachricht in meinen Augen ist, dass diese kulturelle Dimension vielleicht leichter zu entschlüsseln ist als andere kulturelle Aspekte.

Eine weitere wesentliche kulturelle Frage betrifft die Delegation von Verantwortung: Welchen Grad an Autonomie werde ich in meinem neuen Job wirklich haben? Es ist manchmal überraschend zu beobachten, dass dieser Grad in bestimmten Organisationen so gering ist, dass selbst auf der obersten Managementebene die Führungskräfte kaum Entscheidungsspielraum haben. Das kann an einem sehr dominanten CEO liegen, der alle wichtigen Entscheidungen auf autokratische Art und Weise trifft; sehr oft aber hängt das auch damit zusammen, was ich die „bösartige Entmündigungsspirale" nenne. Mehr über diese Spirale erfahren Sie im Abschn. 6.3.1

Ich hoffe, dass Ihnen diese Einblicke in die Unternehmenskultur die praktische Anleitung geben, die Sie brauchen, um bei der Bewertung neuer Job-Angebote die jeweilige kulturelle Dimension zu berücksichtigen. Wenn Sie das nicht tun, kann dies zu hohen „Opportunitätskosten" führen. Sie werden sich in zukünftigen Bewerbungsgesprächen vielleicht rechtfertigen müssen, warum Sie nicht länger in diesem Unternehmen geblieben sind, und es ist nicht immer einfach zu erklären, warum die kulturelle Dimension der Grund dafür war. Aber noch wichtiger ist, dass Sie es vielleicht versäumt haben, eine berufliche Chance wahrzunehmen, die besser zu Ihnen gepasst hätte. Kluge Karriereentscheidungen basieren auf einem Verständnis der zu erwartenden Unternehmenskultur und auf einem klaren Verständnis Ihrer persönlichen Präferenzen.

Ich bin zuversichtlich, dass Sie in der Lage sein werden, die Organisation, der Sie vielleicht beitreten wollen, zu „lesen", wenn Sie sich dieses Kapitel zu Herzen nehmen, und dass Sie dadurch die richtigen Entscheidungen treffen können.

Beispiel: Hans

Hans hatte eine erfolgreiche Karriere als Supply Chain Leader hinter sich, als er zu einem neuen Unternehmen, einem großen deutschen Zulieferer der Automobilindustrie, wechselte. Er hatte die meiste Zeit seines Lebens außerhalb Deutschlands gearbeitet und war froh, wieder in sein Heimatland zurückzukehren und bei diesem renommierten Unternehmen einzusteigen. Er dachte, dass es ihm in der Heimat leichter fallen würde, sich kulturell an die neue Umgebung anzupassen. Er war selbstbewusst, weil er seine Stärke kannte: sehr lösungs- und handlungsorientiert zu sein, Probleme direkt anzugehen und schnell zu entscheiden. Hans war überzeugt, dass ihm das auch in seinem neuen Unternehmen, das sich in ernsten wirtschaftlichen Schwierigkeiten befand, helfen würde, um erfolgreich zu sein. Ein Turnaround war nötig, um die Probleme in der Logistik zu beheben, die zu einer schwachen Wettbewerbssituation des Unternehmens beitrugen.

In seinem ersten Managementteam-Meeting stellte Hans sich vor und skizzierte seine Arbeitsweise. Er forderte seine neuen Teammitglieder auf, offen zu sein und die Probleme auf den Tisch zu legen. Er war optimistisch und forderte das Team zur Zusammenarbeit auf. Zu seiner Überraschung folgte jedoch niemand seiner Einladung. Die Leute waren peinlich berührt von bestimmten Erklärungen, die Hans offen und direkt zu Problemen abgab, die er in der Supply-Chain-Funktion beobachtet hatte. Er bemerkte, dass die Leute es zunehmend vermieden, in sein Büro zu kommen. Das Unbehagen war sogar weiter unten in seinem Team spürbar, als er einige der Vertriebsstandorte besuchte.

Hans hatte beobachtet, dass jede Entscheidung oder jedes Problem systematisch nach oben weitergereicht wurde, anstatt auf der entsprechenden Ebene in der Organisation gelöst zu werden. Dies war eindeutig einer der Gründe, warum die Entscheidungsprozesse so schleppend verliefen, obwohl das Unternehmen schnelle Reaktionen auf Marktchancen benötigte. Hans sprach dies mit seinem

Team ganz offen an. Er erklärte seinen direkten Mitarbeitern, dass er ihnen mehr Handlungsspielraum geben wolle und dass er von ihnen erwarte, dass sie die Probleme in ihren jeweiligen Funktionen angehen. Er ermutigte sie, diesen Mentalitätswandel in ihren eigenen Teams voranzutreiben.

Hans verstand zu spät, dass seine Arbeitsweise nicht zur Unternehmenskultur passte. Tief verwurzelte kulturelle Normen standen dem Wandel, den er erwartet hatte, genau entgegen. Die Mitarbeiter hatten sich in der Vergangenheit häufig die Finger verbrannt, wenn sie offen über bestimmte Probleme sprachen. Für solche Initiativen waren sie getadelt und nicht belohnt worden. Der Respekt der Hierarchie wurde als Vorwand benutzt, um Probleme oder Entscheidungen nach oben weiterzureichen, wobei die Leute jedes Risiko vermeiden wollten, zur Rechenschaft gezogen zu werden. Es dauerte einige Monate, bis Hans diese unternehmenskulturellen Gegebenheiten verstand. Er änderte zwar seinen Kommunikationsstil und versuchte, die Mitarbeiter „dort abzuholen, wo sie standen", aber es war zu spät. Seine Teammitglieder waren verschlossen wie eine Auster und wichen ihm zunehmend aus. 18 Monate später verließ Hans das Unternehmen.

6.1 Die ungeschriebenen Spielregeln

Die Bedeutung der Unternehmenskultur wird bei Karriereentscheidungen häufig unterschätzt; Fragen nach dem Titel, der Position im Unternehmen und der Vergütung stehen stattdessen im Vordergrund. Darüber hinaus legen Kandidaten in den Bewerbungsgesprächen ihren ganzen Fokus darauf, ihren Interviewpartner davon zu überzeugen, dass sie der richtige Kandidat sind. Dabei vergessen sie, noch mehr über die Unternehmenskultur zu erfahren, obwohl das Bewerbungsgespräch eine einmalige Gelegenheit dafür ist.

Wie wir wissen, sind die Interaktionen mit Menschen aus einer Organisation eine hervorragende Informationsquelle, was die Unternehmenskultur anbelangt. Ich würde Ihnen daher empfehlen, Ihre Ohren und Augen offen zu halten und während der Gespräche mit Vertretern des Unternehmens diesbezüglich aufmerksam zu sein.

Im Folgenden finden Sie eine Beschreibung der ungeschriebenen Regeln, die eine Unternehmenskultur bestimmen. Ich habe konkrete Beispiele eingefügt, um dies greifbarer zu machen.

6.1.1 Der sichtbare und der unsichtbare Teil des Eisbergs

Viele explizite Regeln bestimmen, wie Menschen in Organisationen handeln sollen; dazu gehören Stellenbeschreibungen, die Organigramme, die Delegation von Befugnissen, Richtlinien und Prozesse usw. Dieser sichtbare Teil des

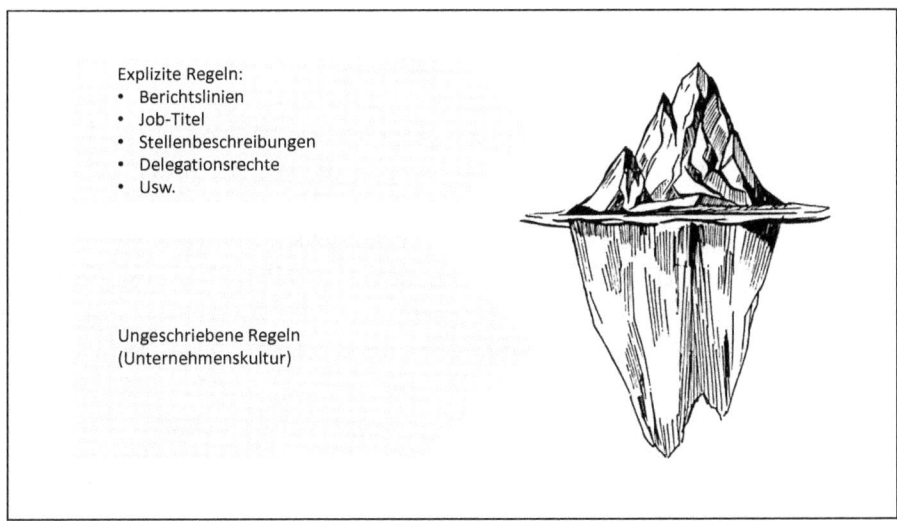

Abb. 6.2 Eisbergmodell

Eisbergs umfasst auch die Art und Weise, wie Büroräume definiert sind (wer hat welche Bürogröße, wer sitzt wo usw.), sowie die Zeichen, die Organisationen setzen (z. B. welche Wohltätigkeitsorganisation das Unternehmen unterstützt oder welche Rituale bei Firmenveranstaltungen befolgt werden usw.). All diese Aspekte können direkt beobachtet werden, sie sind der sichtbare Teil des Eisbergs (Abb. 6.2).

Nach Peter Scott-Morgan gibt es aber auch sogenannte „ungeschriebene Regeln", die das Verhalten der Menschen bestimmen und die nicht sichtbar sind (Scott-Morgan 1994). Jeder in der Organisation kennt sie irgendwie, sie sind Teil der Unternehmenskultur, aber sie sind nirgends festgelegt. Diese ungeschriebenen Regeln sind auch nicht das Ergebnis eines Entscheidungsprozesses (z. B. durch das Management), sondern entstehen in der Organisation ganz von selbst. Sie werden durch bestimmte Ereignisse geformt (wie wir in den folgenden Beispielen sehen werden), und sie offenbaren das Vorgehen der Mitarbeiter, wenn es darum geht, ihre eigenen Interessen am besten zu vertreten.

All dies gehört zu den Ritualen der Organisation, zu dem stillschweigenden Wissen, das die Mitarbeiter darüber haben, wie man sich im Unternehmen erfolgreich verhält; es ist ein Teil der Unternehmenskultur. Das bedeutet auch, dass diese ungeschriebenen Regeln als Teil der Unternehmenskultur an Neulinge weitergegeben werden, die die Ereignisse, die eine bestimmte ungeschriebene Regel einmal ausgelöst haben, nicht selbst erlebt haben. Mit der Zeit werden die Menschen in der Organisation die ungeschriebenen Regeln befolgen, ohne sich jedoch bewusst darüber zu sein, woher sie kommen.

6.1.2 Wie kann man mehr über diese ungeschriebenen Regeln erfahren?

Die Schwierigkeit, die Kultur einer Organisation zu verstehen, hängt zu einem großen Teil damit zusammen, dass sich die Unternehmen selbst nicht zwangsläufig über ihre eigene Kultur im Klaren sind. Es lohnt sich sicherlich, Ihre Gesprächspartner nach ihrer Ansicht über die Kultur der Organisation zu fragen, aber Sie werden höchstwahrscheinlich feststellen, dass die Informationen, die Sie daraufhin erhalten, nicht sehr klar oder zuverlässig sind. Das ist vor allem dann der Fall, wenn es eine offizielle Unternehmenssprache über die Kultur dieser Organisation gibt.

Viele Unternehmen haben diese Art von Standardbotschaften entwickelt, die sie für ihre interne und externe Kommunikation verwenden. In vielen Fällen spiegeln diese Botschaften die Art der Kultur wider, die das Unternehmen anstrebt, aber sie stimmen nicht immer mit der Realität überein, nicht selten klafft sogar eine erhebliche Lücke zwischen diesen Botschaften des Corporate-Employer-Brandings und der Realität. Das Konzept der ungeschriebenen Spielregeln hilft, unter die Oberfläche zu schauen und diese Art von Unstimmigkeiten zu identifizieren.

Ich möchte hier einige Beispiele dafür anführen und hoffe, dass Sie dadurch wachsamer werden, wenn Sie hören, wie Menschen sich über ihre Unternehmenskultur äußern, und dass Sie dadurch die Art von Fragen stellen, die es Ihnen ermöglichen, noch mehr über die Kultur des Unternehmens erfahren.

Risikobereitschaft
Ein Unternehmen aus dem Bereich „Haushaltswaren" ist für seine aggressive Wettbewerbsstrategie bekannt. Das Management fördert einen echten Unternehmergeist, bei dem Risikobereitschaft belohnt wird. So steht es jedenfalls in der Firmen-Broschüre. Aber wenn Sie mit Leuten aus diesem Unternehmen zu tun haben, werden Sie schnell erkennen, dass genau das Gegenteil davon der Fall ist. Es gilt, sich selbst zu schützen, um zu vermeiden, dass man Ihnen irgendeinen Vorwurf und eine Schuldzuweisung machen kann. Daher gibt es in diesem Unternehmen die Angewohnheit, lange E-Mail-Ketten mit der Historie der Entscheidungsfindung aufzubewahren, um bei Bedarf zeigen zu können, dass ein anderer die Schuld trägt, wenn etwas schiefgeht. Jeder in der Firma befolgt diese ungeschriebene Regel, ohne genau zu wissen, warum. Tatsächlich steht es in direktem Zusammenhang mit bestimmten Situationen aus der Vergangenheit, in denen es zu geschäftlichen Problemen gekommen war. Mehrere Personen waren entlassen worden; es war jedem klar, dass das

Top-Management diesen Schritt gegangen war, nicht etwa, weil diese Personen wirklich vollends für die Fehler verantwortlich waren, sondern um von der eigenen Verantwortung abzulenken.

Diese Ereignisse haben diese Kultur des „Selbstschutzes" der Mitarbeiter verstärkt. Interessanterweise sprechen die Leute wegen der Frustration, die aus dieser Schieflage erwächst, und wegen der Diskrepanz zwischen der offiziellen Sprache und der Realität ziemlich offen über diese Situation.

Innovation
Die Art und Weise, wie Innovation gemanagt wird, ist oft ein interessanter kultureller Indikator. Die meisten Unternehmen betonen gern und oft, wie stark sie die Entwicklung neuer Produkte und das „unkonventionelle Denken" unterstützen. Die Realität jedoch sieht aufgrund der internen Konflikte, die innovative Bemühungen auslösen, oftmals völlig anders aus.

Nehmen wir das Beispiel der Digitalisierung, die derzeit viele Branchen vor große Herausforderungen stellt. Die meisten Unternehmen haben eine Digitalisierungsstrategie und propagieren diese als Teil ihrer Unternehmensstrategie. Tatsächlich kannibalisieren die neuen digitalen Lösungen aber häufig das traditionelle Service- oder Produktangebot des Unternehmens:

- Die traditionellen Vertriebsteams nehmen die E-Commerce-Abteilung als Bedrohung wahr.
- Das Online-Team einer Zeitung wird von den traditionellen Zeitungsjournalisten als interner Feind betrachtet.
- Die digital ermöglichte E-Mobilität ist eine Bedrohung für die traditionellen Automobilhersteller, und das führt zu internen Kämpfen – trotz der offiziellen Kommunikation, die diese Unternehmen über ihr Engagement für nachhaltige Transportlösungen haben mögen.

Diese Beispiele offenbaren die ungeschriebenen Regeln, die in diesen Organisationen existieren und die darin bestehen, den Status quo zu schützen. Die Menschen fürchten die Veränderung oder wollen nicht aus ihrer Komfortzone herausgerissen werden. Konformismus und Konservatismus sind tief in der Kultur dieser Organisationen verwurzelt, was zu einem defensiven kollektiven Verhalten führt, um gegen tiefergehende Veränderungen anzukämpfen. Es ist wichtig, das zu verstehen, bevor man solchen Organisationen beitritt: Erstens, weil ihre Zukunft ungewiss sein könnte, denn sie sind möglicherweise nicht in der Lage, sich an eine sich verändernde Umgebung anzupassen;

zweitens, weil es wahrscheinlich ist, dass Sie rekrutiert werden, um die erforderlichen Veränderungen gleichsam zu erzwingen. Sie sollten abschätzen, ob das in Anbetracht der kulturellen Situation möglich ist oder ob Sie in eine „Mission impossible" geraten – vielleicht sogar als Vorwand, um die tiefere Realität der Organisation zu verbergen. In diesem Fall ist es vielleicht besser, Ihre Karriere anderswo fortzusetzen.

Offene Kommunikation
Die meisten Organisationen fördern eine offene Kommunikation. Manager behaupten, dass sie sich gern herausfordern lassen. Sie sprechen von einem „Kein Tabu"-Umfeld und von der Bedeutung einer Feedback-Kultur. Die Realität sieht auch hier oftmals völlig anders aus.

In den meisten Organisationen lautet die ungeschriebene Regel, dass man das Top-Management nicht herausfordern darf, schon gar nicht in der Öffentlichkeit. Unternehmen nutzen Townhall-Meetings, um einen offenen Dialog zu etablieren, und die Mitarbeiter werden dabei ermutigt, schwierige Fragen zu stellen. Sehr oft aber werden die heiklen Themen vermieden. Die allgemeine Regel lautet, keine schlechten Nachrichten anzusprechen, sondern sich auf die positiven Aspekte zu konzentrieren. Dies zeigt sich z. B. bei großen Reorganisationsprojekten, bei denen man sich oft auf eher technische Fragen konzentriert, der „Elefant im Raum" aber unausgesprochen bleibt. Vielleicht können Sie mehr darüber herausfinden, wenn Sie sich bei Ihren Gesprächspartnern nach dieser internen Kommunikation erkundigen. Stellen Sie ihnen ein paar direkte Fragen, und Sie werden überrascht sein, was Sie alles erfahren können, wenn Sie ein wenig nachbohren.

Politik der „offenen Tür"
Das Thema der „offenen Tür" ist eine gute Möglichkeit, dies zu untersuchen. Die meisten Unternehmen sagen, sie hätten eine Politik der „offenen Tür". CEOs behaupten, dass jeder mit ihnen reden könne. Sie haben eine E-Mail, die öffentlich ist, und die Mitarbeiter werden ermutigt, sie zu nutzen. Aber häufig ist jedem in der Organisation implizit klar, dass die offene Tür des CEO nicht genutzt werden sollte, um schwierige Fragen oder gar Kritik anzusprechen. Die Leute wissen auch, dass es besser ist, keine schlechten Nachrichten zu überbringen, sondern dafür zu sorgen, dass ihr Name eher mit positiven Nachrichten und Erfolgen in Verbindung gebracht wird. Das können Sie übrigens ganz leicht herausfinden, indem Sie nach konkreten Beispielen fragen, wie geschäftliche Misserfolge in der Organisation diskutiert werden.

Feedback-Kultur

Die meisten Unternehmen behaupten, eine Feedback-Kultur zu haben, aber nur sehr wenige haben tatsächlich eine. Das können Sie durch ein paar einfache, aber konkrete Fragen herausfinden, wie z. B.:

- Wie häufig werden in der Organisation die Jahresziele überprüft?
- Ist es gängige Praxis, nach einem Projekt eine Nachbesprechung durchzuführen? Können Sie dafür ein aktuelles Beispiel nennen?
- Geben Sie Ihrem Vorgesetzten offenes Feedback?
- Beobachten Sie die Arbeitsweise Ihres Teams und nutzen Sie das Feedback, um es zu verbessern? Wenn ja, welches Beispiel dafür können Sie nennen?
- Wie wird in Ihrer Organisation mit einer nicht zufriedenstellenden Leistung umgegangen?

Kollaboration

Von „Zusammenarbeit" ist oft die Rede, und Unternehmen behaupten als Teil ihrer Firmenkommunikation gern, dass alle ein gemeinsames Ziel verfolgen. Aber sehr häufig ist die Silo-Mentalität ein Hindernis dafür: Teammitglieder schützen ihr eigenes Revier und geben stattdessen anderen die Schuld, wenn irgendein Problem auftaucht.

Es lohnt sich, diesen Umstand anzusprechen, vor allem dann, wenn es direkt mit der Stelle zu tun hat, für die Sie sich interessieren. Wenn Sie sich z. B. für eine Position in der Forschung und Entwicklung eines Pharmaunternehmens bewerben, lohnt es sich zu prüfen, wie dieses Team mit den Bereichen „Regulatory", „Medical" und „Marketing" zusammenarbeitet.

Leistungsorientierung

Viele Unternehmen betonen ihren Fokus auf Leistung und das Prinzip der Meritokratie, das heißt, dass Positionen aufgrund der individuellen Leistungen und besonderen Verdienste vergeben werden. Es ist jedoch sinnvoll, genau zu prüfen, wie die Karriereentwicklung mit der Leistung tatsächlich verknüpft ist. In bestimmten Fällen haben diese Prinzipien mit der Realität nicht allzu viel zu tun. In extremen Fällen weiß man, dass Jobhopper eine bessere Karriere machen, weil sie nicht wirklich für ihre Leistung zur Rechenschaft gezogen werden können.

Sie können ein paar einfache Fragen stellen, um herauszubekommen, wie es sich bei dem für Sie relevanten Unternehmen verhält, z. B.: Wie werden interne

Auswahl- und Nachfolgeplanungsentscheidungen getroffen? Welche Auswahlkriterien werden verwendet? Sind diese Kriterien den Kandidaten bekannt?

Dies könnte Ihnen wertvolle Einblicke über die Art und Weise geben, wie Leistung im Hinblick auf die Karriereentwicklung belohnt wird.

6.2 Interner Wettbewerb

Das Ausmaß des internen Wettbewerbs ist ein besonders wichtiger Aspekt der Unternehmenskultur. Wie wir oben gesehen haben, gibt es Unternehmen, in denen der interne Wettbewerb außerordentlich stark ausgeprägt ist, andere Organisationen wiederum sind vor allem konsensorientiert. Allerdings sind beide Extreme nicht optimal, da die Mitarbeiter in keinem der beiden Fälle effizient zusammenarbeiten können. Sie sollten daher sicherstellen, dass Sie eine Organisation finden, die Ihren persönlichen Präferenzen entspricht und in der Sie eine gesunde interne Konkurrenz erwarten können.

Dieses Kapitel gibt weitere Einblicke in diese Dimension der Unternehmenskultur und bietet Tipps, wie Sie diese im Rahmen Ihres Bewerbungsgesprächs beurteilen können.

Keiner würde bestreiten, dass es ein gewisses „natürliches" Maß an internem Wettbewerb gibt, denn die Mitarbeiter konkurrieren für Positionen. Aber Sie kennen vielleicht wie ich bestimmte Unternehmen, in denen dieser interne Wettbewerb ganz besonders stark ausgeprägt ist. Ich möchte dies den „verschärften internen Wettbewerb" nennen. Auf der anderen Seite gibt es bestimmte Organisationen, die sehr konsensorientiert sind, wo der interne Wettbewerb kaum spürbar ist.

Zwischen diesen beiden Extremen gibt es einen Mittelweg, den ich die „gesunde interne Rivalität" nenne. Ich glaube, dass nur bei dieser gesunden internen Rivalität optimale interne Kooperation im Unternehmen möglich ist. Kooperation kann nicht wirklich existieren, wenn jeder gegen jeden konkurriert; Kooperation kann es ebenso wenig geben, wenn Probleme über ständige Kompromisse vertuscht werden, anstatt in effizienter Zusammenarbeit angepackt zu werden.

Nachfolgend finden Sie fünf Aspekte, die Sie während des Interviewprozesses oder durch Desktop-Recherche überprüfen können, um einen Einblick in die Unternehmenskultur und insbesondere in den Aspekt des internen Wettbewerbs zu erhalten.

Anerkennung und Belohnung

Ein Gleichgewicht zwischen der individuellen Leistung und dem aktiven Beitrag zum kollektiven Erfolg ist der Nährboden für einen gesunden Konkurrenzkampf. Wie werden die Ziele festgelegt? Wird neben der individuellen Leistung auch der Beitrag zu kollektiven Zielen beurteilt und gewürdigt? Werden Erfolge auf Team- und Unternehmensebene gefeiert? Ist man stolz auf das, was man gemeinsam erreicht hat, oder werden die individuellen Helden herausgestellt?

Führung
Die Führung spielt eine grundlegende Rolle bei der Gestaltung der Unternehmenskultur im Allgemeinen und speziell bei der Frage des internen Wettbewerbs. Was können Sie durch Ihre Interaktionen beobachten: Haben die Führungskräfte einen einseitigen Führungsstil überwunden? Das Prinzip „Anweisung und Kontrolle" ist in der Regel der dominante Führungsmodus in den beiden Extremen „verschärfter interner Wettbewerb" und „Konsensorientierung".

Zeigt die rekrutierende Führungskraft eine visionäre Führung sowie die Bereitschaft, Coaching und Unterstützung anzubieten?

Organisatorische Gestaltung
Schließlich spielt auch die Organisationsgestaltung eine wichtige Rolle. Es mag auf den ersten Blick etwas überraschend erscheinen, dass die Unternehmensstruktur einen direkten Einfluss auf bestimmte kulturelle Aspekte haben kann. Ich glaube, dass einfache und flache Organisationen, in denen der Einzelne den Raum hat, sich selbst einzubringen, anstatt unter strenger Kontrolle des Managements zu stehen, durchaus Auswirkungen auf die Kultur haben.

Das gilt auch für die Art und Weise, wie Prozesse und Führung in der Organisation definiert sind. Rollen und Verantwortlichkeiten sollten klar dargelegt werden, damit die Mitarbeiter wissen, was von ihnen erwartet wird; gleichzeitig aber sollten den Mitarbeitern Möglichkeiten geboten werden, sich selbst zu organisieren, sich zu engagieren und ihre Kreativität zu entwickeln.
Kurzum: Ein Mangel an organisatorischer Klarheit, was Verantwortlichkeiten und Prozesse angeht, wird früher oder später zu Mehrdeutigkeiten und Verwirrungen führen, die zur Folge haben, dass sich die Menschen zunehmend politisch verhalten, um in der Organisation zu überleben. Im anderen Extremfall, also bei einer sehr starren Organisation, wird der Mangel an Raum und

Flexibilität letztlich zu verschärften Machtspielen führen, bei denen die konfliktorientiertesten Personen dominieren.

Ich empfehle Ihnen, auch auf diese Aspekte zu achten. Hat die Organisation ihre Struktur, ihre Prozesse und ihre Führung so gestaltet, dass Klarheit über Ziele und Erwartungen besteht und gleichzeitig Raum für Autonomie und für Initiative gegeben ist?

6.3 Durchbrechen der Entmündigungsspirale

Welches Unternehmen hat sich nicht auf die Fahne geschrieben, Empowerment zu fördern? Aber aus irgendeinem Grund scheint es ziemlich schwierig zu sein, dies auch umzusetzen. Der Grad, in dem Mitarbeiter autonom sind und die Initiative ergreifen, ist ein weiterer wichtiger kultureller Indikator. Aber bestimmte Kräfte blockieren genau das.

In diesem Abschnitt erfahren Sie mehr über die Spirale, die Menschen immer wieder in die alten Gewohnheiten der Entmachtung zurückbringt, und darüber, wie man aus dieser Spirale ausbrechen kann.

6.3.1 Was blockiert Empowerment?

Manager wollen ihre Teams befähigen, aber es gibt offenbar bestimmte blockierende Faktoren, die genau das erschweren. Das ist recht überraschend, wenn man bedenkt, dass beide Seiten hier ein gemeinsames Interesse haben: Die Führungskraft möchte mehr delegieren, und das Team möchte mehr Entscheidungsautonomie haben.

Darüber hinaus sind Rollen und Verantwortlichkeiten in der Regel in Stellenbeschreibungen und durch Delegierung von Befugnissen gut definiert, die festlegen, welche Entscheidungen auf welcher Ebene in der Organisation getroffen werden können. Was ist also die Ursache für dysfunktionales Verhalten in Organisationen, das es so schwierig macht, Teams zu größerer Autonomie befähigen?

6.3.2 Die Teufelsspirale

Ich glaube, dass es eine Teufelsspirale gibt, die gegen den Wunsch zu delegieren arbeitet. Die Art und Weise, wie diese Teufelsspirale funktioniert, ist schwer auszumachen und zu erkennen, und wir lassen sie deshalb immer weiterlaufen. Um eine Veränderung in unserer Organisation zu erreichen und den Menschen zu ermöglichen, auf der entsprechenden Ebene Verantwortung zu übernehmen, müssen wir diese Teufelsspirale durchbrechen. Sie wirkt durch drei Impulse.

Impuls 1: Delegation nach oben
Mitarbeiter neigen oft dazu, Verantwortung nach oben zu delegieren, weil ihnen das bequemer und sicherer scheint. „Wenn mein Chef/meine Chefin entscheidet, dann ist er/sie auch für die Ergebnisse dieser Entscheidung verantwortlich. Wenn etwas schiefgeht, kann ich selbst nicht dafür verantwortlich gemacht werden." Selbst wer von sich behauptet, dass er gern mehr Autonomie und Entscheidungsrechte in seinem Job hätte, gerät immer wieder in Versuchung, nach oben zu delegieren, wenn eine wichtige oder riskante Entscheidung getroffen werden muss.

Impuls 2: Manager stürzen sich in den Problemlösungsmodus
Manager sind darauf trainiert, hervorragende Problemlöser zu sein. Sie wollen so effizient wie möglich sein. Zeit ist wichtig. Anstatt zu hinterfragen, ob die Entscheidung tatsächlich auf ihrer Ebene getroffen werden sollte, stürzen sich Manager daher oft in den Problemlösungsmodus, sobald ein Problem oder eine Entscheidungsfindung an sie hochdelegiert wird.

Impuls 3: Informationen einholen und analysieren
Um aber die richtigen Entscheidungen treffen zu können, müssen Manager den Kontext und das, was jeweils erforderlich ist, verstehen. Daher werden sie ihre Teams um mehr Informationen bitten und eine detailliertere Analyse zu bestimmten Aspekten anfordern.

Dies wird von den Teams oft als ein Overkill an Anfragen wahrgenommen, der sie von ihren Aufgaben abhält. Es ist aber nur die logische Konsequenz aus den beiden vorangegangenen Impulsen der Teufelsspirale. Dabei hätte das Team das nötige Verständnis für die Situation gehabt, um die Entscheidung auf seiner Ebene effizient selbst zu treffen.

Die Teufelsspirale ist selbstverstärkend
Es ist wichtig zu verstehen, dass dieser Teufelskreis selbstverstärkend ist, denn je mehr Daten und Analysen das Management anfordert, desto mehr werden Mitarbeiter in der Organisation glauben, dass es richtig war, dass sie nicht auf ihrer Ebene entschieden haben. Die Leute werden zu dem Schluss kommen:

„Wenn das Management das Thema so ernst nimmt, wäre es sicher falsch gewesen, es weiter unten in der Organisation zu behandeln." Je mehr Analyse gefordert wird, desto mehr fühlen sich die Leute entmachtet. Daher werden sie weiter nach oben delegieren – und die Spirale dreht sich weiter …

6.3.3 Die Spirale durchbrechen

Anstatt zu erklären, dass Empowerment gewünscht ist, sollten Führungskräfte handeln. Sie sollten in jeder Situation, in der eine Entscheidung nach oben delegiert wird, wachsam sein und prüfen, ob sie zustimmen müssen oder ob diese Entscheidung von ihrem Team getroffen werden sollte. Und wenn dies der Fall ist, sollten sie entsprechend handeln: Sie sollten deutlich machen, dass sie von den Teammitgliedern erwarten, ihre Verantwortung voll wahrzunehmen.

6.3.4 Ändern Sie die Perspektive!

Das bedeutet, dass wir die Perspektive auf Empowerment ändern müssen: Nicht nur die Führungskraft, sondern auch die Teammitglieder sind dafür verantwortlich zu wissen, wofür sie zuständig sind. Das klarzumachen ist der beste Weg, um diese Veränderung in den Organisationen in Richtung Empowerment zu erreichen, nämlich dass die Mitarbeiter Verantwortung annehmen und sich wirklich ermächtigt fühlen.

6.4 Vertrauensmanagement – wie Sie das Vertrauen in Ihrer Organisation stärken können

Interview mit Prof. Dr. Tom Sommerlatte, Präsident des Trust Management Instituts.

Vertrauen ist ein wichtiger Treiber für Leistung. Eine robuste Vertrauensbasis trägt zu effizienten Interaktionen innerhalb der Organisation bei. Vertrauen ermöglicht es Organisationen, schneller zu lernen, innovativ zu sein und sich an Veränderungen im Markt anzupassen. Es ist die Grundlage für gute Führung und für die Fähigkeit der Mitarbeiter, in ihrem Arbeitsumfeld effizient zu agieren. Doch Führungskräfte sind sich der Komponenten der Vertrauensbildung nicht ausreichend bewusst. Sie können daher das Vertrauenskapital sogar ungewollt zerstören. Im Folgenden werden die Vertrauensdimensionen skizziert und erläutert, wie Führungskräfte Vertrauen in ihrem Unternehmen aufbauen können.

Warum ist Vertrauen so relevant?
Sven: Ich freue mich sehr, mit einem Experten für Vertrauen und Vertrauensmanagement sprechen zu können. Tom, Du hast eine Karriere in der Unternehmensberatung hinter Dir, bist Mitglied im Beirat großer Organisationen, Professor für Systemdesign und hast zum Thema „Vertrauen" geforscht. Kannst Du uns sagen, warum Du dieses Interesse am Vertrauensmanagement hast?

Tom Dieses Interesse entstand durch meine persönlichen Erfahrungen im Change-Management. Ich habe beobachten können, wie wichtig es ist sicherzustellen, dass man das Buy-in der Mitarbeiter in der Organisation hat, und ich habe erlebt, wie schwierig es oft ist, diese Unterstützung für Veränderungsinitiativen zu erhalten. Die Untersuchungen, die wir durchgeführt haben, zeigen, dass diese Schwierigkeiten in der Regel auf einen Mangel an Vertrauen zurückzuführen sind.

Dimensionen des Vertrauens
Sven: Kannst Du uns sagen, was die Dimensionen von Vertrauen sind?

Tom Die Dimensionen sind im Wesentlichen dreifach: Die eine ist das Vertrauensprofil der Führungskräfte. Das ist ihre Fähigkeit, anderen Menschen zu vertrauen und in deren Augen vertrauenswürdig zu sein. Die zweite Dimension ist das Klima des Vertrauens in der Organisation. Und drittens basiert das Vertrauen auf dem sogenannten psychologischen Vertrag zwischen der Institution (z. B. dem Unternehmen) und den Menschen in der Organisation.

Der psychologische Vertrag
Sven: O. K., Du beschreibst also drei Dimensionen – die des Vertrauensprofils der einzelnen Führungskräfte, des Vertrauensklimas in der Organisation, wie Du sagst, und Du sprichst von einem psychologischen Vertrag. Kannst Du uns helfen, besser zu verstehen, was es mit diesem Vertrag auf sich hat?

Tom In Organisationen (und im Leben im Allgemeinen) verwenden wir legale Verträge, die von beiden Parteien auf der Grundlage vereinbarter Bedingungen unterzeichnet werden. In Organisationen gibt es solche Vereinbarungen, die die Interaktionen regeln, wie z. B. Organigramme, Stellenbeschreibungen etc. Aber über diese schriftlichen Regeln hinaus gibt es typischerweise eine stillschweigende psychologische Vereinbarung zwischen der Führung und den Menschen im Unternehmen darüber, was das Geben und Nehmen auf beiden Seiten ist.

Change-Management
Sven: Was passiert, wenn es eine organisatorische Veränderung gibt? Verhandeln die Parteien dann den Vertrag neu?

Tom Das passiert, wenn die Parteien die rechtlichen Bedingungen ändern wollen. Da der psychologische Vertrag jedoch stillschweigend und daher nicht sichtbar ist, wird seine Anpassung meist vergessen. Was passieren muss, um die Vertrauenskultur in der Organisation aufrechtzuerhalten, ist aber, dass beide Parteien auch den neuen Bedingungen des psychologischen Vertrages zustimmen, den „hidden rules of the game". Dieses Aushandeln geschieht natürlich nicht wortwörtlich, aber es ist Teil dessen, was wir „Change-Management" nennen. Es muss sich in einem Verhalten auf beiden Seiten ausdrücken, das darauf abzielt, eine neue Abstimmung von Geben und Nehmen zu erreichen. Wenn das gelingt, verbessert das in der Regel die Ergebnisse der Veränderungsinitiative erheblich.

Sven Wir verstehen also unter dem psychologischen Vertrag die ungeschriebenen Regeln im Unternehmen. Im Falle einer organisatorischen Veränderung müssen die Leute auch die Verhaltensregeln neu vereinbaren, richtig?

Tom Ja, denn eine Seite kann nicht beschließen, die Arbeitsweise zu ändern, und dann erwarten, dass die andere Seite folgt, wenn diese nicht versteht, warum das getan wird, und sich deshalb nicht für die Veränderung engagiert.

Die Rolle der Führungskräfte im Vertrauensmanagement
Sven: Du sprichst von verschiedenen Seiten. Lass uns also die Seite der Führung betrachten. Was ist die Herausforderung an die Führung beim Aufbau von Vertrauen?

Tom Die wichtigste Grundlage ist das Selbstvertrauen der Führungskräfte, das auf ihrer Überzeugung beruht, dass Vertrauensbereitschaft zu besseren

Geschäftsergebnissen führt. Die zweite Anforderung bezieht sich auf die Kommunikation und die Fähigkeit, offen und freimütig zu sein. Das bedeutet, zugänglich zu sein und Vorschläge von Menschen in der Organisation zu begrüßen. Dies ermöglicht die Entwicklung eines gemeinsamen Verständnisses und eines Gefühls der menschlichen Gemeinschaft.

Die Rolle der Mitarbeiter
Sven: Was sollten die Mitarbeiter tun, um das Vertrauensklima in der Organisation zu stärken?

Tom Die Mitarbeiter müssen akzeptieren, dass Vertrauen auch bedeutet, dass ihnen Autorität und Verantwortung übertragen werden und dass dies Eigeninitiative erfordert. Das geht Hand in Hand mit dem Vertrauen, dass Initiativen belohnt und Fehler nicht sanktioniert werden. Das ist ein wesentliches Element des Vertrauensklimas.

Fazit
Sven: Vielen Dank, Tom! Es ist faszinierend, die verschiedenen Facetten von Vertrauen zu sehen. Es zeigt, dass wir Veränderungen sorgfältig vornehmen sollten, um das Vertrauenskapital in unseren Organisationen zu erhalten und hoffentlich weiterzuentwickeln.

7

Vertiefung der Selbstwahrnehmung

Selbstkenntnis ist nicht nur der berühmte erste Schritt zur Besserung, sondern auch ein entscheidender Erfolgsfaktor für Ihre berufliche Entwicklung. Zunehmende Verantwortung – insbesondere Führungsverantwortung für große Teams – erfordert diese Selbstkenntnis, um herausfordernde Situationen meistern zu können. Zu wissen, wie man zum Beispiel unter hoher Anspannung und großem Stress reagiert, kann es Ihnen ermöglichen, mithilfe einfacher Methoden viel besser die Kontrolle zu behalten. Sie werden dann von Ihrem Team als eine ausgeglichene Führungskraft wahrgenommen, der man vertrauen kann, anstatt dass Sie vielleicht als launisch oder gar cholerisch gelten (Abb. 7.1).

Als Führungskraft sollten Sie es niemals zulassen, die Fassung zu verlieren, denn das untergräbt Ihre Glaubwürdigkeit und Autorität. Sie sollten in der Lage sein, bereits die allerersten inneren Alarmsignale wahrzunehmen, die Sie darauf hinweisen, dass Sie die erforderliche Gelassenheit zu verlieren drohen. Diese Signale zu erkennen und daraufhin das eigene Verhalten ganz bewusst zu steuern, erfordert in der Tat eine gewisse Übung und Selbstkenntnis. Jeder Mensch hat eine Grenze, bis zu der er dem Stress widerstehen und die Ruhe bewahren kann. Diese Grenze ist für jeden von uns eine andere, denn wir

---

Ergänzende Information Die elektronische Version dieses Kapitels enthält Zusatzmaterial, auf das über folgenden Link zugegriffen werden kann [https://doi.org/10.1007/978-3-662-64843-8_7]. Die Videos lassen sich durch Anklicken des DOI Links in der Legende einer entsprechenden Abbildung abspielen, oder indem Sie diesen Link mit der SN More Media App scannen.

Abb. 7.1 Einführungsvideo Kap. 7 (▶ https://doi.org/10.1007/000-6e1)

reagieren unter Stress auf ganz individuelle Weise. Führungskräfte haben gelernt, diese Grenze der Belastbarkeit zu verschieben, und sie wissen, was zu tun ist, wenn sie Gefahr laufen, die Fassung zu verlieren.

Selbstkenntnis ist ein langer Lernprozess, der auch schmerzhafte Erfahrungen des Scheiterns und der Selbstenttäuschung miteinschließt. Man muss sich mit seinen Schwächen vertraut machen, um sie – zumindest teilweise – überwinden zu können. Dieser Lernprozess erfordert vor allem eine gewisse Nachsicht mit sich selbst und ein bestimmtes Maß an Selbstakzeptanz. Wenn man sich stattdessen fortlaufend der Selbstkritik aussetzt, kann man seine Persönlichkeit nicht voll entfalten. Für eine ganzheitliche und abgerundete Entwicklung unserer Persönlichkeit ist sogar ein gewisser Narzissmus durchaus nützlich, wie ich es in diesem Kapitel näher ausführen werde. Ich spreche dabei nicht von dem überdimensionalen Ego, das man bei manchen Führungskräften, auch auf CEO-Ebene, beobachten kann. Was ich meine, ist die gesunde Akzeptanz dessen, wer man ist, und der positive Lerngeist, mit dem man sich auf die Selbstentdeckungsreise einlassen kann, die einem die berufliche Entwicklung bietet.

Das Berufsleben setzt gerade Führungskräfte vielen verschiedenen Situationen aus. Diese enorme Chance, den lebenslangen Lernprozess der Selbsterkenntnis voranzutreiben, verdanken wir insbesondere der Dichte und der Komplexität des sozialen Systems, das wir „Unternehmen" nennen. Besonders große Organisationen beinhalten vielschichtige Koordinationsmechanismen, komplexe Entscheidungsprozesse, funktionsübergreifende Zusammenarbeit,

Teamarbeit mit vielen unterschiedlichen Profilen, divergierende Meinungen oder Überzeugungen, disruptive organisatorische Veränderungen. All diese Situationen und Gegebenheiten bieten Lernmöglichkeiten, wenn wir bereit sind, uns darauf einzulassen.

Dieses Kapitel ist also eine Anregung, Ihr Arbeitsumfeld als einen reichen „Lernspielplatz" zu betrachten, der es erlaubt, auf der fachlichen und der persönlichen Ebene zu wachsen.

Assessment-Tools
In diesem Kapitel gehe ich auch auf Assessment-Methoden ein, die in Unternehmen für Personalentwicklungszwecke eingesetzt werden. Sie können ein sehr nützliches Instrument sein, um den beschriebenen Lernprozess noch zu intensivieren, indem sie, ähnlich wie ein Spiegel, die Selbstbeobachtung und das Feedback des Umfeldes noch verstärken. Ich gehe allerdings auch auf die Grenzen dieser Methoden ein. Schließlich werde ich in diesem Kapitel aufzeigen, dass die Frage der Persönlichkeitsentwicklung weit über den professionellen Rahmen hinausgeht und das Private und das Berufliche dabei ganzheitlich betrachtet werden sollten. Persönliche Vorlieben und Interessengebiete sollten in diese holistische Betrachtung miteinbezogen werden, wie beispielsweise die Kunst, die Sie als Führungskraft bereichern kann. Aber auch die körperliche Dimension sollte hier berücksichtigt werden. Ihr Wohlbefinden hat einen großen Einfluss auf Ihre Leistungsfähigkeit. Das Wissen um Ihre persönlichen Bedürfnisse und körperlichen Grenzen ist von wesentlicher Bedeutung. Vielleicht haben Sie schon bemerkt, dass manche Führungskräfte ihre Bedürfnisse ganz offen äußern, denn ihnen ist es wichtig, dass diese Bedürfnisse berücksichtigt werden: Die eine Person braucht womöglich viel Schlaf, um am nächsten Tag fit zu sein, besonders wenn sie auf Reisen ist; eine andere hat bestimmte diätetische Anforderungen, wieder ein anderer braucht vielleicht Zeit im Tagesablauf, um allein zu sein, Zeit für sich selbst. Eine Person kann vielleicht früh mit der Arbeit beginnen, eine andere braucht im Gegensatz dazu morgens Zeit für sich (z. B. um Sport zu treiben) und ist aber in der Lage, am Abend länger zu arbeiten.

Der Volksmund sagt, dass wir auf unseren Körper hören müssen – und das ist völlig richtig, besonders unter Anspannung und Stress. Ein besonders wichtiges Bedürfnis ist natürlich der Schlaf. Die Zeiten sind vorbei, in denen Unternehmenshelden glaubhaft behaupteten, sie bräuchten keinen Schlaf. Wir wissen heute, dass der Mensch diese Phase in seinem Biorhythmus sehr wohl braucht – der eine etwas mehr, der andere etwas weniger. Erheblicher Schlafmangel aber führt immer zu einem problematischen oder sprunghaften

Verhalten. Führung erfordert eine hohe körperliche Leistungsfähigkeit. Die Fähigkeit, einen ganzen Tag lang voll konzentriert zu sein und die Reiseanforderungen zu bewältigen, ist eine ständige Herausforderung. Um ein „Corporate Athlete" zu sein und hohe Verantwortung übernehmen zu können, müssen Sie dieses ganzheitliche Selbstbewusstsein entwickeln, das es Ihnen ermöglicht, körperlich und geistig fit zu bleiben. Es ist wichtig zu verstehen, was Ihre eigenen physischen und körperlichen Bedürfnisse sind, um Höchstleistung bringen zu können. Machen Sie dies zu einem Teil Ihrer Karrierestrategie!

7.1 Wie können Sie mehr über sich selbst erfahren?

7.1.1 Wer bin ich?

„Wer bin ich?" – Das ist eine sehr wichtige Frage für Ihre Karrierestrategie. Sie ist die Grundlage, um Ihre Stärken zu verstehen und sich darüber klar zu werden, in welchem Umfeld Sie sich am besten entfalten können. Dieser Abschnitt soll helfen, die folgenden Fragen zu beantworten:

- Was sollten Sie tun, um mehr darüber zu erfahren, wer Sie sind?
- Welche Informationsquellen können Sie dafür nutzen?

Bitte verraten Sie es niemandem, aber ich habe auf meinem Handy unter „Notizen" einen Abschnitt, den ich „Wer ich bin" genannt habe. Ich füge dort wahllos Informationen hinzu, wenn ich etwas Neues über mich erfahre. Es ist erstaunlich zu sehen, dass dieser Bereich ständig wächst. Vielleicht habe ich durch einen Traum etwas Neues über mich gelernt; vielleicht habe ich ein Buch gelesen, mit dessen Hilfe ich etwas aus meiner Kindheit aufgedeckt habe, das ich vergessen hatte; meine Eltern oder Verwandten haben mir vielleicht etwas mitgeteilt, das ich nicht mehr in Erinnerung hatte, aber ein wichtiges Stück von mir selbst offenbart.

Selbstbeobachtung ist natürlich auch eine sehr wichtige Informationsquelle. Eine Psychoanalyse oder eine Psychotherapie kann Ihnen erlauben, tiefer zu graben und besser zu verstehen, wer Sie sind.

Eine bestimmte Situation, in der Sie auf eine für Sie typische Weise reagiert haben, kann sehr aufschlussreich sein. Mit der Zeit beobachten Sie die Muster und Sie erkennen sie wieder. Hier einige Beispiele:

- Typische Reaktion in einem bestimmten Kontext: Edgar weiß, dass ihn IT-Themen in den Wahnsinn treiben. Mehrmals ist er in Anwesenheit seiner Kollegen „ausgerastet", was er danach bitter bereute. Er hat mit der Zeit gelernt, einen kleinen Trick anzuwenden, um auch dann ruhig zu bleiben, wenn dieses auslösende Ereignis eintritt, das ihn sonst aus dem Gleichgewicht bringt: Sobald der Ärger hochkommt, klappt er den Laptop zu und macht etwas anderes (z. B. ein Telefonat), um Abstand zu gewinnen.
- Ängste kennen und überwinden: Für Marion war öffentliches Reden immer schon ein rotes Tuch und raubte ihr den Schlaf. In ihrem Job muss sie aber regelmäßig Ansprachen halten. Sie hat sich eine Routine angewöhnt, die Rede am Vortag immer gründlich zu üben, um gut vorbereitet zu sein. Das beansprucht zwar recht viel Zeit in ihrem ohnehin schon vollen Terminkalender, hilft ihr aber, in der Nacht davor gut zu schlafen und fit für die Veranstaltung zu sein.
- Seine Stärken kennen und sich darauf verlassen können: José war schon immer gut im öffentlichen Reden, auch wenn er improvisieren muss. Diese Fähigkeit hat ihn noch nie im Stich gelassen; sie ist etwas, worüber er sich keine Sorgen machen muss. Das erlaubt ihm, seine Energie und Aufmerksamkeit ganz auf die anderen Aspekte zu richten, die für ihn schwieriger zu meistern sind.

Dies sind nur einige Beispiele von Erkenntnissen, die Sie über sich selbst sammeln können. Sie können mit der Zeit aufgedeckt werden. Stellen Sie sicher, dass Sie sie nicht übersehen!

7.1.2 Welche Quellen kann ich nutzen, um mehr über mich zu erfahren?

Wie oben beschrieben, liefern Introspektion und Selbstbeobachtung hierfür wichtige Informationen. Deshalb ist es so wichtig, Ihre Selbstbeobachtungen zu reflektieren. Menschen in Ihrem Umfeld sind eine weitere gute Quelle. Ich habe bereits erwähnt, dass Informationen von Eltern und Verwandten (z. B. über Ihre Kindheit) sehr nützlich sein können.

Auch das berufliche Umfeld ist eine wertvolle Informationsquelle. Unternehmen sind in der Tat soziale Systeme, die eine hohe Intensität an menschlichen Beziehungen und Interaktionen bieten. Aufgrund dieser Intensität ist die Arbeit in einem Unternehmen auch eine fabelhafte Quelle, um etwas über sich selbst zu lernen. Das Feedback der Kollegen und Manager Ihres Teams ist von großem Wert. Nutzen Sie das unbedingt! Ich glaube, dass gerade auch Ihr

Vorgesetzter eine Rolle spielt und die Verantwortung hat, Ihnen durch regelmäßiges, konstruktives Feedback zu helfen, zu wachsen. Darauf haben Sie ein Recht. Dies ist in meinen Augen ein Teil der „Führungsdienstleistung", die Manager ihren Teammitgliedern anbieten sollten (mehr zum Thema der dienenden Führung unten im Abschn. 8.1).

Eine weitere Quelle sind die vielen „Entwicklungswerkzeuge", die wir in unseren Organisationen einsetzen. Ich werde im Folgenden skizzieren, wie Sie diese am besten nutzen können. Ich werde auch deutlich machen, dass wir durchaus vorsichtig sein müssen: Manchmal wird das Ergebnis einer Beurteilung als absolute Wahrheit angesehen, was es natürlich nicht ist; diese Instrumente beruhen auf bestimmten psychologischen oder wissenschaftlichen Annahmen. Seien Sie vorsichtig in der Art und Weise, wie Sie die Ergebnisse lesen und wie Sie diese Ergebnisse für sich selbst interpretieren.

7.1.3 Führung ist eine lebenslange Lernreise

„Welche sind Ihre drei Stärken und Ihre drei Entwicklungsmöglichkeiten?" – Diese typische Interviewfrage kennen Sie sicher. Aber es ist keine allzu originelle und tiefgründige Interviewfrage, weil man eine Antwort erwarten kann, auf die sich der Kandidat vorbereitet hat und die höchstwahrscheinlich nicht die ganze Wahrheit sagt. Aber es ist mit Sicherheit eine sehr gute Frage, wenn wir sie uns *selbst* stellen! Wir sollten das ständig im Hinterkopf haben und versuchen, so ehrlich wie möglich zu uns selbst zu sein. Es ist erstaunlich, wie schwierig es ist, eine präzise Antwort zu geben. Auch in Bezug auf unsere Stärken.

Das Leben wird Sie mehr über sich selbst lehren. Ist es nicht erstaunlich, dass dieser Weg, uns selbst zu entdecken, eine lebenslange Reise ist? Es ist nicht so sehr eine Frage der Stunden, die man dafür investiert, es geht viel mehr um den Geisteszustand, nämlich zu versuchen, ständig mehr darüber zu erfahren, wer man ist, und stets wachsam zu sein. Stellen Sie sich die Frage: Warum habe ich auf diese Weise reagiert? Halten Sie die Einsicht fest, die Sie dabei gewinnen. Reflektieren Sie sie. Beobachten und prüfen Sie sich selbst, ob Sie in ähnlichen Situationen ähnlich reagieren.

Zeit für solche Introspektion zu haben ist von großem Wert. In der Hektik des Geschehens und bei einem engen Tagesplan kann das manchmal verloren gehen. Ich würde empfehlen, diese Zeit für die Selbstbeobachtung zum Bestandteil Ihrer persönlichen Karrierestrategie zu machen. Stellen Sie sicher, dass Ihr Terminplan jede Woche mindestens eine freie Stunde vorsieht, in der nichts geplant ist – weder ein Telefonat noch das Abarbeiten von E-Mails noch andersartige Verpflichtungen. Atmen Sie einfach durch, gehen Sie spazieren oder verbringen Sie die Zeit, um in Ruhe nachzudenken. Lassen Sie Ihren Gedanken freien Lauf. Nehmen Sie eine Helikopterperspektive ein: Wo stehe ich? Was habe ich gelernt? Was will ich erreichen? Was ist das Wichtigste heute, diese Woche, in diesem Quartal?

> **Beispiel: Jennifer**
>
> *Jennifer ist Executive Vice President bei einem globalen Medienriesen. Sie beaufsichtigt einen Umsatz von drei Milliarden Euro und ein Team von 4000 Mitarbeitern weltweit. Ihre Agenda ist vollgepackt mit internen und externen Verpflichtungen. Ihre Assistentin und ihr Stabschef verwalten diese Agenda. Meetings und Reiseverpflichtungen sind schwer miteinander in Einklang zu bringen, besonders wenn kurzfristige Dringlichkeiten im Vordergrund stehen, was in dieser schnelllebigen Branche eigentlich ständig der Fall ist. Man kann sagen, dass der Adrenalinspiegel in der Regel hoch ist, wie man es in der Welt der Medien erwarten würde.*
>
> *Jennifer ist mit diesem Umfeld, in dem sie ihre Karriere entwickelt hat, sehr vertraut. Sie mag den Nervenkitzel und die Herausforderungen und genießt das schnelle Tempo und die Notwendigkeit, die meiste Zeit „alle Hände voll zu tun" zu haben. Sie scheut sich nicht, sich einzubringen, und ist dafür bekannt, dass sie ein sehr gutes Verhältnis zu ihren Mitarbeitern hat.*
>
> *Aber Jennifer hat gelernt, dass sie Pausen zum Nachdenken braucht. Sie kann nicht erfolgreich arbeiten, wenn sie sich nicht von der täglichen Routine abkoppeln und sich Zeit für sich selbst nehmen kann. Sie braucht diese Zeit, um wichtige Meetings vorzubereiten, und möchte in Ruhe über wichtige Entscheidungen nachdenken, die getroffen werden müssen, bevor sie „mittendrin" steckt. Sie braucht auch Zeit, um zu lesen und sich über Branchentrends und wichtige Ereignisse, die sich auf ihre Geschäftstätigkeit auswirken könnten, auf dem Laufenden zu halten. Manchmal möchte sie auch einfach nur für sich sein, um zu reflektieren und sich ihrer selbst bewusst zu werden.*
>
> *Jennifer hat irgendwann die mutige Entscheidung getroffen, diese Zeit aus ihrer Agenda zu streichen. Sylvie, ihre Assistentin, und Matt, ihr Stabschef, wissen, dass dies sozusagen eine „geschützte" Zeit ist. Selbst bei größtem Druck, zusätzliche Meetings in den Terminkalender einzubauen, dürfen diese zwei Stunden pro Woche jeden Donnerstagnachmittag nicht angetastet werden, weil sie für Jennifers Fähigkeit notwendig sind, den Rest der Zeit auf dem Höhepunkt ihrer Leistungsfähigkeit zu arbeiten. Sie hat dies ihrem Team gegenüber deutlich gemacht.*
>
> *Es hat viele Jahre gedauert, bis Jennifer verstanden hat, dass diese Zeit für sie so wichtig ist. Und es hat weitere Jahre gedauert, bis sie sich getraut hat, diese Zeit über alle anderen Verpflichtungen zu stellen, selbst wenn diese dringlich sind. Das ist das Ergebnis der Selbsterkenntnis, die sie allmählich gewinnen konnte. Sie weiß, dass diese Zeit ein wesentlicher Erfolgsfaktor für sie ist.*

7.2 Seien Sie narzisstisch und lieben Sie Ihre Schwächen

Die ständige Vertiefung unserer Selbstwahrnehmung ist entscheidend, um als Person und als Führungskraft zu wachsen. Aber um dies zu erreichen, müssen wir viele Hindernisse überwinden. Man hat uns gesagt, wir sollen nicht egozentrisch sein und unsere Schwächen bekämpfen, was zu einer gewissen Verleugnung dessen führt, wer wir sind. Stattdessen müssen wir lernen, wo und warum wir verletzlich sind und uns selbst mit viel mehr Nachsicht und Narzissmus zu beobachten!

In diesem Abschnitt möchte ich mich mit dieser leicht provokanten Aussage auseinandersetzen: „Seien Sie narzisstisch und lieben Sie Ihre Schwächen!" Ich glaube nämlich, dass dies sehr wichtige Zutaten sind, um als Person zu wachsen und das Selbstbewusstsein zu entwickeln, das gerade in Führungspositionen so wichtig ist.

Aber unsere Erziehung und unser Umfeld haben uns häufig genau das Gegenteil beigebracht. Man hat uns gesagt, dass wir nicht egozentrisch sein und unsere Schwächen überwinden sollen, um ein besserer Mensch zu werden.

Ich glaube, dass dies bestimmte Barrieren schafft, die wir wieder verlernen müssen. Wir müssen viel Zeit damit verbringen, uns selbst in bestimmten Situationen zu beobachten, aber auch durch Introspektion. Und ich glaube auch, dass wir unsere Schwächen akzeptieren müssen. Wir müssen uns so akzeptieren, wie wir sind. Sehr oft ist eine Schwäche die Kehrseite einer Stärke. Und diese „Schwäche" zu bekämpfen ist eine Form der Verleugnung dessen, wer wir sind – oder wer andere sind, wenn wir sie beurteilen. Ich glaube, dass wir ein bisschen mehr Nachsicht in Bezug auf unsere Schwächen haben müssen.

Und wenn wir uns mal wieder selbst bei unseren Schwächen ertappen, dann sollten wir das mit einem Lächeln betrachten und nicht mit diesem strengen Urteil, das wir so oft über uns aussprechen. Denn das hält uns sonst davon ab oder hemmt unsere Fähigkeit, mehr über uns selbst zu lernen. All das hängt mit diesem negativen Image zusammen, das Narziss in unserer Kultur hat. Wir halten Narziss für egoistisch, egozentrisch, sogar für arrogant, sprechen ihm Empathie und die Fähigkeit ab, sich auf andere einzulassen.

Es gibt bestimmte Formen von extremem Narzissmus und damit verbundenen Persönlichkeitsstörungen, die in diese Richtung gehen. Davon spreche ich natürlich nicht. Ich spreche über den Teil des Narzissmus, den wir alle kultivieren und pflegen sollten, denn so können wir mehr über uns selbst lernen und dadurch wachsen.

Ich glaube, dass dieses wunderbare Gemälde von Caravaggio (siehe Abb. 7.2) sehr interessant ist, weil es ein anderes Licht auf Narziss wirft. Was man hier sieht, ist, dass Narziss mit seinem Spiegelbild im Wasser einen Kreis bildet. Was Caravaggio uns sagen will, ist, dass Selbsterkenntnis ein integraler Bestandteil dessen ist, wer wir sind, wenn wir eine ganzheitlichere Perspektive auf uns selbst wahrnehmen.

Ich glaube auch, dass in diesem Gemälde viel Verletzlichkeit und keineswegs die Arroganz zum Ausdruck kommt, die wir Narziss manchmal unterstellen – ganz im Gegenteil!

Abb. 7.2 Narziss von Caravaggio (abgezeichnet von Eva Sommerlatte)

Die Bereitschaft, mehr über uns selbst zu lernen, die Bereitschaft, auch Feedback zu bekommen, natürlich auch Feedback von anderen, aber auch durch unsere Selbstbeobachtung, das ist diese Verletzlichkeit, von der ich glaube, dass sie uns auch wirklich hilft, unser Selbstbewusstsein zu erweitern und ein besserer Mensch zu werden.

7.3 Nutzen Sie Feedback für Ihre berufliche Entwicklung

Feedback ist bekanntlich ein Geschenk, und es ist ein sehr wichtiger Input für Ihre Karrierestrategie. Aber es gibt viele Barrieren zu überwinden, um Zugang zu dieser Informationsquelle zu bekommen.

In diesem Abschnitt möchte ich diese Barrieren skizzieren und aufzeigen, wie Sie diese überwinden können, um das volle Potenzial von Feedback für die Entwicklung Ihrer Karrierestrategie auszuschöpfen.

7.3.1 Barrieren für Feedback

Feedback zu geben ist kein natürliches Verhalten
Das Geben und Empfangen von Feedback liegt nicht in unserer menschlichen DNA, es ist kein natürliches menschliches Verhalten, ganz im Gegenteil. Viele Studien zur Neurowissenschaft des Feedbacks haben gezeigt, dass Feedback zu erheblichen Abwehrreaktionen führt (siehe Willyerd und Mistick 2015).

Das Gehirn des Empfängers schaltet bei Feedback sofort auf höchste Alarmstufe, was seine kognitive Fähigkeit, über die angesprochenen Punkte nachzudenken, drastisch reduziert. Obwohl Feedback die Leistung verbessern soll, haben Untersuchungen von Kevin Ochsner, einem Neurowissenschaftler an der Columbia University, gezeigt, dass Feedback in 70 % der Fälle nicht die beabsichtigte Wirkung hat: Die Leistung bleibt entweder gleich oder wird sogar schlechter.

Unternehmenskultur
Die Unternehmenskultur hat einen starken Einfluss auf die Feedback-Kultur. Feedback ist zum Beispiel in folgenden Fällen eingeschränkt:

- In Unternehmen mit einem hohen Maß an interner Rivalität stehen die Mitarbeiter in starker Konkurrenz zueinander. Dies führt zu geringer Kooperation und gegenseitiger Unterstützung, die für eine echte Feedback-Kultur notwendig sind.
- In Unternehmen mit einer sehr konsens-orientierten Kultur vermeiden die Mitarbeiter Konflikte und stellen den Status quo nicht infrage. Dies führt zu einem Mangel an offener Kommunikation, was natürlich das Feedback einschränkt.

Wenn Sie in einer Organisation arbeiten, die diese Einschränkungen hat, müssen Sie noch geschickter und entschlossener sein, um das Feedback zu erhalten, das Sie für Ihre Karriereentwicklung brauchen.

Lassen Sie uns nun sehen, wie Sie dies erreichen können.

7.3.2 Empfehlungen

Wir schulden uns gegenseitig Feedback

Feedback ist für die Person, die es erhält, nützlich, weil es ihr erlaubt, erfolgreicher zu sein. Die Person, die Feedback gibt, tut dies als eine großzügige Geste. Es ist in der Tat ein Geschenk an die andere Person, das es dieser ermöglicht, sich zu verbessern. Wir sollten daher bedenken, dass eine Person, die Feedback zu geben hat, es der anderen Person gewissermaßen „schuldet". Dieses Feedback nicht zu geben hieße nämlich, es sozusagen vorzuenthalten. In gewissem Sinne ist die andere Person „berechtigt", dieses Feedback zu erhalten. Dies verändert durchaus die Perspektive: Anstatt Feedback als eine potenziell konfliktträchtige Situation zu betrachten, sieht die empfangende Person es als ein großzügiges Geschenk, und die anbietende Person sieht es als ihre Pflicht (wir könnten sogar sagen, sie betrachtet es als eine Art „Verpflichtung"), Feedback anzubieten.

Bitten Sie Ihre Kollegen, Ihre Teammitglieder oder Ihren Vorgesetzten um Feedback, indem Sie Formulierungen verwenden, die das Eis brechen und die helfen, die Barrieren zu überwinden, weil sie die empathische Dimension und die Großzügigkeit betonen:

- „Ich glaube, Sie haben Feedback, mit dem ich in meiner beruflichen Entwicklung noch erfolgreicher sein könnte. Das wäre ein wichtiger Input für meine Karrierestrategie. Würden Sie es bitte mit mir teilen?"

- „Ich denke, Sie ‚schulden' mir ein Feedback zu diesem speziellen Thema. Ich würde Ihre Perspektive sehr schätzen!"

Wichtig: Mehr auf die Stärken fokussieren
Feedback wird oft fälschlicherweise mehr auf den Entwicklungsbedarf als auf die Stärken fokussiert. Wenn wir das oben skizzierte Prinzip anwenden, ist es offensichtlich noch wichtiger, anderen zu helfen, ihre Stärken zu verstehen. Sich dieser Stärken bewusster zu werden und einen Weg zu finden, sie mehr zu nutzen, bietet in der Regel die größten Vorteile. Ich möchte Sie daher ermutigen, Ihre Feedback-Fragen darauf zu konzentrieren, Ihre Talente und Stärken zu verstehen. Sie werden feststellen, dass dies die Gespräche auch viel einfacher macht, weil die Leute weniger zögern werden, dazu Stellung zu nehmen und Ihnen ein Feedback zu geben.

7.4 Nutzen Sie die Werkzeuge zur Personenbewertung

Wie wir oben gesehen haben, sollten Sie eine aktive Rolle bei Ihrer persönlichen Entwicklung spielen. Selbstbeobachtung und Feedback sind großartige Quellen dafür. Darüber hinaus setzen Unternehmen eine Reihe von Beurteilungsinstrumenten ein, die eine wertvolle zusätzliche Unterstützung sein können – vorausgesetzt, sie werden auch richtig eingesetzt! Andernfalls können sie ebenso schädlich und demotivierend sein.

Sie müssen kein Experte für diese Instrumente werden. Aber als CEO Ihrer Karrierestrategie sollten Sie wissen, wie sie funktionieren und wo ihre Grenzen liegen. Genau darum geht es in diesem Abschnitt. Ich werde mich zunächst auf das High-Potential-Konzept konzentrieren. Wir sprechen von High Potentials, als ob das eine klar definierte Kategorie von Menschen wäre, die auf objektive und zuverlässige Weise beurteilt worden ist. Aber das ist es nicht. Ich werde auch meine Sichtweise darüber darlegen, wann und wie man Leadership Assessments einsetzt.

7.4.1 Bin ich ein High Potential?

Werde ich von meinem Unternehmen als High Potential gesehen? Das ist sicherlich eine Frage, die sich viele von Ihnen stellen werden. Und es ist eine durchaus berechtigte Frage. Natürlich wollen wir wissen, wie wir wahrgenommen werden. Ich möchte hier zunächst skizzieren, wie das jeweilige

Potenzial eingeschätzt werden kann. Dieses Verständnis ist wichtig, um daraus relevante Schlüsse für Ihr Karrieremanagement ziehen zu können.

Allerdings werden Sie auch sehen, dass das eigene Potenzial von vielen ganz unterschiedlichen Faktoren bestimmt wird. Einige davon ändern sich im Laufe der Zeit.

> **Beispiel: Stephan und Miranda**
>
> *Stephan ist ein hoch talentierter und sehr engagierter Mensch. Er war in der Lage, die berühmte Extrameile zu gehen, um ein wichtiges Projekt erfolgreich zu leiten, und er wurde als High Potential eingeschätzt. Dann entschied er sich, sich um seine Eltern zu kümmern, die im Alter seiner Hilfe bedurften. Es war eine bewusste Entscheidung, dass er die Zeit, die er für seine Arbeit aufwenden konnte, einschränken würde. Infolgedessen war seine Fähigkeit, schnell in größere Verantwortungsbereiche aufzusteigen, vorläufig eingeschränkt.*
>
> *Miranda hatte gerade einen sehr bedeutenden Schritt nach oben gemacht und leitete dann ein großes Team. Es würde noch ein paar Jahre dauern, bis sie möglicherweise für einen weiteren großen Schritt bereit wäre. Für den Moment war ihr Potenzial, zu expandieren, also reduziert.*

Wenn wir Potenzial als die Fähigkeit definieren, innerhalb eines bestimmten Zeitraums mehrere Karriereschritte zu machen, sehen wir, dass sowohl Stephan als auch Miranda nicht der Definition eines High Potentials entsprechen würden. Sie wurden vorher zu Recht als solche qualifiziert und könnten auch in Zukunft sehr wohl in diese Kategorie fallen. Mit anderen Worten: Potenzial ist nicht etwas, das in Stein gemeißelt und unveränderlich ist. Es hängt davon ab, wo wir in unserer persönlichen Entwicklung stehen. Wenn Sie sich der vielen Faktoren bewusst werden, die das Potenzial definieren, und der Tatsache, dass es sich im Laufe der Zeit verändern kann, werden Sie hoffentlich eine entspanntere Sichtweise auf diese Klassifizierung einnehmen können.

Es gibt viele verschiedene Definitionen dessen, wer als High Potential bezeichnet werden kann. Meine Definition ist, dass es sich um eine Person handelt, die eine schnelle Karriereentwicklung mit zwei bedeutenden Schritten in fünf Jahren aufweisen kann, Schritte, die entweder nach oben führen, um größere Verantwortung zu übernehmen, oder lateral zur Seite, um die Erfahrungsbasis zu erweitern. Basierend auf dieser Definition wird das Potenzial einer Person anhand ihrer möglichen Karriereentwicklung definiert. Dieses Potenzial wird meiner Meinung nach von drei Hauptkriterien bestimmt: (1) der Erfahrungsbasis einer Person, (2) ihrer Selbstwahrnehmung und (3) ihrer Einsatzbereitschaft. Wir werden diese drei Einflussfaktoren genauer betrachten.

Erfahrungsbasis

Die Erfahrungsbasis ist das, was in der Vergangenheit erreicht wurde. Eine Person mit starker Lernfähigkeit und -motivation ist in der Lage, eine breitere Erfahrungsbasis aufzubauen als jemand im gleichen Alter, der weniger Potenzial hat. Diese breitere Basis wird es der Person mit hohem Potenzial ermöglichen weiterzukommen, denn je breiter die Basis, desto höher kann die Karriere-Pyramide sein, wie wir bereits gesehen haben (siehe Abschn. 3.2).

Selbstwahrnehmung

Der zweite Treiber, die Selbstwahrnehmung, bezieht sich auf den aktuellen Zustand oder auf die Gegenwart. Er hängt damit zusammen, wo eine Person in ihrer Führungsentwicklung steht, welches Wissen sie über sich selbst erlangen konnte, wie ausgeprägt ihre Fähigkeit ist, sich mit dem tiefen Wunsch zu verbinden, wie es mit der Selbstbeherrschung in herausfordernden und stressigen Situationen aussieht und wie gut die körperliche Fitness und das Wohlbefinden sind.

Einsatzbereitschaft

Der dritte Treiber des Potenzials ist die Bereitschaft einer Person, die Extrameile für ihr zukünftiges berufliches Fortkommen zu gehen. Ein High Potential würde dies typischerweise priorisieren und wäre bereit, zusätzliche Anstrengungen, Energie und Engagement zu investieren, um zukünftige Erfolge zu sichern. Mit anderen Worten: Es geht um das Maß an Motivation und Einsatzbereitschaft, das jemand im Vergleich zu anderen aufweist, um voranzukommen – nicht nur vertikal (denn es geht nicht nur um die Fähigkeit, die Karriereleiter hochzuklettern), es schließt auch die Fähigkeit ein, völlig neue persönliche oder berufliche Aktivitäten zu erkunden.

Grundsätzlich ist Potenzial also im Laufe der Zeit dynamisch und steht im Zusammenhang mit der Fähigkeit einer Person zu lernen. Es kann sich auf das berufliche Fortkommen wie auch auf die persönliche Entwicklung beziehen.

7.4.2 Sollten Mitarbeiter über ihr Potenzial informiert werden?

In diesem Teil möchte ich die kontroverse Frage diskutieren, ob Mitarbeiter über die Art und Weise, wie ihr Potenzial bewertet wurde, informiert werden sollten. Wie wir gesehen haben, ist die Potenzialeinschätzung ein sehr komplexes Thema. Ich werde hier erläutern, warum oberflächliche Diskussionen über Potenziale durchaus schädlich sein können.

Sollten High Potentials über die Einschätzung ihres Potenzials informiert werden? Auf den ersten Blick würde man sagen, dass es eine gute Sache ist, offen und transparent gegenüber den Mitarbeitern zu sein. Vor allem, wenn man den High Potentials offen mitteilt, dass das Unternehmen an ihre Fähigkeit glaubt, schnell zu wachsen, und deshalb in ihre Entwicklung investieren wird. Das ist für sie natürlich hoch motivierend.

Daran schließt sich sofort die Frage an, welche Informationen man denjenigen geben soll, die *nicht* als High Potential eingestuft werden: Sollten sie auch informiert werden, wohl wissend, dass dies demotivierend wirken könnte? Eine Möglichkeit wäre, nur mit den High Potentials zu sprechen und nicht mit den anderen.

Wenn aber bekannt ist, dass High Potentials informiert werden, wird sich im Unternehmen auch schnell herumsprechen, dass die Nicht-High-Potentials nicht informiert werden. So wird es für die Mitarbeiter am Ende recht einfach sein zu erkennen, wie das Unternehmen ihr Potenzial einschätzt, auch wenn es ihnen nicht explizit gesagt wird. Mit anderen Worten: Wenn man für die High Potentials offen ist, muss man automatisch für alle offen sein.

Gehen wir also davon aus, dass es allen gesagt werden sollte. Den Nicht-High-Potentials sollte dann selbstverständlich die Zusicherung gegeben werden, dass das Unternehmen auch in ihre Entwicklung und ihr berufliches Fortkommen investiert, aber dass die Erwartungen vielleicht nicht ganz so hoch sind, was ihnen am Ende vielleicht ganz gut passt.

Oberflächliche Gespräche über das Potenzial führen nicht weiter
Wie wir im vorigen Kapitel gesehen haben, wird das Potenzial von mehreren Faktoren bestimmt (Erfahrungsbasis, Selbstbewusstsein und Einsatzbereitschaft). Die meisten dieser Kriterien sind selbst komplex. Wie kann man die Selbstwahrnehmung von jemandem einschätzen? Es bedarf eines tieferen Verständnisses dieser Themen, um eine vernünftige Bewertung der Fähigkeiten einer Person in diesen Bereichen vornehmen zu können. Das setzt voraus, dass man über die Kompetenz verfügt, eine qualifizierte Diskussion zu führen

und nicht nur ein schnelles Feedback über die „Bewertung". Spezialisierte Berater und Coaches sind dafür ausgebildet. Sie haben Werkzeuge wie etwa psychometrische Tests, um ihre Analyse zu unterstützen, über die Manager nicht verfügen.

Wenn einem mitgeteilt wird, ob man ein High Potential ist oder nicht, kann das einen erheblichen Einfluss auf einen selbst haben. Ich bin mir nicht ganz sicher, ob es eine gute Idee ist, von allen Managern zu verlangen, jedes ihrer Teammitglieder über die Art und Weise zu informieren, wie sein Potenzial eingeschätzt wird. In vielen Fällen werden die Manager sicherlich ihr Bestes getan haben, um eine solide Beurteilung zu erstellen, auch wenn sie keine Experten sind; aber in anderen Fällen nehmen Manager das vielleicht nicht ganz so ernst und verlassen sich mehr auf ihr Gefühl als auf eine fundierte Beurteilung. Und in einem solchen Fall könnte es riskant sein, sie zu bitten, eine solche Interaktion mit ihren Teammitgliedern zu führen.

Der Fokus auf die Karriereentwicklung
Ich glaube, dass es eine Möglichkeit gibt, das Thema des Potenzials und der damit verbundenen Komplexität ein wenig zu vereinfachen.

Wir können die Nachfolgeplanung nutzen: Die Auswahl von Personen für bestimmte Stellen ist eindeutig eine Führungsaufgabe, keine einfache Sache, aber ein wichtiger Teil der Arbeit jeder Führungskraft. Manager müssen sich diese Verantwortung voll zu eigen machen. Sie sind daher auch legitimiert zu evaluieren, wer für zukünftige Positionen und somit als Nachfolger infrage kommt, so wie es bei der Nachfolgeplanung geschieht.

Dies ist in meinen Augen eine viel bessere Basis für das Gespräch zwischen einer Führungskraft und ihren Teammitgliedern: mitzuteilen, welche nächsten Schritte das Unternehmen für eine Person sieht. Bei Mitarbeitern mit hohem Potenzial werden diese nächsten Schritte schnell erfolgen, und der Schritt nach oben wird größer sein. Bei anderen könnte es eine progressivere Entwicklung sein. Aber in allen Fällen konzentriert sich das Gespräch auf das Thema der Karriereentwicklung und auf die Entwicklungsmaßnahmen, die das Unternehmen ergreifen kann, um einer Person zu helfen, sich auf diese Schritte vorzubereiten.

Ich glaube, dass dies die nötige Transparenz bietet, die Mitarbeiter brauchen, ohne sich auf den Stolperweg der Diskussion um Potenzial zu begeben.

Was bedeutet das für Ihre Karrierestrategie?
Drei Punkte möchte ich als Fazit zum Thema „High Potential" hervorheben.

Das Feedback Ihrer Führungskraft ist eine sehr wichtige Quelle, um Ihre Selbstwahrnehmung zu stärken. Sie sollten proaktiv nach diesem Feedback fragen. Aber seien Sie nicht besessen von der Frage nach Ihrem Potenzial. Für Ihren Manager ist es vielleicht viel leichter und fundierter, wenn er Ihnen hoch relevante Informationen über Ihre Leistung in Ihrer derzeitigen Tätigkeit und seine Einschätzung Ihrer Fähigkeiten für zukünftige Aufgaben mitteilt. Darauf sollten Sie sich im Gespräch mit Ihrem Manager konzentrieren.

Potenzial ist ein multifaktorielles Konzept mit vielen Möglichkeiten und Wegen, es zu erreichen. Außerdem kann es kommen und gehen, wie wir bereits gesehen haben. Überbewerten Sie es nicht, und lassen Sie sich nicht entmutigen, wenn Sie erkennen, dass Sie nicht mehr als ein High Potential eingestuft werden. Konzentrieren Sie sich auf Ihre Fähigkeit, Ihre berufliche Entwicklung im Einklang mit Ihrem Anspruch voranzutreiben. Das ist es, was zählt! Eine strukturierte Herangehensweise kann Sie weiter bringen als diejenigen, die sich nur auf ihr erwartetes hohes Potenzial verlassen. Wenn Ihnen ein Feedback über Ihr Potenzial gegeben wird, nutzen Sie dieses Gespräch.

Einige Unternehmen verwenden Leadership Assessment Tools, um sich ein genaueres Bild des Mitarbeiter-Potenzials machen zu können. Wie funktionieren diese Leadership Assessments? Was sind die Vor- und Nachteile? Das möchte ich im Folgenden erläutern.

7.4.3 Leadership Assessment: Pro & kontra

Nachdem Leadership Assessments im Laufe der letzten rund 15 Jahre vermehrt angewandt wurden, schränken einige Unternehmen nun deren Einsatz inzwischen wieder ein. Ich möchte hierbei auf folgende Themen näher eingehen:

- Was sind die Vorteile und Grenzen, und wie kann man Leadership Assessments am besten einsetzen?
- Sollten Leadership Assessments für die Kandidatenauswahl eingesetzt werden?
- Sind Leadership Assessments ein gutes Entwicklungsinstrument?
- Wie können Sie den Output solcher Assessments für Ihre Karrierestrategie nutzen?

Leadership Assessments können von verschiedenen Akteuren angeboten werden, z. B. von Coaches, Trainingsunternehmen, Headhuntern,

Personalagenturen und Unternehmen, die auf Assessment-Center spezialisiert sind. Die meisten der großen Executive-Search-Firmen haben Angebote für Leadership Assessments entwickelt. Die Assessment-Instrumente können psychometrische Tests, Feedback-Tools, Interviews und Assessment-Center umfassen.

In den letzten zehn bis 15 Jahren hatten Unternehmen den Einsatz von Leadership Assessments zunächst deutlich erhöht. Folglich entwickelte sich dieser Industriezweig stark. Leadership Assessments (mitunter auch als „Executive Assessments" bezeichnet) sind inzwischen nicht mehr die außergewöhnliche Maßnahme, die nur für Top-Management-Positionen eingesetzt wird, sondern haben sich zu einem viel breiter genutzten HR-Instrument entwickelt.

Leadership Assessments können sehr hilfreiche Inputs für Ihre Karrierestrategie liefern, natürlich unter der Voraussetzung, dass Sie wissen, wie sie durchgeführt wurden, wo ihre Grenzen liegen und wie Sie ihre Ergebnisse am besten nutzen können.

Wofür werden Leadership Assessments eingesetzt?
Es gibt zwei Hauptbereiche, nämlich „Entwicklung" und „Auswahl". Die Auswahl betrifft interne Beförderungen oder externe Rekrutierungen; hier werden Mitarbeiter oder externe Kandidaten für ihre Eignung angesichts bestimmter Arbeitsplatzerwartungen beurteilt.

Bei der Mitarbeiterentwicklung kann das Assessment dazu helfen, Trainingsmaßnahmen auf die spezifischen Bedürfnisse des Mitarbeiters auszurichten. Diese Analyse kann auch für Karriereberatungen genutzt werden, um maßgeschneiderte individuelle Entwicklungspläne zu definieren.

In den meisten Fällen werden Leadership Assessments auf individueller Basis nach spezifischen Entwicklungsanforderungen oder zu Auswahlzwecken durchgeführt. Sie können aber auch auf breiterer Basis eingesetzt werden, z. B. für einen Integrationsprozess, bei dem sich die Mitarbeiter zweier Unternehmen nach einem Zusammenschluss um Stellen in der neuen Organisation bewerben.

Die Vorteile des Leadership Assessments
Die Vorteile qualitativ hochwertiger Leadership Assessments werden im Folgenden erläutert.

a) **Bessere Entscheidungen**
Assessments können eine wertvolle Ergänzung zu den Interviews in einem Bewerbungsprozess darstellen. Der Hauptvorteil liegt darin, dass sie durch die Einbeziehung einer dritten Partei, die Verwendung von psychometrischen Tests oder (in bestimmten Fällen) den Einsatz von Assessment-Centern einen genaueren Einblick in die Kandidatenprofile ermöglichen. Diese Instrumente erlauben es, umfassendere und genauere Einsichten über die Person zu gewinnen, und tragen damit zu besseren Entwicklungs- oder Auswahlentscheidungen bei.

b) **Objektivität**
Die Einbeziehung eines Dritten und der Einsatz professioneller Assessment-Tools helfen, Entwicklungs- oder Auswahlentscheidungen objektiver zu treffen. Die Diversity-Diskussion hat gezeigt, wie stark unsere Wahrnehmung anderer durch unsere kulturelle und soziologische Voreingenommenheit beeinflusst werden kann. Externe Beurteilungen können helfen, diese zu begrenzen. Dies ist natürlich im Kontext von Auswahlentscheidungen besonders wichtig.

c) **Größerer Blickwinkel**
Assessments bieten eine breitere Perspektive auf individuelle Profile, da sie die Möglichkeit eröffnen, mehrere Dimensionen durch die Verwendung verschiedener Instrumente zu beleuchten, wie beispielsweise Führungsstil, das Verhalten unter Stress, Kommunikationskompetenz, Lernfähigkeit etc.

d) **Benchmarking**
Leadership Assessments können eine Benchmarking-Perspektive beinhalten. Viele der psychometrischen Tests ermöglichen es, ein Profil mit Blick auf eine bestimmte Branchennorm einzuschätzen. Wenn ein Headhunter das Assessment durchführt, kann er das Profil der zu beurteilenden Person auch mit dem der anderen Profile vergleichen, die er in der Branche kennt.

e) **Höhere Akzeptanz der Entscheidungen**
Vor allem bei Auswahlentscheidungen kann die Einbindung eines Dritten helfen, die Akzeptanz der Entscheidungen zu erhöhen. Die Tatsache, dass ein neutraler Dritter eingesetzt und die Auswahl durch professionelle Assessment-Tools unterstützt wird, kann das Vertrauen der Mitarbeiter in die Fairness und Transparenz des Prozesses erhöhen.

f) **Engagement der Mitarbeiter**
Wenn Leadership Assessments zu Zwecken der Karriereberatung eingesetzt werden, wird dies von den Mitarbeitern in der Regel sehr geschätzt und als Investition in ihre Karriere angesehen. Detailliertes und „neutrales" Feedback zu erhalten und Zeit zu haben, über Karrieremöglichkeiten

nachzudenken, wird von den betroffenen Mitarbeitern oft sehr positiv wahrgenommen.

Grenzen von Führungsbeurteilungen

Wie wir sehen, gibt es zahlreiche Vorteile von Leadership Assessments. Interessanterweise gehen Unternehmen in letzter Zeit aber wieder in die entgegengesetzte Richtung. Nachdem sie solche Assessments recht ausgiebig genutzt haben, entschließen sie sich, sie zu begrenzen. Warum das so ist, möchte ich im Folgenden erläutern.

a) **Kosten**

Die Kosten von Leadership Assessments können sehr unterschiedlich sein. Wenn sie hauptsächlich auf psychometrischen Tests beruhen, mit ein oder zwei Nachbesprechungen durch einen Berater, sind die Kosten eher begrenzt (normalerweise unter 1000 Euro). Bei umfassenderen Assessments können die Kosten jedoch fünf- bis zehnmal so hoch sein, z. B. wenn zusätzlich zu den Tests ein Interviewprozess mit mehreren Beratern eingesetzt wird, wenn mehrere Nachbesprechungen geplant sind (z. B. mit dem Manager und der Personalabteilung und mit dem Mitarbeiter) und wenn eine Coaching-Sequenz mit der Nachbesprechung der Assessment-Ergebnisse verbunden ist.

b) **Disempowerment**

Es besteht auch die Gefahr, dass Manager oder die HR-Business-Partner weniger Verantwortung für Personalentscheidungen übernehmen, sondern sich auf die Ergebnisse des Assessments beziehen. In extremen Fällen könnten Manager oder die Personalabteilung sogar versucht sein, die Entscheidungsverantwortung oder die Kommunikation von Entscheidungen (insbesondere schwieriger Entscheidungen) an den externen Assessment-Anbieter zu delegieren. In manchen Organisationen haben Manager am Ende das Gefühl, dass sie sich weniger auf ihr eigenes Urteilsvermögen verlassen können, sondern dass wichtige Entscheidungen nur auf der Grundlage der Fakten und Zahlen getroffen werden, die das Assessment liefert. Das kann mit der Zeit den Mut der Führungskräfte und die Feedback-Kultur untergraben.

c) **Langsamere Entscheidungsprozesse**

Leadership Assessments können Entscheidungen über Mitarbeiter verlangsamen, weil sie mehr Zeit in Anspruch nehmen als ein einfacher Interviewprozess.

d) **Falsche Wahrnehmung von Objektivität**
Einige Experten stellen die wissenschaftliche oder psychologische Grundlage dieser Assessment-Instrumente (z. B. den psychometrischen Test) infrage. Aber auch außerhalb der wissenschaftlichen Debatte muss anerkannt werden, dass keine Beurteilung einer Person völlig objektiv ausfallen kann. Unternehmen, die sich auf die Verwendung eines bestimmten Assessment-Ansatzes konzentrieren, können daher tatsächlich eine gewisse Voreingenommenheit bei ihren Personalentscheidungen einführen oder verstärken.

e) **Die Qualität der Anbieter kann sehr unterschiedlich sein**
Die hohe Marktnachfrage hat zu einer Vervielfachung der Leadership-Assessment-Angebote geführt. Nicht alle sind qualitativ gleichwertig. Die verschiedenen Anbieter verwenden unterschiedliche Assessment-Methoden oder -Instrumente – teilweise auch hausgemachte Ansätze –, was die Beurteilung ihrer Zuverlässigkeit erschwert. Die Auswahl des Anbieters muss daher sehr sorgfältig getroffen werden.

f) **Unternehmenskontext**
Der kulturelle und geschäftliche Kontext eines Unternehmens kann von Unternehmen zu Unternehmen sehr unterschiedlich sein. Auch die spezifischen Herausforderungen eines Arbeitsplatzes müssen berücksichtigt werden. Es ist daher wichtig sicherzustellen, dass diese Kontextkomponenten vollständig berücksichtigt werden. In manchen Fällen wird das Briefing der Berater nicht ausreichend gründlich durchgeführt oder die Berater nehmen sich nicht die nötige Zeit, um ein tiefes Verständnis für die Anforderungen zu bekommen. Das kann zu standardisierten Ergebnissen und zu falschen Empfehlungen führen.

Fazit: Wann sollten Führungskräfte-Assessments eingesetzt werden?
Ich betrachte Leadership Assessments als ein sehr wertvolles Instrument für die Führungskräfteentwicklung und das Karrieremanagement. Sie können helfen, die Selbstwahrnehmung zu fördern und zu bereichern. Diese gesteigerte Einsicht in die eigenen Präferenzen sowie Stärken und Schwächen ist ein wesentlicher Treiber der Führungsreife. Daher halte ich Assessments für einen wichtigen Bestandteil jeder Führungs-Lernreise und als äußerst wertvollen Input für die Karriereberatung.

Ich glaube auch, dass Assessments sehr hilfreich sein können, wenn es darum geht, breite Auswahlprozesse durchzuführen, etwa im Rahmen eines Integrationsprozesses bei einer Unternehmenszusammenführung. Manager und Personalverantwortliche könnten sonst überfordert sein und die Qualität ihres Auswahlurteils kann darunter leiden. Die Objektivität eines Dritten kann wesentlich zur Akzeptanz des Auswahlprozesses beitragen, insbesondere bei den Mitarbeitern der übernommenen Organisation.

Auf der anderen Seite glaube ich, dass wir sehr vorsichtig sein müssen, wenn wir externe Assessments für Auswahlentscheidungen (bei internen Beförderungen oder externer Rekrutierung) verwenden. Hier ist es von großer Bedeutung sicherzustellen, dass das Assessment nur als Ergänzung und nicht als Ersatz für die Auswahlentscheidung einer Führungskraft verwendet wird. Die Führungskraft muss selbst die volle Verantwortung für ihre Personalentscheidung übernehmen.

7.5 Was Kunst für Ihre berufliche Entwicklung bedeuten kann

Erfolgreiches Karrieremanagement erfordert zwei Balanceakte: Life-Work-Balance und Art-Work-Balance:

Life-Work-Balance hängt mit dem Energiemanagement zusammen, von dem ich oben sprach. Es geht darum, Wege zu finden, sich zu erholen und fit zu halten und seine gesellschaftliche und familiäre Eingebundenheit weiterzuentwickeln. Bei der Art-Work-Balance geht es um die Fähigkeit, sich als Person einzubringen.

Jeder von uns hat Interessen und Talente, die über das hinausgehen, was bei der Arbeit gefordert ist. Es wäre schade, diese vor der Bürotür liegen zu lassen. Diese Talente bereichern in der Regel unsere Fähigkeit, bei der Arbeit Leistung zu bringen und ihr einen Sinn zu geben – für uns und für die anderen. Ich möchte Sie ermutigen, diese persönlichen Vorlieben immer im Hinterkopf zu behalten, wenn Sie Ihren Karriereweg definieren.

7.5.1 Interview mit Prof. Dr. Tom Sommerlatte

Prof. Dr. Tom Sommerlatte war früher Geschäftsführer eines großen internationalen Beratungsunternehmens. Gleichzeitig hat er gemalt und ist Mitglied einer Gruppe von Künstlern („Gruppe 50"), eine Tätigkeit, die er auch heute noch ausübt.

Für ihn hingen das Malersein und die Leitung eines Unternehmens zusammen. Diese Balance zwischen Kunst und Arbeit war für ihn als Führungskraft essenziell. Tom ist überzeugt, dass der künstlerische Geist hilft, Problemlösungen zu verbessern. Um Menschen mitzunehmen, musste Tom seine

Teams ermutigen, aus ihren Routinen auszubrechen. Künstler haben den Mut, mit einer weißen Seite zu beginnen. Sie wollen etwas Neues erreichen. Sie sind voll engagiert. Tom glaubt, dass Kunst genau das in die Führungsarbeit einbringen kann.

SVEN Tom, wir sind hier in Deinem schönen Atelier. Kannst Du uns sagen, ob Deine künstlerische Tätigkeit eine Verbindung zu Deiner Arbeit als Führungskraft hat?

TOM Ja, natürlich hat sie das. In meiner beruflichen Arbeit habe ich von meinen Erfahrungen im kulturellen und künstlerischen Umfeld profitiert. Freiheit, Kreativität und die Interaktion mit anderen Menschen sind in der künstlerischen Welt sehr wichtig. Diesen Geist wollte ich in meiner beruflichen Arbeit beibehalten. Und das ist in gewisser Weise einer der Gründe für meinen beruflichen Erfolg gewesen.

SVEN Du hast den künstlerischen Geist in Deine Arbeit „importiert". Wie hast Du das für Dich selbst getan, und wie hast Du andere in Deinem Unternehmen inspiriert?

TOM Das macht man in der Tat hauptsächlich für sich selbst. Man muss sich die Zeit erkämpfen, um sich zurückzulehnen und zu reflektieren. Man stellt fest: Je mehr man das tut, desto produktiver wird man in seiner restlichen Arbeit.

SVEN Du sagst, dass Du in Deinem Terminkalender Zeit für diese Reflexion vorgesehen hast.

TOM Ja. Das ist nicht immer einfach. Ich musste dafür kämpfen und mich selbst trainieren, mir diese Zeit zu nehmen.

SVEN Als Führungskraft hattest Du die Möglichkeit, die Art und Weise, wie Menschen zusammenarbeiten, zu gestalten. Wie hat Deine Erfahrung als Künstler Dein Vorgehen beeinflusst, die Zusammenarbeit in Deiner Firma zu organisieren?

TOM Um Menschen mitzunehmen, muss man ein Vorbild sein. Man braucht Mut, sich anders zu verhalten. Manchmal ist das in der Geschäftswelt ein bisschen komisch. Aber die meisten Menschen werden den Vorteil verstehen, wenn man sich die Freiheit nimmt, Dinge anders zu machen. Andere stecken vielleicht in einer Routine fest und folgen einem etablierten Muster. Für sie ist es vielleicht schwieriger mitzukommen – oder sie schaffen es nie. Aber die Motivation, es zu tun, ist wirklich die gemeinsame Erfahrung, auf eine neue Art kreativ zu sein. Es ist die Erfahrung, Lösungen zu finden und Dinge zu tun, die sehr wertvoll und anders als die Routine sind.

SVEN Was Du damit sagen willst, ist, dass die Problemlösungen, die wir bei der Arbeit suchen, zum Teil dieselbe Kreativität erfordern, die Künstler aufweisen, wenn sie ihr „Werk" schaffen?

TOM Richtig, denn der Künstler geht von einem weißen Blatt aus, er will etwas Neues erreichen und ist motiviert, sich voll und ganz einzubringen. Wenn wir das in den Unternehmenskontext übertragen, entstehen ein Teamgeist und eine Teamkultur, mit denen wir gemeinsam etwas schaffen können, das viel mehr ist als die Summe der einzelnen Beiträge.

SVEN Ich möchte Dir noch eine letzte Frage stellen: Wir sprechen von der Art-Work-Balance. Und das ist für Dich sicher auch auf der ganz persönlichen Ebene wichtig. Kannst Du uns sagen, warum?

TOM Es ist essenziell in dem Sinne, dass ich nicht eine Seite zum Vorteil der anderen reduzieren kann. Ich brauche beide. Sie sind so miteinander verknüpft, dass sie bei meinem beruflichen und künstlerischen Schaffen beide zusammenwirken. Das eine profitiert von dem anderen.

SVEN Die Balance von Kunst und Arbeit: Alles hängt miteinander zusammen. Ich finde, das ist eine großartige Schlussfolgerung.

7.6 Management der eigenen Energie

Wir sollten die Bedeutung unseres körperlichen und geistigen Wohlbefindens ganz gezielt in unsere Selbstwahrnehmung einbeziehen. Diese Ebene der Selbstkenntnis ist genauso wichtig und erfolgsbestimmend wie bestimmte Fachkenntnisse, wird aber noch immer allzu häufig vernachlässigt. Das kann gerade auf höchster Führungsebene dazu führen, dass die Verantwortlichen zu „Unternehmenszombies" werden, weil sie ihr körperliches Wohlbefinden und ihr persönliches Gleichgewicht verloren haben. Das birgt dann die Gefahr von Fehleinschätzungen und Fehlentscheidungen, denn Probleme werden von diesen Unternehmenszombies am Ende nur noch quasi maschinell abgearbeitet, wobei der weitere Horizont und die breitere Perspektive gegenüber kurzfristiger Effizienz verloren gehen.

Zu wissen, wie Sie mit der Gefahr von Stress und Müdigkeit umgehen können, wird Ihnen helfen, auch bei hohen Anforderungen eine ausgeglichene Führungspersönlichkeit zu bleiben, und es wird dazu beitragen, dass Sie die besseren beruflichen Entscheidungen treffen. Es wird Ihnen auch ermöglichen, die Art und Weise, wie Sie Ihre Energie einsetzen, zu optimieren und über bestimmte Einschränkungen hinauszuwachsen, die Sie heute vielleicht erleben. Sie können beispielsweise lernen, mit langen Arbeitstagen oder mit Jetlag besser fertig zu werden und Stress besser wegzustecken.

Bitte verstehen Sie mich nicht falsch. Ich plädiere nicht dafür, ein Energie-Protz zu werden. Aber die geschickte Beherrschung Ihres „Energiehaushalts" wird Ihnen mehr Flexibilität und Agilität geben. Sie wird Ihnen erlauben, Ihre Energie auf die beste Weise zu investieren und die für Sie richtigen Karriereentscheidungen zu treffen. Das ist der Zweck dieses Abschnittes.

7.6.1 Passen Sie gut auf sich auf!

Vor einiger Zeit war ich auf einem Inlandsflug in den USA. Als ich das Flugzeug verließ, sagte die Flugbegleiterin zu mir: „Passen Sie gut auf sich auf!" Für sie war das wahrscheinlich ein Gruß, den sie vielen anderen Passagieren auch gab. Aber aus irgendeinem Grund hallte dieser Satz in meinem Kopf nach und ich schrieb ihn auf. Erstens fand ich ihn sehr nett. Und zweitens hat er mich zum Nachdenken gebracht. Sie sagte nicht: „Ich wünsche Ihnen, dass sich andere gut um Sie kümmern." Sie meinte, dass ich das selbst tun solle. Und ich glaube, sie hatte sehr recht. Mir wurde plötzlich klar, dass ich mich vielleicht nicht genug um mich selbst kümmere. Und wer wird es tun, wenn ich es nicht tue? Wir haben tatsächlich eine Verantwortung, uns um unsere eigene Gesundheit und unser Wohlbefinden zu kümmern.

7.6.2 Wie man ein „Corporate Athlete" wird

Führungskräfte haben oftmals einen vollen Terminkalender. Reisen und Jetlag gehen an die Substanz. Sie müssen stressige Situationen bewältigen und mit dem öffentlichen Auftreten innerhalb oder außerhalb ihrer Organisation umgehen. Körperliches und geistiges Wohlbefinden sind wesentliche Voraussetzungen, um diese Herausforderungen effizient zu bewältigen. Genau wie

Spitzenkräfte im Sport müssen auch Führungskräfte auf ihre Fitness achten, um zu echten „Corporate Athletes" und nicht zu Zombies zu werden.

Um mit all diesen Erwartungen effizient umgehen zu können, bedarf es körperlicher und geistiger Fitness. Beide Aspekte, der mentale und der körperliche, sind natürlich eng miteinander verbunden. Das ist im geschäftlichen Umfeld genauso der Fall wie bei Spitzenleuten im Sport. Das macht es erforderlich, bestimmte Kompromisse einzugehen: das Büro etwas früher zu verlassen, um ins Fitnessstudio zu gehen, Zeit zu investieren, um mit einem Therapeuten oder einem Coach zu arbeiten, sicherzustellen, dass man genügend Schlaf bekommt, und auf eine gesunde Ernährung zu achten – das sind einige der wichtigen Entscheidungen, die wir bewusst treffen müssen, um gut für uns zu sorgen.

7.6.3 Wir sind verantwortlich für unsere „Maschine" (Körper und Geist)

Da die Botschaft der Flugbegleiterin mich zum Nachdenken gebracht hatte, dachte ich, ich sollte meine Überlegungen dazu mit Ihnen teilen.

Sich täglich sportlich zu betätigen, kann einen großen Einfluss darauf haben, wie gut Sie schlafen und wie ausgeglichen Sie am nächsten Tag sind. Mit einem Coach zu arbeiten, um sich über Dinge auszutauschen, die einem durch den Kopf gehen, über die man aber nicht unbedingt mit Kollegen sprechen möchte, kann sehr nützlich sein.

Die Investition lohnt sich, und Sie werden vielleicht erleben, dass Menschen in Ihrem Umfeld anfangen, die positiven Veränderungen zu kommentieren, die sie beobachten: „Du bist ruhiger und selbstbewusster geworden. Du siehst fit aus" usw.

Wir sind für unsere „Maschine" (unseren Körper und Geist) verantwortlich. Wir müssen uns um die Software und die Hardware kümmern. Sie zu vernachlässigen funktioniert auf Dauer nicht, und niemand kann sich besser um uns kümmern als wir selbst. Lassen Sie mich daher auch zu Ihnen sagen, was die amerikanische Flugbegleiterin zu mir sagte: Passen Sie gut auf sich auf!

> **Beispiel eines europäischen Logistikunternehmens**
>
> *Vor ein paar Jahren führte ein großes europäisches Logistikunternehmen ein Vorstellungsgespräch mit mir für die Rolle des Chief Talent Officers. Ich traf mich mit vielen der leitenden Angestellten und wurde dann vom Personalleiter des Unternehmens gebeten, eine Zusammenfassung meiner Beobachtungen und meiner Empfehlungen einzureichen. Ich schrieb einen zweiseitigen Bericht mit einem klaren Vorschlag. Meine Beobachtung war, dass die meisten dieser leiten-*

den Angestellten ein ungesundes Leben führten. Ich vermute, dass bestimmte Firmentraditionen in Bezug auf Geschäftsessen und Firmenveranstaltungen zu einem hohen Maß an Stress und zu sehr anspruchsvollen zeitlichen Verpflichtungen hinzukamen.

Die Führungskräfte, die ich getroffen hatte, machten alle den Eindruck, dass sie zu wenig Schlaf bekamen und sich gesünder ernähren und mehr bewegen müssten. Mein Vorschlag war, diese Themen durch ein umfassendes Energiemanagement-Programm anzugehen. Die Organisation war höchstwahrscheinlich nicht bereit, dieses Thema offen anzugehen. Ich wurde jedenfalls für diese Aufgabe nicht ausgewählt. Aber ich bin überzeugt, dass das Unternehmen einige Probleme, die es später bekam, hätte vermeiden können, wenn es für eine bessere Lebens- und Arbeitsqualität seiner Führungskräfte gesorgt hätte.

8

Als Führungskraft wachsen

Das Verständnis von Führung in Unternehmen befindet sich in einem tiefgreifenden Wandel. Dieser wird durch verschiedene Faktoren angetrieben (Abb. 8.1):

- Hierarchieebenen werden herausgenommen, um Organisationen flacher und agiler zu machen.
- Neue Generationen kommen mit ganz anderen Erwartungen; sie suchen nach Coaches und Partnern, nicht nach dem traditionellen Chef.
- Fernarbeit weitet sich aus, flexibles Arbeiten wird zur Norm, was durch die Covid-19-Pandemie noch deutlich verstärkt worden ist.
- Zielgerichtete und lernorientierte Führung wird verstärkt erwartet, um in einem schnelllebigen Umfeld erfolgreich zu agieren.

Diese veränderten Anforderungen an Führung haben erhebliche Auswirkungen und sollten in Ihrer Karrierestrategie berücksichtigt werden:

- Der rein vertikale Karriereverlauf wird zunehmend als Einschränkung gesehen, während eine breite Erfahrungsbasis wertgeschätzt wird.

Ergänzende Information Die elektronische Version dieses Kapitels enthält Zusatzmaterial, auf das über folgenden Link zugegriffen werden kann [https://doi.org/10.1007/978-3-662-64843-8_8]. Die Videos lassen sich durch Anklicken des DOI Links in der Legende einer entsprechenden Abbildung abspielen, oder indem Sie diesen Link mit der SN More Media App scannen.

Abb. 8.1 Einführungsvideo Kap. 8 (▶ https://doi.org/10.1007/000-6e2)

- Die Fähigkeit, andere Menschen zu inspirieren und auch außerhalb ihres direkten Verantwortungsbereichs positiv zu beeinflussen, werden zu essenziellen Erfolgsfaktoren.
- Team-Moderation, Coaching und inspirierende Führung werden zu Schlüsselqualifikationen. Traditionelle kommando- und kontrollorientierte Führung wird hingegen als Handicap angesehen, um in der neuen Organisationsstruktur zu agieren.

Der Zweck dieses Abschnitts ist es, die Veränderungen in Sachen Führungsstil und Führungsverhalten genauer zu beleuchten. Daraus werden Sie hoffentlich die notwendigen Schlüsse für Ihre berufliche Entwicklung ziehen können. Vielleicht regt es Sie auch zur Selbstbeobachtung an und Sie erkennen, wo Sie in Ihrer Führungsentwicklung stehen und wie Sie sicherstellen können, dass Sie die bessere Version Ihrer selbst werden. Wie Sie am Ende dieses Abschnitts sehen werden, beginnen die Millennial-Führungskräfte, die jetzt in größere Führungsverantwortung eintreten, einen neuen Führungsstil einzuführen.

Es ist für Ihre Karrierestrategie wichtig, sich dieser Veränderungen und der daraus resultierenden neuen Erwartungen und Anforderungen bewusst zu sein. Ganz besonders dann, wenn Sie sich für Positionen bewerben, bei denen Sie die Verantwortung für größere Teams tragen.

Seien Sie bereit für diesen Wandel und nehmen Sie die damit verbundene Entwicklungsmöglichkeit aktiv wahr. In Folgenden finden Sie dafür vielfältige Anregungen.

8.1 Dienende Führung: Betrachten Sie Führung als einen Dienst für Ihr Team!

Dienende Führung (Servant Leadership) bedeutet, dass Führung als *Dienst* für die Organisation ausgeübt wird, weil die Führungskraft ein Interesse an den Bedürfnissen der Teams hat. Sie fühlt sich dafür verantwortlich, die Bedingungen zu schaffen, die es den Mitarbeitern ermöglichen, in jeder Situation erfolgreich zu sein. Das ist eine große Veränderung gegenüber der traditionellen Top-down-Perspektive, in der Führung als ein Vorrecht gesehen wird, die Richtung vorzugeben und andere für ihre Leistungen zur Verantwortung zu ziehen. Strategische Entscheidungen zu treffen ist Teil einer serviceorientierten Führung, um eine klare Richtung vorzugeben. Aber Führungskräfte sollten auch inspirierend sein, sollten für optimale Arbeitsbedingungen sorgen und in der Lage sein, Teammitglieder bei Bedarf zu coachen. Dies ist ein viel breiteres Verständnis von Führung und kann gleichsam – in Analogie zum Judo – als der „schwarze Gürtel" angesehen werden, den wir während unserer lebenslangen Lernreise in Sachen „Führung" anstreben sollten.

8.1.1 Traditionelle Sichtweise

Die traditionelle Perspektive auf Führung ist mit dem Begriff der Macht verbunden. Sie bezieht sich auf das Vorrecht, die Richtung vorzugeben und Prioritäten zu definieren, die Autorität, Aufgaben und Ressourcen zuzuteilen und das Recht, andere für ihre Leistungen zur Verantwortung zu ziehen. Dies ist eine Top-down-Perspektive und daher von Natur aus asymmetrisch.

8.1.2 Führung als Dienstleistung

Ich möchte hier eine ganz andere Sichtweise auf Führung aufzeigen. Lassen Sie uns Führung als Dienstleistung betrachten. Die Idee ist, dass dienende Führung zum Nutzen des Teams und der Organisation ausgeübt wird. Es ist kein Vorrecht, sondern ein Dienst, auf den die Teammitglieder ein Anrecht haben. Das ist ein erheblicher Perspektivenwechsel.

Verstehen Sie die Bedürfnisse des Teams
Wie bei jeder anderen Dienstleistung auch sollte der Dienstleister die Bedürfnisse und spezifischen Anforderungen derer, denen er dient, verstehen, um am besten auf diese Bedürfnisse eingehen zu können. Wie Sie sehen, ist das

eine deutliche Verschiebung der Perspektive: Hier betrachten wir die Führung von unten nach oben statt von oben nach unten, die Bedürfnisse der Mitarbeiter und der Teams stehen an erster Stelle.

Schaffen Sie die Voraussetzungen für den Erfolg
Führung als Dienstleistung (oder „dienende Führung") bedeutet, dass die Führungskraft die Verantwortung hat, eine Arbeitsumgebung zu schaffen, in der alle Teammitglieder ihre Arbeit unter den bestmöglichen Bedingungen und zu ihrer größten Zufriedenheit ausführen können. Es ist auch die Aufgabe der Führungskraft, dafür zu sorgen, dass die Teammitglieder vollständig ausgerüstet sind, um ihre Arbeit effizient zu erledigen, und bei Bedarf Hilfe zur Weiterentwicklung anzubieten. Die Führungskraft sollte auch als Coach fungieren, um ihre Teammitglieder in herausfordernden Situationen zu unterstützen.

Inspirierend sein
Die dienende Führungskraft führt Gespräche, in denen sie aufmerksam zuhört, um im Geiste der Fürsorge und mit Empathie besser zu verstehen, statt sich auf Anweisung zu beschränken. Sie setzt sich für ehrliches Feedback ein, um Vertrauen innerhalb der Organisation aufzubauen und um Inspiration und Unterstützung zu bieten, damit die Menschen im Unternehmen ihr volles Potenzial einbringen können.

Sie werden zustimmen, dass dies eine ganz andere Sichtweise ist als die traditionellere, die ich zuvor beschrieben habe. Und Sie werden hoffentlich auch zustimmen, dass dieses dienstleistungsorientierte Führungsverständnis letztlich zu einer höheren Produktivität der Organisation beiträgt.

Entscheidungsfindung ist Teil der dienenden Führung
Einige mögen argumentieren, dass bisweilen auch die direktive Führung erforderlich ist, und ich stimme dem absolut zu! Es ist Teil des Dienstes, den die Führungskraft dem Team erweisen sollte, nötigenfalls auch harte Entscheidungen zu treffen. Serviceorientierte Führung bedeutet nicht, dass die Führungskraft es allen recht machen muss. Zuweilen braucht es eine Führung im Kapitänsstil.

Anpassung an die Situation
Der springende Punkt ist jedoch, dass die Führungskraft, ganz gleich, was die Situation erfordert, ihren Stil mit einer dienstleistungsorientierten Denkweise an diese Bedürfnisse anpasst.

Dienende Führung hat zwei wesentliche Implikationen: Erstens bedeutet es, dass die Führungskraft ihr Ego hinter die Bedürfnisse des Teams stellt. Die Fähigkeit zu verstehen, welches Führungsverhalten der Situation angepasst ist, impliziert, dass die eigenen Bedürfnisse an zweiter Stelle stehen. Das ist eine echte Dienstleistungsmentalität. Die anderen kommen zuerst!

Zweitens bedeutet es, dass die Führungskraft in der Lage ist, ihren Führungsstil zu ändern und anzupassen; man nennt das „situative Führung". Damit ist die Fähigkeit gemeint, von einem eher direktiven Stil in einer Situation, in der eine klare Entscheidungsfindung erforderlich ist, zu einem kollaborativen oder coachingorientierten Stil in Situationen, in denen Befähigung und Entwicklung die Priorität sind, zu wechseln.

8.1.3 Führung ist eine lebenslange Lernreise

Die oben beschriebenen Anforderungen an das Führungsverhalten stellen eine enorme Herausforderung an unsere Lernfähigkeit dar. Wir neigen nämlich dazu zu glauben, dass wir eine „natürliche" Art und Weise haben, zu arbeiten und Menschen zu führen. Diese für uns „natürliche" Vorgehensweise hat uns schließlich in der Vergangenheit erfolgreich gemacht, und wir sind daher verleitet zu glauben, sie sei auch eine Garantie für unseren zukünftigen Erfolg als Führungskraft. – Doch das ist ziemlich kurzsichtig! Wie wir gesehen haben, erfordern unterschiedliche Situationen eine unterschiedliche Führungsweise. Ganz allgemein stellt die dienstleistungsorientierte Führung das Team in den Vordergrund und nicht das, was die Führungskraft selbst als Arbeitsstil präferiert.

Das macht die Führungsaufgabe nicht einfacher, ganz im Gegenteil! Sie erfordert viel Experimentieren, hartes Lernen, Geduld, Beobachtung, Feedback, Selbst- und Situationsbewusstsein und Lernen, um ans Ziel zu kommen. Ja, Führung ist wie Kunst oder Sport, sie erfordert Anstrengung und Training. Aber das ist auch das, was es zu einer so großartigen Erfahrung macht. Führung ist eine lebenslange Lernreise, und es dauert sehr lange, bis man die Meisterschaft des schwarzen Gürtels erreicht – die dienende Führung.

8.1.4 Fragen Sie Ihr Team nach dem Servicelevel Ihrer Führung

Was sind die Bedürfnisse meines Teams in dieser oder jener Situation? Wie kann ich als Führungskraft am besten auf diese Bedürfnisse eingehen? Diese Fragen werden Ihnen auf der Lernexpedition in Sachen „Führung" helfen.

Ihre besten Trainer sind Ihre Teammitglieder. Sagen Sie ihnen, was Ihre Absicht ist. Lassen Sie sie wissen, dass Sie die Führung, die Sie ausüben, als einen Dienst an ihnen sehen. Bitten Sie sie, Ihnen zu helfen, ihre Bedürfnisse zu verstehen. Die Leute werden Ihnen sagen, wo sie beispielsweise erwartet hätten, dass Sie entschlossener gehandelt hätten. Oder wo Sie vielleicht im Gegenteil es nicht verstanden haben, das Team wirklich abzuholen und mit sich zu bringen, weil Sie mit Ihren Vorstellungen einfach zu schnell waren. Neulich nutzte ein Coach das Beispiel einer Spielzeugeisenbahn, bei der die Lokomotive und die Waggons mit Magneten zusammenhalten. Er wollte damit beschreiben, wie man als Teamleader sicherstellen muss, dass man seine Mitarbeiter nicht buchstäblich abhängt. Beschleunigung ist wichtig, aber mit Bedacht darauf, dass dabei keiner der Waggons auf der Strecke bleibt. Ich halte das für ein sehr treffendes Bild dieser dienenden Führung.

Fragen Sie Ihr Team nach dem Servicelevel Ihrer Führung! Genau wie andere Service-Dienstleiser es tun sollten, die kundenorientiert sein wollen, so sollten auch Sie Ihre internen Kunden – in diesem Fall Ihre eigenen Teammitglieder – um Feedback über Ihre Führungs-Servicequalität bitten. Nehmen Sie Ihr Team in die Pflicht, Sie bei der Erbringung dieser Führungsdienstleistung durch ehrliches, konstruktives und wohlwollendes Feedback zu unterstützen. Nutzen Sie es als Kompass auf Ihrer Leadership-Lernreise.

8.2 Warum wir die Macht der Führungskräfte reduzieren müssen

Unternehmen verändern ihre Organisationsstrukturen, um agiler zu werden und um Teams zu erlauben, sich selbst zu organisieren. Das erfordert eine ganz andere Führung. Die meisten Führungskräfte sind sich dessen bewusst, finden es aber schwierig, ihren Führungsstil anzupassen. Dieser Abschnitt zeigt, dass wir die Macht der Führungskräfte reduzieren müssen, damit sie ihr Verhalten ändern können.

8.2.1 Neues Führungsverhalten ist erforderlich

Um in der heutigen, schnelllebigen Zeit wettbewerbsfähig zu bleiben, müssen Unternehmen agil und hoch innovativ sein und die Fähigkeit besitzen, als Organisationen schnell zu lernen. Es werden daher erhebliche Anstrengungen unternommen, um aus den starren Organisationsstrukturen der Vergangenheit auszubrechen. Die Anzahl der Hierarchieebenen wird reduziert, um flachere Organisationen zu haben. Die Mitarbeiter werden ermutigt, mehr Verantwortung zu übernehmen, und man führt selbstverwaltete Teams ein. Diese strukturellen Veränderungen werden aber nur dann funktionieren, wenn die Führungskräfte ihr Verhalten entsprechend anpassen.

Ich glaube, dass eine große Mehrheit der Führungskräfte diesen Veränderungsbedarf sieht. Führungskräfte sind sich heute dieser Anforderungen bewusst und wissen, dass sie ihr Führungsverhalten erweitern müssen – weg von einem eher befehls- und kontrollorientierten Stil und stattdessen hin zu Coaching, Moderation, Feedback und Unterstützung. Führungskräfte wissen, dass von ihnen erwartet wird, dass sie damit ein Arbeitsumfeld schaffen, in dem sich die Teammitglieder voll einbringen können. Aber für viele Führungskräfte bedeutet es eine echte Herausforderung, diese Veränderung umzusetzen und wirklich in einem anderen Führungsmodus zu agieren. Warum eigentlich?

Die formalen und informellen Aspekte der Führungsmacht
Ich glaube, dass die Frage der Macht ein zentraler Aspekt ist, den wir berücksichtigen müssen, wenn wir diese Schwierigkeit verstehen wollen. In unseren vertikalen Organisationen der Vergangenheit lag die Macht stark zentralisiert in den Händen der Führungskräfte. Die Unternehmen haben ihre Organisationsstrukturen abgeflacht, aber die Frage der Macht haben wir noch nicht vollständig geklärt. Vielleicht ist es sogar gewissermaßen ein Tabu, dies zu tun. Oder haben Sie schon einmal jemanden sagen hören „Wir müssen agiler werden und beschneiden deshalb die Macht unserer Führungskräfte"?

Aber in meinen Augen ist es genau das, was getan werden muss! Die Macht, die Führungskräfte noch haben, wurde bislang nie infrage gestellt. Das Ergebnis ist, dass wir zwar moderne Organisationsstrukturen haben, aber immer noch mit der alten Machtverteilung arbeiten. Diese Fehlanpassung kann natürlich nicht gut funktionieren. Infolgedessen neigen Führungskräfte dazu, immer noch auf die alte Art und Weise zu agieren, und sie haben Schwierigkeiten, aus ihrem eingefahrenen Führungsmustern auszubrechen. Wir müssen daher den Rahmen, in dem Führungskräfte agieren, verändern. Wir müssen ihre Macht reduzieren. Das hat zwei Facetten, nämlich den formellen und den informellen Aspekt. Diese Aspekte möchte ich im Folgenden skizzieren.

Die formalen Aspekte der Führungsmacht
Die formalen Aspekte beziehen sich auf die Stellenbeschreibungen und die Delegation von Autorität. Sie spiegeln sich aber auch in der Art und Weise wider, wie Prozesse definiert sind (z. B. mit dem RACI-Ansatz) und in der Unternehmensführung (z. B. Entscheidungsrechte in unseren Führungsgremien).

All diese formalen Elemente müssen überprüft werden. Unternehmen sollten prüfen, wie die Entscheidungsbefugnisse, die derzeit in den Händen einiger weniger zentralisiert ist, nach unten in die Organisation gebracht werden können. Das muss mit einem systematischen Ansatz auf Unternehmensebene geschehen und kann nicht auf Einzelfälle beschränkt sein, wo nur bestimmte Bereiche oder Abteilungen verstärkt selbstorganisatorisch aufgestellt werden.

Ich glaube, wenn wir die Führung auf diese Weise neu erfinden, wird es den Führungskräften viel leichter fallen, in einem anderen Modus zu agieren, denn sie werden dann nicht mehr fortlaufend in die alten Muster zurückgeworfen.

Die informellen Aspekte der Führungsmacht
Zweitens gibt es das breite Spektrum der informellen Merkmale von Führungsmacht. Dazu gehört zum Beispiel die Art und Weise, wie Führungskräfte kommunizieren, in Teamsitzungen interagieren oder die Sprache, die sie verwenden.

Kürzlich hörte ich von einer Situation, in der eine Führungskraft während einer Sitzung mehr als eine Stunde lang auf Fragen der Unternehmensleitung antwortete. Das Team saß schweigend im Hintergrund. Dieses Beispiel zeigt eine Führungskraft, die nicht die Absicht hat, Macht zu teilen. Diese Art von Verhalten sendet dann ein informelles, aber starkes Signal in die Organisation, das das hierarchische Verhalten weiter bestärkt. Darauf muss verstärkt geachtet werden, um auch auf dieser Ebene der Symbole und der Zeichen den Wandel zu fördern, statt ihn zu behindern, wie es in diesem Beispiel der Fall ist. Hier handelt es sich um einen recht offensichtlichen Fall, aber es gibt die vielen kleinen Situationen und Worte, die alle dazu beitragen, Veränderung im besagten Sinne zu fördern oder aber sie zu verhindern.

Wir müssen das Tabu brechen
Um die Macht der Führungskräfte zu reduzieren, müssen die formellen Veränderungen mit den informellen Aspekten, die sich im Verhalten der Führungskräfte zeigen, in Einklang gebracht werden. Unternehmen müssen ein Tabu brechen und offen über die Tatsache sprechen, dass die stark zentralisierte Entscheidungsgewalt der Führungskräfte nicht mehr den Anforderungen entspricht und daher reduziert werden soll. Die Führungskräfte müssen Teil dieser Veränderung sein und sich dafür einsetzen, anstatt dies offen oder verdeckt zu bekämpfen. Es sollte ein Verständnis bei den Führungskräften herbeigeführt werden, das sie selbst zu einem Motor dieser Veränderung macht. Es sollte ein Wunsch nach diesem serviceorientierten Führungsverhalten geweckt werden, dem sich dann das Unternehmen nähern kann.

8.2.2 Befähigung der Teams

Wenn dieser Wandel erst einmal in Gang gebracht worden ist, werden Führungskräfte immer mehr Freiraum haben, auf eine ganz andere Art und Weise agieren zu können. Sie werden nicht mehr permanent mit Entscheidungen beschäftigt sein, sondern die nötige Zeit aufbringen können, um den Teams echte Unterstützung zu bieten. Diese „Qualitätszeit" wird ein echtes Coaching von zunehmend selbstverantwortlichen und selbstverwalteten Teams ermöglichen. Sie wird den Raum schaffen, den Führungskräfte brauchen, um organisatorischen Wandel effizient zu begleiten, anstatt ihn zu befehlen. Führungskräfte werden in der Lage sein, den Teams und Talenten das konstruktive Feedback zu geben, das erforderlich ist, um das organisatorische Lernen zu verstärken. Auf diese Weise werden wir das Empowerment der Teams erreichen, von dem so viel die Rede ist, das aber mit den gegenwärtigen Führungsmustern nur sehr bedingt umgesetzt werden kann.

8.3 Welche Führung brauchen selbstorganisierte Teams?

Mit der Entwicklung von Selbstorganisation werden die hierarchischen Führungsrollen weniger werden. Führung wird nicht verschwinden, aber sie wird sich deutlich verändern: Sie wird verstärkt Teil der Teamaktivitäten werden. Die Definition, wer im Team Führungsverantwortung übernimmt und wie diese Führung ausgeübt wird, wird Teil der Selbstbestimmung des Teams sein.

Dieser Abschnitt beschreibt, wie Teams Führung tatsächlich selbst organisieren können. Betrachten Sie dies als eine mögliche Chance für sich. Könnte dies ein nächster Schritt auf *Ihrer* Führungsentwicklungsreise sein?

Auf den ersten Blick könnte es so aussehen, als ob Führung und Selbstorganisation ein Widerspruch in sich wären und dass wir keine Führung mehr bräuchten, wenn Teams selbstorganisiert sind. Tatsächlich aber ist Führung Teil jeder menschlichen Tätigkeit, insbesondere wenn wir als Gruppe agieren. Das bedeutet also, dass Führung anders organisiert werden muss, wenn wir über selbstorganisierte Teams sprechen, nicht, dass sie verschwindet.

8.3.1 Transformation der Führung

Zunächst sollten wir anerkennen, dass viele Unternehmen Führung bereits sehr stark transformiert haben. Sie haben sich von der traditionellen vertikalen Organisation zu viel flacheren Organisationsstrukturen mit einer viel breiteren Kontrollspanne bewegt. Das bedeutet natürlich, dass die traditionelle, auf „Befehl und Kontrolle" ausgerichtete Führung nicht mehr funktioniert und die Führungskräfte bereits – teils unbewusst – in einen deutlich coachingorientierteren Führungsmodus übergegangen sind.

Wir könnten nun eine weitere signifikante Transformation erleben, denn mit verstärkter Selbstorganisation könnte es jetzt dazu kommen, dass die auf Führung „spezialisierten" Management-Positionen anzahlmäßig geringer werden, weil die Führungsverantwortung zunehmend ins Team hineindelegiert wird. Folglich werden Teams diese Führungsverantwortung selbst organisieren müssen. Die Frage ist, wie das geschehen soll.

8.3.2 Führungsprofile

Organisationen durchlaufen einen bestimmten Lebenszyklus. Es gibt die Start-up- und die Aufbauphase, bis ein Stadium der Reife erreicht wird. Neue Herausforderungen im Markt können tiefergehende Veränderungen oder Anpassungen erforderlich machen und man spricht dann von einer Phase der Transformation oder gar des Turn-arounds. Auch Teams durchlaufen solche Phasen.

In diesen verschiedenen Phasen werden ganz unterschiedliche Führungsprofile gebraucht. Anstatt also einer einzigen Person die Führungsverantwortung zu geben, wählt das Team jeweils eine Führungskraft aus, die für die Herausforderungen der betreffenden Phase am besten passt:

- Manche haben ein eher unternehmerisches Führungsprofil und sind besonders gut darin, Ideen zu entwickeln, eine Vision zu definieren und kreativ zu sein. Diese Profile sind besonders für die Start-up-Phase und möglicherweise auch für die Transformationsphase geeignet.
- Andere wiederum haben ein eher organisationsorientiertes Führungsprofil. Ihre Stärken liegen darin, Ziele zu definieren und sicherzustellen, dass die Mitarbeiter ihre Aufgaben erfüllen. Das ist das, was das Team wahrscheinlich in der Wachstumsphase bzw. der Turnaround-Phase braucht.
- Und wieder andere haben ein Führungsprofil, das eher fürsorglich ist und bei dem es darum geht, anderen zu helfen, sich weiterzuentwickeln und das Team mit Energie zu versorgen. Diese Stärken sind sicherlich in der Wachstums- und der Reifephase des Teams wichtig.

Wir sehen, dass das Team entscheiden könnte, die Führungsverantwortung, basierend auf diesen Profilen und im Hinblick auf die spezifischen Bedürfnisse der Gruppe, zu vergeben.

8.3.3 Influencing Skills

In diesem Zusammenhang werden Influencing Skills, d. h. die Fähigkeit, andere Menschen ohne direkte hierarchische Weisungsbefugnis für die Erreichung bestimmter Ziele gewinnen zu können, noch wichtiger. Bei meiner Beobachtung von Millennial-Führungskräften (siehe nächster Abschnitt) konnte ich feststellen, dass ihre Influencing Skills sehr stark ausgeprägt und integraler Bestandteil ihrer Führungsarbeit sind, um andere mit ins Boot zu holen. Natürlich ist die Nutzung von Social Media ein Teil ihrer Arbeitsweise.

Diese Influencing Skills werden im Kontext flacher Hierarchien und zunehmender Selbstorganisation immer wichtiger. Anstatt die traditionelle Karriereleiter hinaufzuklettern, sollten Sie viel agiler sein und sich auf solche Rollen positionieren, die ein hohes Lernpotenzial aufweisen und wo Sie Ihre Influencing Skills voll ausüben können. Das sind vielfach nicht die hierarchisch nächsthöheren Positionen, sondern solche, bei denen Sie sich auf Ihre Communities stützen können bzw. solche aufbauen können. Versuchen Sie, sich in verschiedenen Bereichen des Unternehmens zu bewegen, um dort Erfahrungen zu sammeln und sich zu exponieren, insbesondere dort, wo dies mit Blick auf Ihre Erfahrungsbasis für Ihre angestrebte Karriereentwicklung am relevantesten ist.

Stellen Sie sicher, dass Ihre Karrierestrategie diese Veränderungen in Sachen Leadership in vollem Umfang einbezieht, statt in einem traditionellen Verständnis von anweisungsorientierter Führung verhaftet zu sein.

8.4 Millennial-Führungskräfte: Was wir von ihnen lernen können

Viel wurde bereits über die Schwierigkeiten geschrieben, die Millennials zu haben scheinen, wenn es darum geht, sich in die traditionellen Unternehmensstrukturen zu integrieren. Nun haben sie selbst Management- oder Projektverantwortung inne. Ich habe daher das Verhalten verschiedener Millennial-Führungskräfte beobachtet und möchte in diesem Teil meinen Eindruck und meine Rückschlüsse erläutern.

Wir haben schon manches über die Millennials gehört, etwa über die Schwierigkeiten, wenn sie Hierarchien akzeptieren müssen, welche Herausforderung es für sie darstellt, mit Agenda-Zwängen zurechtzukommen und, ganz allgemein, sich in unsere Organisationen zu integrieren. Aber wir haben bisher wenig über die Art und Weise gehört, wie sie sich als Führungskräfte verhalten. Es ist nun an der Zeit, diese Frage zu stellen, denn die Millennials – die in den 1980er- und 1990er-Jahren geboren wurden – erreichen jetzt Management- oder Projektleiterpositionen. Deshalb habe ich ihr Verhalten in solchen Rollen gezielt beobachtet.

Millennial-Führungskräfte sind mit sozialen Medien aufgewachsen, und ich glaube, dass dies einen starken Einfluss darauf hat, wie sie in Führungsrollen agieren. Während eines Projekts konnte ich zum Beispiel beobachten, dass sie dazu neigen, sich häufig an ihre Community zu wenden, und dass sie einen ziemlich inklusiven und partizipativen Ansatz haben:

- In einem frühen Stadium eines Projekts oder Entscheidungsprozesses stellen sie Verbindungen her, um relevante Erfahrungen zu sammeln, die andere bei ähnlichen Fragestellungen gemacht haben könnten.
- Sobald verschiedene Optionen oder Problemlösungen identifiziert worden sind, verbinden sie sich wieder mit ihrem Netzwerk, um zu prüfen, ob dies den Bedürfnissen und Erwartungen entspricht.
- Und: Sobald der Vorschlag bereit ist, dem Top-Management präsentiert zu werden, oder bevor eine endgültige Entscheidung getroffen wird, melden sie sich oft noch einmal bei ihrer Community zurück, um sicherzustellen, dass es eine breitere Unterstützung gibt.

Ich glaube, dass dieser Ansatz den Millennial-Führungskräften sehr viel Stärke gibt. Die Nutzung der kollektiven Intelligenz ihres Netzwerks in einem frühen Stadium hilft ihnen, bessere Problemlösungen zu finden. Dieser partizipative Ansatz ist auch in der Umsetzungsphase nützlich, weil er hilft, eine breite Zustimmung und Unterstützung sicherzustellen.

Schließlich glaube ich, dass sich ihre integrative Arbeitsweise auch auf die Führungshaltung der Millennial Leaders auswirkt. Sie ermöglicht es ihnen, im Namen der Gruppe zu sprechen. Sie positionieren sich häufig als Vertreter eines kollektiven Prozesses, anstatt nur in ihrem eigenen Namen zu agieren. Das gibt ihnen einen Großteil an Glaubwürdigkeit und Legitimität. Es gibt viel, was wir von den Millennial Leadern lernen können!

9

Einen gelungenen Karrierestart hinlegen

Im Rahmen meiner internationalen Geschäftsreisen versuche ich immer, Zeit zu finden, um mich mit Studenten an ihren Universitäten oder Business Schools zu treffen. Die lokalen HR-Teams wissen, dass dies ein wichtiger Teil meiner Reise ist, und planen, wann immer möglich, ein solches Treffen in der Reiseagenda ein (Abb. 9.1).

Der Hauptgrund, warum ich dies tue, ist der Beitrag zum Employer Branding meines Unternehmens. Die Anwesenheit einer HR-Führungskraft wird von den Studenten sehr geschätzt, vor allem wenn man kommt, um mit ihnen ins Gespräch zu kommen, und bereit ist, eigene Erfahrungen mit ihnen zu teilen. Studenten sind sehr an diesen Einblicken in das Berufsleben und an Ratschlägen für ihre Karriereplanung interessiert. Ich vermeide allerdings stets die Standard-Unternehmenspräsentationen, denn damit werden die Studenten ohnehin genügend versorgt. In der Regel nehmen sie mit nur begrenzter Aufmerksamkeit an solchen Sitzungen teil, es sei denn, sie wissen bereits, dass dies ein Unternehmen ist, bei dem sie sich bewerben wollen. Der beste Weg, um echtes Interesse bei den Studenten zu wecken, liegt vielmehr darin, sich wirklich mit ihnen zu beschäftigen. Diese Bereitschaft wird ihnen mehr darüber sagen, wer Sie als Unternehmen sind, als es bunte Power-Point-Folien oder Firmenvideos tun können.

Ergänzende Information Die elektronische Version dieses Kapitels enthält Zusatzmaterial, auf das über folgenden Link zugegriffen werden kann [https://doi.org/10.1007/978-3-662-64843-8_9]. Die Videos lassen sich durch Anklicken des DOI Links in der Legende einer entsprechenden Abbildung abspielen, oder indem Sie diesen Link mit der SN More Media App scannen.

Abb. 9.1 Einführungsvideo Kap. 9 (▶ https://doi.org/10.1007/000-6e3)

Zusätzlich zu diesem Zweck des Company Brandings habe ich es immer als besonders bereichernd für mein Berufsleben empfunden, in regelmäßigem Kontakt mit Menschen zu bleiben, die kurz vor dem Eintritt ins Berufsleben stehen. Die Art der Fragen, die sie stellen, verrät mir viel über die Bedürfnisse und Erwartungen dieser zukünftigen Generationen. Häufig habe ich dann auch die Gelegenheit, bestimmte Ansätze zu hinterfragen, die wir sonst als selbstverständlich annehmen. Immer deutlicher machen die jungen Berufstätigen jetzt ihren Wunsch nach flexibler Arbeitsgestaltung und nach hoher Transparenz der Arbeitsbedingungen klar. Auch die Werte des Unternehmens und der Sinn und Zweck der Aktivitäten des Unternehmens werden gezielt hinterfragt. Etliche der Veränderungen unserer HR-Grundsätze, die wir im Unternehmen eingeführt haben, finden in solchen Gesprächen ihren Ursprung.

Über diese genannten Gründe hinaus bin ich der Meinung, dass diejenigen, die in ihrem Job etabliert sind und das Berufsleben kennen, den zukünftigen Generationen etwas schuldig sind. Vielen Berufseinsteigern fällt es zunächst schwer zu überblicken, wie es in einem Unternehmen genau zugeht. Das betrifft besonders Berufseinsteiger, die in ihrem direkten Familien- und Freundeskreis niemanden haben, der sie anleiten und unterstützen kann. Für sie ist das „Innenleben" eines Großkonzerns häufig zunächst recht rätselhaft. Sie haben drängende Fragen, vor allem dann, wenn sie sich dem Abschluss ihrer Ausbildung nähern und erste Berufsentscheidungen treffen müssen. Dazu gehört schon die Frage, welche Unternehmen man in die nähere Auswahl einschließen sollte, wenn es darum geht, seinen ersten Arbeitgeber und die beste Einstiegsposition auszusuchen.

In diesem Kapitel geht es speziell um diese Fragen, die sich Berufseinsteiger stellen. Viele dieser Themen könnten auch für diejenigen relevant sein, die sich bereits in einem Job befinden, aber noch am Anfang ihrer beruflichen Laufbahn stehen. Dies Kapitel wird sicher auch für diejenigen von Interesse sein, die in ihrem Familien- und Freundeskreis Menschen kennen, die Ratschläge für die Wahl des ersten Arbeitgebers suchen.

9.1 Berufseinstieg – Wie wählen Sie Ihren ersten Arbeitgeber?

Die Wahl des richtigen Arbeitgebers für Ihren Berufseinstieg ist eine sehr wichtige Entscheidung. Hier finden Sie Tipps, wie Sie Unternehmen gezielt auswählen und wie Sie sich am besten auf die Bewerbung um Ihren Traumjob vorbereiten. So können Sie alle Chancen für einen gelungenen Karrierestart für sich nutzen!

Wie kann man schon während des Studiums den Anschluss an die Unternehmenswelt finden?
Ich würde empfehlen, jede Gelegenheit zu nutzen, um bereits während des Studiums Kontakte zu Unternehmen zu knüpfen, die für Sie von Interesse sein könnten. Aus meinen Gesprächen mit Studenten weiß ich, dass die Unternehmenswelt bisweilen als eine Art „Blackbox" wahrgenommen wird. Dies kann überwunden werden, wenn Sie eine Projektarbeit, eine Abschlussarbeit oder einen Bericht, den Sie im Rahmen Ihres Studiums anfertigen müssen, nutzen, um mit Unternehmen oder Organisationen in Kontakt zu treten, die Sie interessieren.

Wählen Sie ein Thema, das für einen potenziellen zukünftigen Arbeitgeber von Interesse ist, und suchen Sie den Austausch mit dieser Organisation. Sie werden feststellen, dass man sich in vielen Fällen gern mit Ihnen austauscht und Ihnen Informationen, Perspektiven und Ratschläge zum Thema Ihres Projekts gibt. Dies ist nicht nur eine gute Möglichkeit, um mehr über diese Organisation zu erfahren, sondern auch, um Ihr Netzwerk auszubauen.

Wie Sie eine „Due Diligence" Ihres potenziellen zukünftigen Arbeitgebers durchführen
Sobald Sie bereit sind, sich auf eine Stelle zu bewerben, ist es in meinen Augen sehr wichtig, eine gründliche „Due Diligence" über das Unternehmen durchzuführen, für das Sie sich interessieren. Ich würde empfehlen, insbesondere

die wirtschaftliche Lage der Firma zu überprüfen. Reichhaltige Informationen sind online verfügbar, wie beispielsweise Finanzberichte oder Kommentare von Finanzanalysten.

Konzentrieren Sie dann Ihre Suche auf solche Unternehmen, die erfolgreich sind und denen es wirtschaftlich gut geht. Es macht nämlich viel mehr Spaß, in einer Organisation zu arbeiten, die gute Entwicklungsperspektiven aufweist, als in einer Organisation, die ums Überleben kämpft.

Ich würde darüber hinaus empfehlen, dass Sie sich über das Klima und die Kultur der Organisation durch Medien oder durch Ihre Kontakte informieren. So können Sie sich in der Bewerbungsphase gezielt auf die für Sie passenden potenziellen zukünftigen Arbeitgeber konzentrieren und dabei schon hoch relevante Informationen zur Vorbereitung Ihrer Vorstellungsgespräche zusammentragen.

Schließlich würde ich Ihnen empfehlen zu prüfen, ob das Unternehmen Ihnen zu Beginn Ihrer Karriere einen Auslandseinsatz anbieten kann, falls das für Sie infrage kommt. In meinen Augen ist es ratsam, frühzeitig solche internationalen Erfahrungen zu sammeln, wenn dies aus persönlicher Sicht möglich ist (mehr zu diesem Thema unten in Abschn. 9.2).

Einige Empfehlungen für den Bewerbungsprozess

Ich weiß, dass der Bewerbungsprozess oftmals frustrierend sein kann, weil es lange dauert, bis man eine Rückmeldung erhält; häufig gibt es noch nicht einmal eine Antwort. Mein Rat ist jedoch, nicht zu schnell aufzugeben, wenn es ein Unternehmen gibt, für das Sie sich begeistern. Es kann ratsam sein, dieses Unternehmen mehrmals zu kontaktieren.

Geben Sie nicht auf, nur weil Sie keine positive Antwort erhalten haben. Versuchen Sie es wieder und wieder. Ich kenne viele Fälle, in denen sich Hartnäckigkeit letztlich ausgezahlt hat.

Einige Empfehlungen für Ihre Gesprächsvorbereitung

Es ist sehr wichtig, sich auf das Vorstellungsgespräch vorzubereiten. Prüfen Sie in Ihrem Netzwerk, ob Sie eine Person aus der Personalabteilung oder einen Manager kennen, der mit Recruitment Erfahrung hat, und holen Sie sich von ihnen Rat. Idealerweise sollten Sie Bewerbungsgespräche simulieren und Feedback erfragen. Das wird Ihnen viel Sicherheit geben für ein späteres „echtes" Bewerbungsgespräch.

Entscheidend ist es dabei, dass Sie sich darüber klar sind, warum Sie an dieser Stelle interessiert sind und welche Stärken Sie mitbringen. Stellen Sie sicher, dass Sie das klar und überzeugend vermitteln können. Es ist auch sehr wichtig zu zeigen, wie dieser erste Karriereschritt in Ihre längerfristige Vision passt, wohin Sie mit Ihrer Karriere gehen wollen (wie oben in Kap. 3 ausgeführt).

Wie Sie das richtige Angebot auswählen
Sobald Sie ein oder mehrere Angebote erhalten haben, müssen Sie eine Auswahl treffen. Hier lautet meine Empfehlung zu prüfen, welches das Umfeld ist, das Ihnen die besten Möglichkeiten bietet, sich persönlich und beruflich zu entwickeln. Wo werden Sie am meisten lernen? Welches Unternehmen wird Sie fördern und Ihnen Raum geben, sich voll einzubringen?

Denken Sie auch über die Menschen nach, die Sie während des Vorstellungsgesprächs getroffen haben, und prüfen Sie, mit wem Sie wirklich gern zusammenarbeiten würden.

Wie Sie die erste Berufserfahrung am besten nutzen
Schließlich ist mir aufgefallen, dass die Leute mitunter zu ungeduldig sind und nicht lange genug in ihrem ersten Job bleiben, um diese erste Erfahrung voll auszunutzen. Auch wenn es am Anfang womöglich etwas frustrierend ist, weil der Job nicht ganz Ihren Erwartungen entspricht, sollten Sie lange genug durchhalten, um alle Erkenntnisse zu sammeln, die es Ihnen ermöglichen, den richtigen nächsten Karriereschritt zu machen.

9.2 Wie Sie schon früh in Ihrer Karriere internationale Erfahrungen sammeln können

Internationale Erfahrung ist ein wichtiger Erfolgsfaktor für Ihre Karriere, denn unsere Welt ist global geworden. Es ist ratsam, diese internationale Erfahrung schon früh in Ihrer Karriere zu sammeln.

In diesem Abschnitt erfahren Sie, wie Sie sich darauf vorbereiten und wie Sie den richtigen Job im Ausland finden.

Das Kennenlernen verschiedener Kulturen, Länder, Märkte und Lebensweisen ist in der heutigen Zeit von entscheidender Bedeutung für eine erfolgreiche Karriere. In unserer stark globalisierten Wirtschaft ist die Fähigkeit, Kundenbedürfnisse auf der ganzen Welt zu verstehen, unerlässlich.

9.2.1 Internationale Erfahrung ist ein Wettbewerbsvorteil

Internationale Erfahrung ist für die Interaktionen innerhalb von Organisationen oder mit Geschäftspartnern, die zunehmend globalisiert und international sind, unverzichtbar. Sie wird Ihnen helfen, sich effizient zwischen verschiedenen Sprachen und Kulturen zu bewegen, weil Sie erfahren haben, wie Menschen in anderen Umgebungen agieren. Dies kann in der Zukunft ein bedeutender Wettbewerbsvorteil für Sie sein, wenn Sie Ihren Traumjob in Konkurrenz mit anderen Bewerbern anstreben.

Manche mögen argumentieren, dass jeder schon einmal im Ausland war und dort Urlaub gemacht hat. Das ist richtig. Kaum jemand hat heute nicht derartige Erfahrungen sammeln können. Und genau deshalb ist es auch kein Unterscheidungsmerkmal. In einem anderen Land und einer anderen Kultur gearbeitet zu haben – *das* macht den Unterschied. Denken Sie daran: Sie wollen einen Wettbewerbsvorteil haben, wenn Sie im Laufe Ihrer Karriere um Jobs konkurrieren werden.

9.2.2 Entwickeln Sie Ihre interkulturelle Sensibilität

Bedenken Sie, dass Ihnen die Erfahrungen, die Sie durch die tägliche Arbeit mit Teams in einem anderen Land sammeln, ein ganz anderes Verständnis für die Arbeitsweise in anderen Kulturen vermitteln. Oft ist es der harte Weg, der Ihnen die intensivsten Lernerfahrungen beschert. Ich bin sicher, dass Sie erfolgreich sein werden, wenn Sie offen für ein solches interkulturelles Abenteuer sind.

Die Konfrontation mit herausfordernden Situationen, in denen Sie manchmal das Gefühl haben, dass es eine echte Kommunikationslücke zwischen Ihnen und den anderen gibt, ist ein klares Zeichen dafür, dass Sie interkulturelle Unterschiede erleben. Zu lernen, mit diesen Situationen umzugehen, ist genau das, was für Sie von großem Nutzen sein wird.

9.2.3 Wie sammelt man internationale Arbeitserfahrung?

Ich hoffe, dass ich Sie vom Nutzen einer intensiven Auslandserfahrung habe überzeugen können. Die entscheidende Frage ist natürlich jetzt, WIE man sie erwirbt.

Gewinnen Sie internationale Erfahrung zu Beginn Ihrer Karriere

Meine erste Empfehlung wäre, diese Erfahrung so früh wie möglich in Ihrer Karriere zu sammeln. Ich sage dies aufgrund meiner Erfahrung aus dem Austausch mit vielen Mitarbeitern, die es als immer schwieriger erachten, diesen Schritt zu machen, je weiter sie in ihrer Karriere vorankommen.

Persönliche und familiäre Zwänge

Private Gründe spielen eine wichtige Rolle: Es ist eine viel größere Herausforderung umzuziehen, wenn Sie die Arbeitsmöglichkeiten im Ausland auch für Ihre/n Lebenspartner/in berücksichtigen müssen und nicht nur für sich selbst. Außerdem müssen Sie sich vielleicht später um Eltern und ältere Familienmitglieder kümmern, was Ihre internationale Mobilität einschränken kann.

Soziale Absicherung

Es gibt auch praktische Gründe, die mit der sozialen Absicherung zusammenhängen. Je mehr Dienstjahre Sie zum Beispiel in den Rentensystemen erreicht haben, desto höher sind die Abstriche, die Sie in Bezug auf Ihre zukünftige Altersvorsorge machen müssen. Es ist daher wesentlich einfacher, zuerst im Ausland zu beginnen und dann in einen lokalen Vertrag Ihres Heimatlandes zurückzukehren.

Internationale Graduiertenprogramme

Auch den Arbeitgebern selbst fällt es vielfach leichter, Ihnen Jobs im Ausland anzubieten, wenn Sie noch am Anfang Ihrer Karriere stehen. So haben zum Beispiel viele größere Unternehmen internationale Absolventenprogramme, die Ihnen eine solche Auslandserfahrung als Teil Ihres Onboardings in der Organisation ermöglichen.

Staatliche Programme

Schließlich gibt es auch einige staatliche Programme, die solche Job-Erfahrungen im Ausland unterstützen. In Europa können Sie zum Beispiel Unterstützung durch das VIE-Programm erhalten, das für alle europäischen Hochschulabsolventen unter 28 Jahren zugänglich ist. Diese Programme sind noch nicht allzu bekannt, können aber sehr vorteilhaft sein (https://www.civiweb.com/EN/index.aspx).

9.2.4 Wie man die internationale Jobsuche vorbereitet

Wichtig ist in meinen Augen, dass Sie eine klare Vorstellung davon haben, wonach Sie suchen:

- Sind Sie bereit, einen lokalen Vertrag im Gastland anzunehmen?
- Ziehen Sie allein um oder mit einem Partner?
- Wenn Sie gemeinsam gehen, wie sieht Ihre Strategie aus (z. B. sollte einer zuerst fündig werden, ziehen Sie dennoch gemeinsam dorthin und der andere sucht dann vor Ort)?
- Welche Länder würden Sie bevorzugen?
- Gibt es Länder oder Teile der Welt, die Sie ausschließen?
- Wie lange planen Sie zu bleiben?
- Sind Sie bereit, sich die Mühe zu machen, eine neue Sprache zu lernen?
- Welche Einschränkungen haben Sie in Ihrem Heimatland (z. B. Familienangehörige, um die Sie sich kümmern müssen), und welche Anforderungen ergeben sich daraus für Sie in Bezug auf die berufliche Flexibilität und die finanziellen Auswirkungen?

Es gibt natürlich noch viele weitere solcher praktischen Überlegungen, die von der jeweiligen Situation abhängen. Denken Sie darüber nach und versuchen Sie, Ihre eigenen Bedürfnisse und Erwartungen so konkret wie möglich zu formulieren. Das wird Ihnen bei der Kommunikation mit potenziellen Arbeitgebern und bei der Suche nach der richtigen Art von Arbeit sehr hilfreich sein.

Option 1: Suchen Sie den Job noch vor dem Umzug
Es gibt viele Wege, um nach solchen internationalen Stellen zu suchen. Meine Empfehlung ist, multinationale Unternehmen ins Visier zu nehmen, die ein internationales Absolventenprogramm haben. Bewerben Sie sich online oder nutzen Sie Jobmessen, auf denen Sie Personalverantwortliche dieser Unternehmen treffen können. Es ist auch sehr ratsam, auf das Alumni-Netzwerk Ihrer Schule oder Universität zurückzugreifen. Ehemalige Studenten, die im Ausland sind oder waren, können vielleicht noch auf ihre Verbindungen zurückgreifen, um Sie zu beraten oder sogar bei der Suche nach Stellenangeboten zu unterstützen.

Option 2: Direkt im Ausland nach einem Job im Gastland suchen
Schließlich gibt es noch die Option, ins Ausland zu reisen und direkt im anderen Land nach einem Job zu suchen, sobald Sie dort sind. Wenn Sie flexibel sind, kann es eine fantastische Erfahrung sein, die Stellensuche direkt im

Gastland durchzuführen. Diese Option ist natürlich etwas risikoreicher und Sie müssen abschätzen, ob das für Sie machbar ist.

Wenn Sie mit Ihrem Partner umziehen, könnte die Option sein, dass einer bereits einen Vertrag hat, während der andere die Suche vor Ort im Gastland durchführt. Sie werden vielleicht feststellen, dass die Gemeinschaft der Expatriats aus Ihrem Heimatland dort vor Ort sehr gastfreundlich und hilfsbereit sein wird.

9.3 Sind interne Beratungsabteilungen eine smarte Karriereoption?

Die Unternehmensberatung ist seit jeher ein Talentmagnet für Absolventen (auch wenn die Tech-Unternehmen allmählich als noch attraktiver wahrgenommen werden). Viele ambitionierte Talente, die noch am Anfang ihrer Karriere stehen, träumen von diesen privilegierten und hoch exponierten Beratungspositionen. Über die Karrieremöglichkeiten bei diesen Beratungsunternehmen ist schon viel publiziert worden (z. B. Hattori 2015).

Ich möchte mich hier auf eine alternative Option konzentrieren, nämlich auf die firmeninternen Beratungsteams sowie auf bestimmte Stabsstellen wie Vorstandsassistenz oder Positionen im Projektmanagement. Mir ist aufgefallen, dass dies zwar von Studenten als eine interessante Perspektive wahrgenommen wird, dass es aber in der einschlägigen Literatur an Informationen zu diesen Stellen mit Blick auf Karriereplanung mangelt.

Die Studenten fragen immer wieder, ob solche Positionen gute Entwicklungsschritte sind oder ob sie sich besser direkt auf Positionen in einer Geschäftseinheit oder in ihrem Fachgebiet konzentrieren sollen. Sie befürchten, dass die Stabsstellen oder internen Beratungsteams sie von ihrer Karriereschiene abbringen könnten oder gar in eine Sackgasse enden könnten. Andererseits sind solche hoch exponierten Stellen, die einen breiten Überblick verschaffen und es erlauben, eng mit dem Top-Management zusammenzuarbeiten, auch sehr attraktiv. Die richtige Antwort auf die Frage, ob eine Stelle in einem solchen Stabsteam anzunehmen ein guter Karriereschritt ist, lautet: Es kommt darauf an!

Es kommt natürlich in erster Linie darauf an, welchen Beitrag diese Teams innerhalb der Organisation leisten können. Haben sie den Auftrag, Dinge zu gestalten, oder haben sie eine reine Koordinationsrolle? Oft haben interne Beratungseinheiten tatsächlich einen erheblichen Einfluss und Gestaltungsspielraum. Dann können sie durchaus ein hervorragender Karrierebeschleuniger sein.

Schauen wir uns zunächst die Aufgaben an, die solche internen Beratungseinheiten übernehmen können, dann werden wir beleuchten, welche Profile dazu passen und unter welchen Umständen das ein kluger Karriereschritt sein kann – oder eben auch nicht.

9.3.1 Interne Beratung/Projektmanagementbüro

Angesichts des beträchtlichen Budgets, das viele Unternehmen jedes Jahr für die Unternehmensberatung aufwenden, haben mehrere Unternehmen eine interne Organisationsentwicklungs- und Projektmanagementabteilungen geschaffen. Der Zweck dieses Abschnittes ist es, die Rolle zu skizzieren, die diese Einheiten spielen können, und wie dies ein attraktiver Karriereschritt sein kann.

Interne Beratungs- oder Projektmanagement-Teams sind in der Regel an folgenden beiden Arten von Projektaufträgen beteiligt:

- Groß angelegte Reorganisationsprojekte, bei denen sie mit externen Beratern zusammenarbeiten
- Kleinere Projekte, die diese Teams mit internen Ressourcen bewältigen können

9.3.2 Groß angelegte Reorganisationsprojekte

Solche großen Projekte sind sehr ressourcenintensiv, und ein internes Team ist in der Regel nicht groß genug, um dies vollständig abzudecken. In einer solchen Situation arbeiten meist interne und externe Berater zusammen. Das interne Team kann dabei helfen, die richtigen Ansprechpartner in der Organisation im Hinblick auf die benötigten Informationen zu identifizieren und zu beraten, wer in bestimmte Teile des Projekts einbezogen werden sollte. Sie können auch dabei helfen, eine regelmäßige Kommunikation mit den verschiedenen Teilen des Unternehmens sicherzustellen, die von dieser Veränderungsinitiative betroffen sind.

Auch die Frage des Wissenstransfers ist von Bedeutung. Während eines solchen Projekts wird eine Menge Wissen generiert; dieser „Wissensfluss" findet üblicherweise dann sein Ende, wenn die Berater das Unternehmen verlassen. Die Rolle der internen Berater als Mitglieder des gemeinsamen Projektteams ist es daher, dieses Wissen aufzunehmen, um die organisatorische Lösung nach dem Ausscheiden der Berater an neue Anforderungen anpassen zu können. Dazu gehören die Weitergabe des Wissens über die im Projekt angewandte Methodik, das Wissen über die Problemanalyse und die Annahmen, die bei der Entwicklung der Lösung getroffen wurden.

9.3.3 Kleinere Organisationsprojekte

Bei kleineren Organisationsanpassungen kann erwartet werden, dass das interne Team diese ohne (oder mit begrenzter) externer Unterstützung durchführt. Die Rolle des internen Beraterteams besteht darin, methodische Unterstützung zu leisten, das Projektmanagement sicherzustellen und in die Projektarbeit eingebunden zu sein.

Neben der Unterstützung konkreter Projekte oder Veränderungsinitiativen können die internen Organisationsexperten auch helfen, über Trainingsmaßnahmen die Kenntnisse der Führungskräfte zu Themen des Organisationsdesigns und der Organisationsentwicklung im Unternehmen aufzubauen.

Schließlich können die Führungskräfte den Vorteil nutzen, die internen Organisationsexperten als Sparringspartner zu haben, mit denen sie Ideen hin- und herschieben können.

9.3.4 Was sind die wichtigsten Erfolgsfaktoren eines solchen Teams?

Das interne Beraterteam muss in der Lage sein, mit einem hohen Maß an Unabhängigkeit und Vertraulichkeit zu arbeiten. Die Führungskräfte in der Organisation werden nur dann bereit sein, dem Team als Sparringspartner zu vertrauen, wenn sie wissen, dass die Informationen, die sie austauschen, vertraulich bleiben werden, solange das vereinbart ist.

Natürlich wird das Top-Management nach dem Start eines Projekts über das Thema informiert und die Ergebnisse werden an die Firmenleitung kommuniziert. Aber es ist wichtig, dass die Führungskräfte, die beratende Unterstützung suchen, als interne Kunden betrachtet werden und die ersten und privilegierten Kontaktpersonen während des Projekts sind. Sie sollten die Möglichkeit haben, die Art und Weise zu kontrollieren, wie die Informationen über die Problemanalyse und die vorgeschlagenen Empfehlungen weitergegeben werden, so wie sie es tun würden, wenn sie mit externen Beratern arbeiten würden. Die Berichterstattung des Organisationsteams sollte deshalb so gehandhabt werden, dass Vertraulichkeit als Grundprinzip des Organisationsteams definiert wird. Die Führungskräfte werden den Rat und die Unterstützung des Organisationsteams in Anspruch nehmen, wenn sie von dessen fachlicher Kompetenz und von dieser Vertraulichkeit überzeugt sind.

Es ist auch von entscheidender Bedeutung, dass die Positionen im internen Beratungsteam als hoch attraktive Karriereschritte gelten. Das interne Beratungsteam sollte von externen Kandidaten als ein guter Einstieg in das Unternehmen wahrgenommen werden, weil die Mitarbeit in diesem Team es erlaubt, ein Netzwerk im Unternehmen aufzubauen, Kontakt zu den Führungskräften zu bekommen und schnell einen guten Einblick in die Geschäftsaktivitäten des Unternehmens zu gewinnen. Ebenso wichtig ist es, den Top-Talenten aus dem Unternehmen attraktive Möglichkeiten zu bieten, in die interne Beratung einzusteigen.

Der Erfolg der internen und externen Besetzung des internen Beraterteams wird davon abhängen, ob das Unternehmen zeigen kann, dass es als Karrierebeschleuniger dient und den Teammitgliedern attraktive Karrieremöglichkeiten bietet.

9.3.5 Könnte dies ein guter Karriereschritt für Sie sein?

Ich hoffe, dass Ihnen dies den nötigen Einblick gibt, um die richtigen Fragen zu stellen, wenn Sie einen Wechsel in ein solches strategisches Team auf Unternehmensebene in Betracht ziehen. Zusammenfassend würde ich die folgenden Punkte prüfen:

- Welche Projekte werden an das interne Beraterteam vergeben?
- Welche Autonomie hat das Team?
- Wo ist dieses Team in der Organisation aufgehängt? Ist es dem Top-Management direkt unterstellt?
- Wer hat in der Vergangenheit in diese Einheiten gewechselt?
- Wie haben diese Mitarbeiter ihre Karriere nach ihrer Erfahrung im internen Beratungsteam entwickeln können?

Schließlich sollten Sie klären, ob die zu erwartenden Learnings mit Ihren Bedürfnissen übereinstimmen:

- Der Wechsel in ein internes Consulting ist höchstwahrscheinlich ein guter Karriereschritt, wenn Sie Ihr strategisches Verständnis und Ihr Networking innerhalb der Organisation stärken, Geschäftskenntnisse in Bezug auf die verschiedenen Bereiche und Aktivitäten der Organisation erwerben und Ihre Fähigkeiten im Projektmanagement ausbauen wollen.

- Es ist jedoch nicht unbedingt der richtige Schritt, wenn Sie sich eher auf die Übernahme von operativer Verantwortung konzentrieren oder Ihre Erfahrungen in Sachen Mitarbeiterführung erweitern wollen.

9.4 Nutzen Sie die sozialen Medien, um Ihr Profil auf dem Arbeitsmarkt zu stärken

Von der Bedeutung von Social Media im Rahmen Ihrer Jobsuche muss ich Sie sicherlich nicht überzeugen. Stellen Sie daher sicher, dass Sie ein qualitativ hochwertiges LinkedIn-Profil haben, in dem die wichtigsten Leistungen, die Sie in den betreffenden Positionen erbracht haben, klar umrissen sind. Personalverantwortliche werden das aufmerksam lesen, und es ist daher eine sehr relevante erste Information über Ihr Profil. Sehr oft wird das zu einer Vorauswahl von Kandidaten führen.

Recruiter werden höchstwahrscheinlich einen schnellen Check Ihres Social-Media-Profils durch eine einfache Google-Suche vornehmen. Ich würde Ihnen empfehlen, regelmäßig zu überprüfen, wie die Suchergebnisse aussehen, wenn Sie Ihren eigenen Namen in die Suchmaschine eingeben. Es gibt eine Möglichkeit, diese Ergebnisse zu beeinflussen, wenn Sie das Gefühl haben, dass sie nicht optimal sind. Das kann durch neuere Veröffentlichungen geschehen, bei denen Sie für eine optimale Positionierung bei den Suchergebnissen sorgen, sodass diese Ergebnisse als Erstes auftauchen. Dies kann auch notwendig sein, wenn Sie jemanden haben, der den gleichen oder einen ähnlichen Namen wie Sie hat. In diesem Fall sollten Sie sich durch eine optimale Suchergebnis-Positionierung Ihrer Online-Informationen abheben.

Darüber hinaus können Sie anstreben, sich als Experte oder Vordenker in einem bestimmten Bereich zu positionieren. Regelmäßige Veröffentlichungen zu diesem speziellen Thema werden Ihr Social-Media-Profil deutlich stärken, insbesondere wenn Sie eine Social-Media-Strategie anwenden, bei der Sie mehrere soziale Medien nutzen. Sie könnten zum Beispiel beschließen, einen Blog zu dem Thema, das Sie besonders interessiert, zu erstellen. Sie haben die Möglichkeit, die Beiträge in Ihrem Blog in anderen sozialen Medien wie LinkedIn zu teilen. Das erzeugt Sichtbarkeit bei einem breiteren Publikum, während die Informationen in Ihrem Blog von den Suchmaschinen erkannt werden und dazu beitragen, kontinuierlichen Traffic durch Google-Suchen zu diesem Thema zu generieren. Die Verwendung der richtigen Schlüsselwörter ist dafür natürlich erforderlich. Sie werden überrascht sein, welchen Effekt eine solche verstärkte Social-Media-Präsenz haben kann. Sie werden sehr wahrscheinlich eine ganze Reihe von Abonnenten oder Followern gewinnen.

Außerdem werden Sie feststellen, dass Headhunter und Recruiter Sie viel häufiger mit Job-Angeboten kontaktieren werden, ganz einfach deshalb, weil Sie dank regelmäßiger Veröffentlichungen öfter auf deren Radar auftauchen und Ihr Profil in deren Augen differenzierter ist.

9.5 Vier Schritte zum Drehen Ihres Video-Lebenslaufs

Viele Studien haben gezeigt, dass die Menschen heute Videos dem Text vorziehen, das gilt vor allem für die jüngere Generation. Die überaus nützlichen und umfassenden Videoinhalte auf YouTube und anderen sozialen Medien sind ein Ergebnis davon. Zunehmend nutzen Recruiter die Online-Informationen der Kandidaten, um einen ersten Einblick zu bekommen. Die Art der Inhalte ist natürlich ein aufschlussreicher Hinweis auf die Interessen der Personen. Video-Veröffentlichungen bieten auch einen ersten Einblick in die Persönlichkeit der Kandidaten. Dies kann natürlich weder eine direkte Interaktion noch ein persönliches Treffen ersetzen. Aber es kann eine sehr nützliche erste Quelle für Informationen über den Kandidaten sein. Aus diesem Grund ist es wichtig sicherzustellen, dass Ihre Online-Inhalte qualitativ gut sind und Sie angemessen repräsentieren.

Meine Empfehlung ist es, dies zu nutzen, um sich in einem Video zu präsentieren, einem „Video-Lebenslauf". Dieser kann auf YouTube (oder einem anderen Online-Videomedium) veröffentlicht werden. Sie können auch beschließen, diesen Video-Lebenslauf nur als „privat" zu veröffentlichen, sodass nur diejenigen es sehen können, denen Sie den Link schicken.

Ein solcher Video-Lebenslauf hat für Sie viele Vorteile:

- Es hebt Sie hervor, weil Sie etwas Neues anbieten, was andere Kandidaten höchstwahrscheinlich noch nicht vorweisen können.
- Es zeigt Ihre Fähigkeit, soziale Medien zu nutzen, was zunehmend als Job-Voraussetzung gilt.
- Es gibt Ihnen die einmalige Möglichkeit, sich bestmöglich zu präsentieren, da Sie das Video so gestalten können, wie Sie es möchten.

Ich werde häufig auf meine YouTube Erfahrung angesprochen: Welche Ausrüstung wird benötigt? Wie bereitet man ein Video vor? Wie dreht man ein Video? Wie erstellt und bewirbt man einen Kanal? Was braucht man für die Post-Produktion? Und: Haben Sie professionelle Unterstützung von einer spezialisierten Agentur in Anspruch genommen? Die Antwort auf diese letzte Frage ist einfach: Ich mache alles selbst – und es ist einfacher, als es auf den ersten Blick aussehen mag.

Dieser Abschnitt wird Ihnen helfen, Ihren Video-Lebenslauf vorzubereiten, zu drehen und zu veröffentlichen. Ich werde hier die vier wichtigsten Schritte dafür skizzieren: Sie finden praktische Ratschläge zur Inhaltserstellung, zum Dreh, zur Nachbearbeitung (bzw. Post-Produktion) und zur Veröffentlichung Ihres Videos.

9.5.1 Die Arbeit am Inhalt kommt zuerst!

Die Arbeit am Inhalt ist der wichtigste Teil. Sie müssen sich über die Kernbotschaften und über die Art und Weise, wie Sie diese formulieren wollen, im Klaren sein. So stellen Sie sicher, dass der Inhalt für Sie selbst klar und gut strukturiert ist – mit einer Einleitung, einem Mittelteil, in dem Sie Ihre Hauptargumente darstellen, und mit einem Schluss. Die optimale Länge eines Videos liegt meiner Erfahrung nach bei maximal fünf Minuten.

Es kann verschiedene Möglichkeiten geben, Ihren Video-Lebenslauf zu strukturieren. Lassen Sie mich hier einige Ansätze skizzieren, allerdings werden Sie sicherlich Ihren eigenen Weg finden.

- **Einleitung** (ca. 30 Sekunden): Kurze Vorstellung Ihrer Person und Skizzierung Ihrer Leidenschaft und Ihres persönlichen Ziels.
- **Hauptteil** (zwei bis vier Minuten): Kurzer Überblick über Ihren Werdegang, indem Sie bei jedem Schritt die wichtigsten Learnings skizzieren und darstellen, warum diese Erfahrung für Ihren beruflichen Werdegang relevant war. Sie könnten hier auch einige der unliebsamen Erfahrungen, die Sie gemacht haben, oder sogar bestimmte Misserfolge mitteilen. Der Sinn dieses Video-Lebenslaufs ist es, einen persönlichen Eindruck davon zu vermitteln, wer Sie sind, und das wirkt glaubwürdiger und authentischer, wenn Sie nicht versuchen, bestimmte negative Erfahrungen zu vertuschen, die Sie vielleicht gemacht haben. Jeder macht Erfahrungen mit Misserfolgen; Recruiter wissen das. Es ist klug, offen damit umzugehen und deutlich zu machen, inwiefern Sie dadurch gewachsen sind, beruflich und oder als Mensch und Führungskraft.
- **Fazit** (ca. 30 Sekunden): Hier würde ich die Vision skizzieren, die Sie für Ihre berufliche Entwicklung haben, und welche nächsten Schritte Sie anstreben. Halten Sie dies recht allgemein, um keine Möglichkeiten auszuschließen, die für Sie interessant sein könnten, auch wenn sie nicht genau

mit Ihrem Karriereplan übereinstimmen. Seien Sie aber hinreichend explizit, um Optionen auszuschließen, die eindeutig nicht für Sie interessant sind. Ich würde auch empfehlen, Angaben zu bestimmten persönlichen Aspekten zu machen, die für Sie von Bedeutung sein könnten, wie z. B. geografische Lage und Mobilität.

9.5.2 Technische Ausrüstung für die Aufnahme

Welche technische Ausrüstung wird benötigt? Die einfache Antwort ist: Ihr Smartphone hat alle Funktionen, die Sie brauchen! Vielleicht entscheiden Sie sich für mehr Raffinesse und kaufen ein Stativ (aber auch Bücher sind gut, um Ihre Kamera zu stabilisieren) und investieren in ein Mikrofon. Aber eigentlich ist Ihr Smartphone schon alles, was Sie für den Anfang brauchen.

Als ich beschloss, meinen YouTube-Kanal zu starten, ging ich in ein professionelles Kamerageschäft. Ich dachte, ich brauche eine Top-Ausrüstung, um alle Chancen für einen guten Start auf meiner Seite zu haben. Vielleicht war da auch der Gedanke, dass ich bis ans Ende gehen würde, wenn ich dafür viel Geld ausgegeben hätte, ein bekannter Selbstüberlistungstrick, den ich gern mal anwende. Ich war also bereit, ein paar Tausend Euro zu investieren, um alles zu haben, was ich brauche. Die freundliche Verkäuferin fragte mich, ob ich ein iPhone hätte. Ja, das hatte ich. Und zu meiner großen Überraschung sagte sie mir, dass ich zu diesem Zeitpunkt nichts weiter bräuchte. Sie riet mir, es einfach mit diesem Gerät auszuprobieren. Wie recht sie hatte! Ich begann, Erfahrungen zu sammeln. Aber dann kam ich mit spezifischen Bedürfnissen zurück: ein Mikrofon (und ein zweites für Interview-Videos), ein Stativ und vor allem Licht. Kurzum: Ich wurde schließlich doch ein guter Kunde! Aber ich wusste dann viel genauer, auf welche Weise ich mich professioneller ausstatten wollte.

Ich verwende selbst kein Skript und keinen Prompter, denn das raubt viel Spontaneität. In einigen Fällen nutze ich ein einfaches Flipchart mit ein paar Aufzählungspunkten, um mir den Fluss der Argumentation zu merken. Jeder muss letztlich für sich herausfinden, was am besten funktioniert und welche memo-technischen Bedürfnisse er hat, um die wichtigen Aspekte nicht zu vergessen. Mein Rat ist aber: Konzentrieren Sie sich auf die Botschaft, die Sie vermitteln wollen, nicht auf die Einzelaspekte. Damit verbessern Sie den Sprachfluss und Sie werden vielleicht auf Merkzettel und Ähnliches verzichten können.

Der Bildhintergrund ist wichtig. Es lohnt sich, ein wenig Zeit zu investieren, um einen schönen Platz mit einem attraktiven Rahmen für Ihr Video zu finden. Dies wird sich auf die durchschnittliche Verweildauer pro Video auswirken: Die Leute sind aufmerksamer, wenn sie das Bild attraktiv finden und nicht bloß das als interessant erachten, was Sie sagen.

9.5.3 Aufnahme des Lebenslauf-Videos

Es ist wichtig, dass Sie die Botschaften, die Sie vermitteln wollen, mit großer Überzeugungskraft vertreten. Ein professioneller YouTuber hat mir einmal gesagt, dass man vor einer Kamera zwei- bis dreimal mehr Energie aufbringen muss, um eine Botschaft zu vermitteln, als dies in einem normalen Gespräch erforderlich wäre. Die Kamera „saugt" gewissermaßen Energie auf. Es braucht also viel Leidenschaft, um in Ihren Videos wirkungsvoll zu sein.

Ich würde empfehlen, die Dreharbeiten nur dann vorzunehmen, wenn Sie sich für ein paar Stunden in Ruhe zurückziehen können. Es ist wichtig, dass Sie nicht gestört werden. Oftmals klingelt das Telefon genau dann, wenn Sie gerade Ihren besten Take machen, der dann wegen dieser Unterbrechung nicht brauchbar ist. Darüber ärgert man sich sehr und solche Unterbrechungen bringen einen auch völlig aus dem Konzept. Deshalb mein Rat: Stellen Sie alle Telefone auf lautlos und vergewissern Sie sich, dass niemand in den Raum hineinplatzt, wo Sie gerade Ihr Video aufnehmen.

Ich mache normalerweise zwischen fünf und zehn Takes. Die späteren sind oft die besseren, vor allem, weil sie kürzer sind. Nach ein paar Takes sehen Sie, wo Sie knapper und klarer sein können und welche Aspekte Sie vielleicht sogar dann ganz herausschneiden wollen. Kurz ist gut! Ich würde empfehlen, sich jeden Take anzusehen, bevor Sie den nächsten aufnehmen. So können Sie prüfen, was aus inhaltlicher Sicht, aber auch technisch in Bezug auf Licht, Ton und Bildausschnitt verbessert werden kann.

Achten Sie auf eine stabile und bequeme Körperhaltung und darauf, dass Sie mit Überzeugung sprechen. Seien Sie präsent! Denken Sie daran, dass das Video Energie „schluckt". Es braucht einiges an Überzeugung, um wirkungsvoll zu sein. Nicht zuletzt glaube ich, dass es hilft, an die Menschen zu adressieren, die „hinter der Kamera" sind. Normalerweise denke ich beim Dreh an jemanden, von dem ich hoffe, dass er das Video sehen wird und der besonders am Inhalt interessiert sein könnte. Ich spreche dann sozusagen diese Person gedanklich an.

9.5.4 Nachbearbeitung

Je weniger Nachbearbeitung nötig ist, desto besser, denn eine solche Nachbearbeitung kann sehr zeitaufwendig werden. Ich verwende iMovies für den Schnitt. Es ist auf Ihrem iPhone oder iPad verfügbar und recht einfach zu bedienen. Selbstverständlich gibt es alternative Software, und Sie sollten für sich entscheiden, womit Sie am besten zurechtkommen. Auf YouTube finden Sie dann sehr hilfreiche Tutorial-Videos, um den Einstieg zu finden. Die Grundlagen der Post-Produktion sind einfach.

Es ist meines Erachtens auch hilfreich, sich andere Videos auf YouTube anzusehen, um zu lernen. Sie werden beispielsweise sehen, dass häufig Jump-Cuts und Hard-Cuts verwendet werden, also ganz harte bzw. übergangslose Schnitte. Ich mache allerdings genau das Gegenteil: Ich versuche, so wenig Schnitte wie möglich zu machen. Viele meiner Videos sind nur ein Take vom Anfang bis zum Ende. Ich finde, das macht sie flüssiger und besser anzuhören. Aber das ist tatsächlich eine Frage des Stils. Ich bin sicher, dass Sie herausfinden werden, was am besten zu Ihnen passt.

9.5.5 Veröffentlichung

Falls Sie das Video auf YouTube veröffentlichen möchten, sollten Sie ein Thumbnail erstellen – das ist das Symbol oder die Titelseite, die in den Suchergebnissen sichtbar sein wird. Es sollte den Titel Ihres Video-Lebenslaufs und ein ansprechendes Foto enthalten. Hierzu und zum Einrichten Ihres YouTube-Kanals finden Sie ausgezeichnete Anleitungsvideos. Das ist erforderlich, um Ihren Video-Lebenslauf zu veröffentlichen, auch wenn Sie sich entscheiden, ihn als „privat" online zu schalten, d. h. so, dass es nur von denjenigen gesehen wird, denen Sie ein Link zuschicken.

Das ist im Prinzip schon alles, was Sie wissen müssen, um loszulegen. Sie werden über das positive Feedback, das Sie erhalten, und über die Anzahl der Menschen, die Ihren Video-Lebenslauf sehen, staunen. Videokommunikation ist sehr direkt und ansprechend. Es ist eindeutig der Kommunikationskanal der Zukunft!

Also, viel Spaß!

10
Resümee

10.1 Karriereplanung ist ein kontinuierlicher Lernprozess

Der große amerikanische General Dwight D. Eisenhower ist berühmt für seine Aussage: „Ein Plan ist nichts, Planung ist alles." Dies ist ein kühner Satz! Warum sollte man dann überhaupt einen Karriereplan aufstellen, wenn jemand wie Eisenhower der Meinung ist, dass ein solcher Plan keinen Wert hat? (Abb. 10.1)

Bei der Erstellung Ihres Plans kommt es nicht auf das Ergebnis an, sondern auf die vorausschauende Auseinandersetzung mit der Zukunft, so unvorhersehbar diese auch sein mag. Der Wert liegt nicht im endgültigen Ergebnis, nicht in dem Papier, auf dem Sie vielleicht Ihre Schlussfolgerungen und geplanten Aktionen niedergeschrieben haben – was zählt, ist der dynamische Prozess der Reflexion.

Die Qualität Ihres Karriereplanungsprozesses ist daher von entscheidender Bedeutung. Das schließt ein:

- Die Zeit, die Sie allein mit Reflexion und Introspektion in Bezug auf Ihren tiefen Wunsch aufgewendet haben.

Ergänzende Information Die elektronische Version dieses Kapitels enthält Zusatzmaterial, auf das über folgenden Link zugegriffen werden kann [https://doi.org/10.1007/978-3-662-64843-8_10]. Die Videos lassen sich durch Anklicken des DOI Links in der Legende einer entsprechenden Abbildung abspielen, oder indem Sie diesen Link mit der SN More Media App scannen.

Abb. 10.1 Einführungsvideo Kap. 10 (▶ https://doi.org/10.1007/000-6e4)

- Die Klarheit, mit der Sie die Art von Arbeit und Lebensstil definieren, die Sie anstreben.
- Die Fülle an Feedback, das Sie sammeln können, um Ihre Selbsterkenntnis zu erweitern.
- Die Tiefe der Gespräche mit Menschen, die Sie um Rat fragen (z. B. mit dem Mitglied Ihres Karrierebeirats).
- Die Analyse von Erfolgen und Misserfolgen und die Schlussfolgerungen, die Sie daraus ziehen können, um Ihren Karriereplan regelmäßig anzupassen und zu verbessern.
- Die Vorbereitung jedes neuen Schritts und die Qualität der Entscheidungen, welche Option Sie im Hinblick auf ihre längerfristige Ausrichtung auf Ihre Karrierestrategie wählen.
- Die Entwicklungsmaßnahmen, die Sie ergreifen, um sich auf die nächsten Herausforderungen vorzubereiten und um sich als Person und als Führungskraft zu entfalten.

Betrachten Sie Ihre Karriereplanung als einen kontinuierlichen Lernprozess. Ihr Berufsleben wird Ihnen ständig neue Erkenntnisse über sich selbst und neue Möglichkeiten bieten, sich beruflich und persönlich weiterzuentwickeln. Sie werden alle Ihre Sinne einsetzen müssen, um diesen Lernprozess voll auszuschöpfen:

- Augen: Schauen Sie nach vorn, statt sich auf die nächste Gelegenheit zu konzentrieren. Behalten Sie das längerfristige Ziel, das Sie definiert haben, stets im Auge. Stellen Sie sicher, dass es mit Ihrem persönlichen Ziel verbunden ist, das den beruflichen Entscheidungen, die Sie treffen, Sinn und Orientierung gibt.
- Herz: Verbinden Sie sich mit Ihrem Herzen, um im Einklang mit Ihren persönlichen Werten zu sein, und nutzen Sie dies als Kompass für Ihre berufliche Entwicklung.
- Ohren: Hören Sie auf die Ratschläge und Rückmeldungen, die Sie von Ihrem Vorgesetzten, Ihren Kollegen und Teammitgliedern, internen oder externen Kunden und anderen Stakeholdern erhalten können. Werden Sie sich schrittweise über Ihre Stärken klar und werden Sie konkreter, wie Sie diese am besten einsetzen können. Lernen Sie Ihre Schwächen kennen und nutzen Sie diese als Entwicklungschance. Werden Sie sich immer klarer über Ihre persönlichen Bedürfnisse und Vorlieben sowie über Ihre Entgleisungsfaktoren. Diese Selbsterkenntnis ist die Schlüsselzutat, die große Führungskräfte ausmacht.
- Geruch: Seien Sie sensibel für das, was oft als „the smell of the place" genannt wird, um die Kultur einer Organisation zu bezeichnen. Stellen Sie sicher, dass Sie eine Umgebung finden, in der Sie sich wohlfühlen und voll entfalten können. Seien Sie mutig und wechseln Sie das Unternehmen, wenn Sie zu dem Schluss kommen, dass dies nicht die optimale Kultur für Sie ist, oder wenn Ihre persönlichen Werte nicht mit denen des Unternehmens übereinstimmen.

Die Fähigkeit, aus Fehlern zu lernen, ist entscheidend. Scheitern Sie – aber scheitern Sie schnell! Bleiben Sie nicht stecken. Wenn Sie eine falsche Karriereentscheidung getroffen haben, stellen Sie sicher, dass Sie alle relevanten Schlüsse aus dieser Erfahrung ziehen. Die Fähigkeit, dies mit Menschen zu reflektieren, die Sie in Ihrer beruflichen Entwicklung unterstützen, ist unerlässlich. Ein Mentor oder die Mitglieder Ihres persönlichen Karriere-Beirats sind sicherlich gute Sparringspartner.

10.2 Verlieren Sie keine Zeit

Zeit ist ein entscheidender Faktor. Zögern Sie nicht. Führen Sie die Schritte, die in diesem Buch beschrieben sind, gezielt und strukturiert aus, um Ihre Karrierestrategie ohne Verzögerung zu erstellen. Ich würde die folgenden wichtigen Meilensteine empfehlen:

Nehmen Sie sich einen vollen Monat Zeit, um über Ihren wahren Berufswunsch nachzudenken und Ihren persönlichen Purpose zu finden, also das zu erkennen, was Ihren persönlichen Werten am besten entspricht und Ihrem beruflichen Werdegang einen tieferen Sinn geben kann. Stellen Sie sicher, dass Sie in diesem Monat Zeit für Reflexion und Selbstbeobachtung haben. Lange Spaziergänge in der Natur, Achtsamkeit auf Ihre Tagträume beim Sport und Aufmerksamkeit auf das, was Ihnen am meisten Spaß macht, sind gute Möglichkeiten, diese Reflexion auszulösen (siehe dazu oben Abschn. 3.1).

Ich würde auch empfehlen, mehr über eine Person zu lesen, die Sie besonders bewundern und die Sie inspirierend finden. Vielleicht finden Sie eine Biografie über diese Person oder informieren sich über deren Leistungen und Errungenschaften. Diese Auseinandersetzung mit dem Leben und dem Werk eines Vorbilds wird Ihre Introspektion anregen.

Seien Sie sich über Ihren tiefen Wunsch und über Ihr persönliches Ziel so klar wie möglich. Überlegen Sie sich, welchen Lebensstil Sie anstreben und welche Art von beruflichem Umfeld Sie sich idealerweise für die Zukunft wünschen. Schreiben Sie es in Entwurfsform auf. Arbeiten Sie immer wieder daran, bis Sie sicher sind, dass es wirklich Ihren Vorstellungen entspricht.

Erstellen Sie den strategischen Karriereplan – Version 1.0
Als nächsten Schritt sollten Sie eine erste Version Ihres Karriereplans erstellen. Folgen Sie den Schritten, die in Kap. 3 beschrieben sind.

Auch hier ist es wichtig, sich die nötige Zeit zu nehmen. Hetzen Sie nicht mit oberflächlichen Schlussfolgerungen durch die fünf Schritte, sondern stellen Sie sicher, dass Sie in die Tiefe gehen und so spezifisch wie möglich sind. Sie sollten auf alle verfügbaren Informationsquellen zurückgreifen. Dazu ist es sicher notwendig, sich mit Menschen auszutauschen, deren Wissen oder Erfahrung Sie schätzen.

Als Teil Ihrer Karriereplanung werden Sie Ihren Traumjob definieren und wie Sie dorthin gelangen. Dafür müssen Sie die Erfahrungsbausteine, die Sie benötigen werden, möglichst genau erfassen. Der beste Weg, um ein klares Verständnis dieser Anforderungen zu bekommen, liegt darin, mit Personen zu sprechen, die derzeit diese Art von Position innehaben. Sprechen Sie sie an! Sie werden überrascht sein, wie offen die meisten Menschen über ihren Job sprechen.

Sie sollten zunächst Personen ansprechen, die Sie kennen, die diese Art von Position innehaben und die Sie zu den Anforderungen befragen könnten. Außerdem gibt es womöglich Personen in Ihrem Netzwerk, die Sie an jemanden verweisen können, den sie kennen. Aber auch wenn Sie die Leute direkt über LinkedIn kontaktieren, werden Sie überrascht sein, dass die meisten sehr offen sind, sich zu vernetzen und ihre Erfahrungen zu teilen. Seien Sie mutig und zögern Sie nicht, sich zu melden oder um Hilfe und Input zu bitten. Schließlich können Sie Online-Stellenbeschreibungen und andere sehr wertvolle Informationen finden. Nutzen Sie alle diese Kanäle!

Ihre Karrierestrategie ist keine einmalige Übung, sondern sollte ein lebendiges Dokument sein, das Sie ständig ergänzen. Es sollte Sie während Ihrer gesamten Karriere begleiten. Sie werden häufig Gelegenheit haben, diesen Plan zu aktualisieren. Das wird natürlich jedes Mal der Fall sein, wenn Sie einen nächsten Karriereschritt machen. Es könnte aber auch mit Veränderungen in Bezug auf Ihre Präferenzen oder mit Veränderungen auf dem Arbeitsmarkt zusammenhängen (z. B. ein neuer attraktiver Akteur betritt den Markt, eine neue Technologie verändert die Wettbewerbslandschaft usw.). Führen Sie Ihre Karrierestrategie als Logbuch und teilen Sie sie mit Menschen in Ihrem Umfeld, denen Sie vertrauen, insbesondere natürlich mit Ihrem persönlichen Karriere-Beirat.

Richten Sie Ihren persönlichen Karriere-Beirat ein
Die Einrichtung Ihres persönlichen Beirats (siehe Abschn. 3.2) sollte erfolgen, sobald Sie eine erste Version Ihrer Karrierestrategie fertiggestellt haben. Die Auswahl dieser Mitglieder und die erste Beiratssitzung sind ein wichtiger Meilenstein in Ihrem Karrieremanagement. Teilen Sie dem Gremium mit, was Sie von ihm erwarten und dass Sie es in alle wichtigen Karriereentscheidungen einbeziehen wollen. Diesen Karriereplan zu besprechen und ihren Rat einzuholen wird ein großartiger Start dieses wichtigen Führungsgremiums sein. Das Feedback, das Sie sammeln können, wird Ihnen sicherlich erlauben, Ihren Plan zu überarbeiten.

Jobchancen überwachen
Sie sind der CEO Ihrer Karriereentwicklung! Bitte behalten Sie das stets im Hinterkopf. Genauso wie Sie dies von einem CEO einer größeren Organisation erwarten würden, sollten Sie ständig auf der Hut sein, um Chancen auf dem internen oder externen Arbeitsmarkt zu erkennen. Verwenden Sie den in Abschn. 4.6 beschriebenen Ansatz des Stakeholder-Managements und nutzen Sie Ihr Netzwerk, um als Erster informiert zu werden. Stellen Sie sicher, dass diese Schlüsselpersonen (z. B. der Verantwortliche des Bereichs, an dem Sie Interesse haben, der HR-Leiter dieser Abteilung oder gegebenenfalls auch externe Headhunter) von Ihren Interessen wissen. Nutzen Sie strategisches Denken, um abzuschätzen, welche Möglichkeiten sich durch ein neues Projekt, einen disruptiven Markttrend oder eine Umstrukturierung ergeben

könnten. Nutzen Sie die sozialen Medien (insbesondere LinkedIn) und stellen Sie sicher, dass Sie dort die Einstellungen für Ihre Jobsuche aktiviert haben. Seien Sie mutig und bewerben Sie sich, wenn eine relevante Stelle infrage kommt, auch wenn es womöglich eine Lücke zwischen Ihrem Profil und den Stellenanforderungen gibt, Sie aber das Gefühl haben, dass Sie mit zusätzlicher Motivation durchaus Erfolg haben können.

Nutzen Sie die oben skizzierten Entscheidungshilfen (siehe Kap. 4), um die richtigen Karrieremöglichkeiten auszuwählen. Stellen Sie sicher, dass jeder Karriereschritt es Ihnen ermöglicht, sich gezielt Ihrem Traumjob zu nähern. Seien Sie sich dabei bewusst, dass Zeit ein wichtiger Faktor ist und dass die Gesamtzahl der Karriereschritte, die Sie im Laufe Ihres Werdegangs durchlaufen können, begrenzt ist. Es kommt daher darauf an, jede einzelne Etappe bestmöglich zu nutzen, um die erforderlichen Erfahrungsbausteine zu bekommen, die erforderlich sein werden, um Ihren Karrierewunsch zu realisieren.

Genießen Sie Ihre Karrierelaufbahn als eine fortlaufende Lernerfahrung
Eine gut geführte Karriere sollte Ihnen viele Gelegenheiten bieten, sich neuen Erfahrungen auszusetzen, über sich selbst zu lernen, sich neuen und herausfordernden Situationen zu stellen, sich als Führungskraft weiterzuentwickeln und anderen zu helfen, sich in ihrem Job zu entfalten. Diese Erfahrung, die Entwicklung Ihrer Teammitglieder zu unterstützen und zu fördern, wird Ihnen sicherlich Befriedigung verschaffen. Sollten Sie das Glück haben, Ihren Nachfolger für eine Position aufbauen zu können, werden Sie erfahren, dass Ihnen dies eine große Genugtuung bereitet. Genau das ist es auch, worum es bei Führung als Dienstleistung (oder dienender Führung) geht – nämlich von Ihrer eigenen Erfahrung etwas weiterzugeben, sobald Sie für sich selbst eine solide Erfahrungs- und Karrierebasis geschaffen haben.

Ich hoffe, dass Sie diese fortlaufende Lernerfahrung genießen werden, um als Mensch und als Führungskraft kontinuierlich zu wachsen und dann auch Ihre Teammitglieder bei ihrer Entwicklung unterstützen zu können. Diese Bereitschaft des Teilens und das Engagement, andere zu fördern, zeichnen letztlich große Führungspersönlichkeiten aus. In diesem Sinne können Sie die hier skizzierte Toolbox nicht nur für Ihre eigene Karriereentwicklung nutzen, sondern auch, um Personen in Ihrem privaten oder beruflichen Umfeld eine Karriereberatung anzubieten.

Literatur

Argyris C (1993) On organizational learning. Blackwell Publishers, Cambridge, MA

Hattori S (2015) The Mckinsey edge: success principles from the world's most powerful consulting firm. McGraw-Hill Education, New York

Scott-Morgan P (1994) The unwritten rules of the game. McGraw Hill, New York

Willyerd/Mistick (2015) How to get feedback when no one is volunteering it. Harvard Business Review, Boston

GPSR Compliance

The European Union's (EU) General Product Safety Regulation (GPSR) is a set of rules that requires consumer products to be safe and our obligations to ensure this.

If you have any concerns about our products, you can contact us on

ProductSafety@springernature.com

In case Publisher is established outside the EU, the EU authorized representative is:

Springer Nature Customer Service Center GmbH
Europaplatz 3
69115 Heidelberg, Germany

www.ingramcontent.com/pod-product-compliance
Lightning Source LLC
LaVergne TN
LVHW022039260326
834688LV00061B/973